ちくま新書

リア 人類最古の帝国

山田重郎
Yamada Shigeo

1800

アッシリア 人類最古の帝国【目次】

第8章　アッシュルバニパルとアッシリアの繁栄　249

カスピ海
ヴァン湖
ウルミア湖
シュバト・エンリル
ニネヴェ
大ザブ川
シュシャラ
カッタラ
エカッラトゥム
ヌジ
アッシュル
小ザブ川
ザグロス山脈
ディヤラ川
ティグリス川
エシュヌンナ
ユーフラテス川
シッパル
バビロン
スサ
イシン
エラム
ラルサ
ウル
ペルシア湾

地図１　前二千年紀の西アジア

カスピ海
ヴァン湖
ウラルトゥ
トゥシュパ
ウルミア湖
ドゥル・シャルキン
ニネヴェ
ムツァツィル
マンナイ
カルフ
アルベラ
ザムア
アッシュル
ディヤラ川
メディア
ウライ川
アナト
ハルレ?
ハルハル（カール・シャルキン）
ユーフラテス川
シッパル
デール
バビロン
スサ
ボルシッパ
ニップル
ディルバト
ウルク
エラム
ビート・ヤキン
ペルシア湾

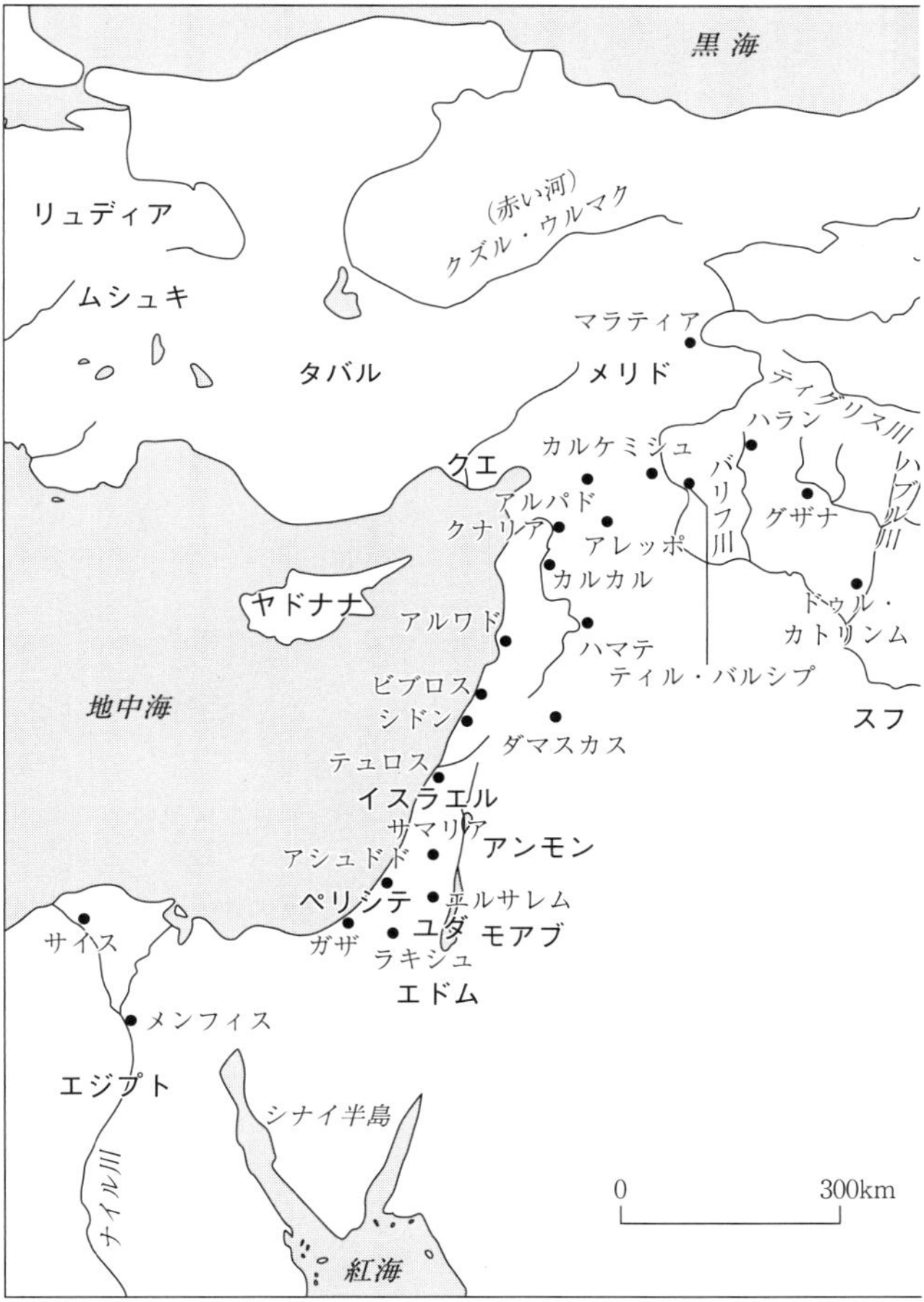

地図２　前一千年紀の西アジア

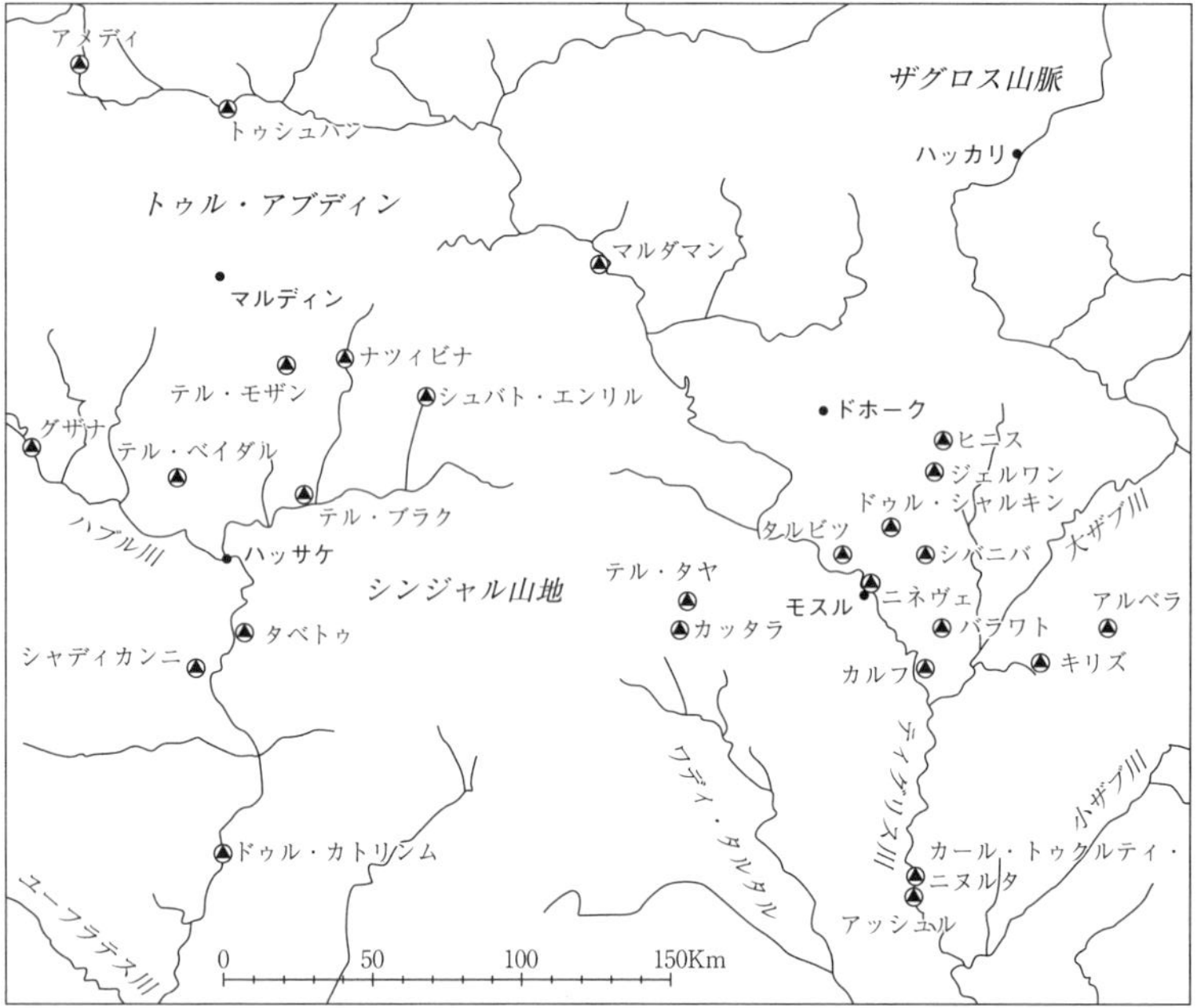

地図３　アッシリア中心部

表1　メソポタミア（バビロニア）暦の月名と今日の暦における時期

メソポタミア（バビロニア）暦の月名		今日の暦における時期
第1月	ニサヌ　*Nisannu*	3～4月
第2月	アヤル　*Ayyaru*	4～5月
第3月	スィマヌ　*Simanu*	5～6月
第4月	ドゥウズ　*Du'ūzu*	6～7月
第5月	アブ　*Abu*	7～8月
第6月	エルル　*Elūlu*	8～9月
第7月	タシュリトゥ　*Tašrītu*	9～10月
第8月	アラフサムナ　*Araḫsamna*	10～11月
第9月	キスリム　*Kislīmu*	11～12月
第10月	テベトゥ　*Ṭebētu*	12～1月
第11月	シャバトゥ　*Šabāṭu*	1～2月
第12月	アダル　*Addaru*	2～3月

「私の研究への導師」と「私の学芸の擁護者」——石田友雄先生と池田裕先生——に捧ぐ

はじめに

　この本を手に取ってくださった（ほとんどは日本語を母語にする）読者のみなさんは、アッシリアという国にどのようなイメージをお持ちだろうか？　アッシリアについて書かれた日本語の出版物は実に限られており、アッシリア由来の美術品や古文書も日本で接する機会は乏しい。高校の教科書や世界歴史の叢書などに書かれたわずかな記述から得られるアッシリアの印象は、軍事大国として多くの国々を残虐な戦争で滅ぼし、強制的な移住政策を行って住民を屈服させ、西アジア世界を多くの行政州に分けて統治した強権的国家であり、アケメネス朝ペルシアに先立って古代西アジアを統一したがペルシアほど大きくはない帝国といったところだろうか。あるいは、最盛期の王であるアッシュルバニパルが図書館を建設するなどして帝国は繁栄したが、その苛烈な支配は各地で反乱を招き、まもなく滅亡した、という定型化されたイメージかもしれない。

　日本の読者が、隣接する朝鮮半島や中国に大いに関心を寄せるのは当然のことである。日本語はいまなお漢字を使って書かれ、大陸から伝来した仏教は日本の宗教と埋葬文化の中心にある。加えて、京都や奈良といった日本の古都の都市プランや建築も中国・朝鮮の都城の影響を色濃く受けている。日本の人々の歴史的関心は、さらにシルクロードを西に辿ってアケメネス朝ペルシアのペルセポリスに至る。そしてペルシアというユーラシア大陸の彼方からはるばる日本に到達した美術的影響に感動したり、仏教の故地であるインドに及ぶペルシア帝国の歴史の雄大さにロマンを感じたりするのかもしれない。

そのようにペルシアが日本との結びつきのなかでイメージされてきたのに対して、アッシリアは、ヨーロッパ世界の東隣に位置する、古代ギリシアに時間的に先行する西欧文明の源の一部として認識されることが多い。そのため、時間的にも空間的にも隔てられた西欧的な脈絡に属するものとして、いわば「他人事」のように考えられがちである。

これは十分に理解できることではある。だが、それでもなお、アッシリアはアケメネス朝ペルシアに先立ち西アジアに成立した帝国の原型として人類史における注目すべき国家であり、古代世界にあって、きわめて多くの考古遺物と文書を通じて、驚くべき詳細さでその個性的な歴史と文化を知ることのできる出色の歴史的現象である。以下では、アッシリアについて私たちが知りえたことの概要を伝え、はるか昔の遠い西アジアで起こった人類史の一部を読者と共有したい。

ヘブライ語で記された旧約聖書やギリシア語で書かれたヘロドトスの『歴史』といった

西アジアと西洋の古典的作品の中には、古代西アジアの大国としてのアッシリアの記憶が残されている。旧約聖書は、アッシリアの軍勢が北イスラエル王国を滅ぼし、南ユダ王国の首都エルサレムを包囲したことを記しているし、ヘロドトスの著作は、アケメネス朝ペルシア台頭以前にアッシリアが長きにわたって西アジアの広域に君臨したことを書き留めている。こうした「伝説的」情報は、一九世紀になって西アジア各地で、アッシリアの主要都市の遺構が考古学的に調査され始めたことで具体的に検証され、さらに膨大な事実が明らかになった。

西アジアの広域を領土としていたオスマン帝国の国力が陰りをみせた一九世紀、アジアに植民地を築きそれを経営するようになった英仏は、アジアの植民地への途上に位置する中東に進出してオスマン帝国領土の各地に外交官、軍人、学者を駐在させた。彼らによって現在のイラクやイランの遺跡が初めて調査されて、考古遺物や文字資料が発見された。

古代アッシリアの主要都市の遺跡では、一九世紀半ばから二〇世紀初めにかけて、ドゥル・シャルキン（現コルサバード）がフランスのP・E・ボッタによって発掘されたことを嚆矢《こうし》として、イギリスのA・H・レヤードとその後継者たちによるカルフ（現ニムルド）とニネヴェ（現ニヌア）、ドイツ隊によるアッシュル（現カルアト・シャルカト）の発掘調査が行われ、アッシリアに由来する大量の遺物が発見された。出土した建築遺物や楔形文字文書の研究が始まると、ここに新しい学問分野としてアッシリア学（楔形文字学）が成立する。

その後、アッシリアの勢力圏に取り込まれていた西アジア各地からも多くの遺物と文書が次々と発見され続け、アッシリアの歴史、社会、行政、法、文学、技術、宗教、思想などが幅広く研究されてきた。本書では、都市国家アッシュルの成立から領域国家アッシリアの誕生、そして帝国として最盛期を迎えやがて滅亡するまでの歴史を辿りつつ、西アジア各地での調査と発見によってもたらされた情報をもとに、古代アッシリアの実像に迫っていく。

序章　「アッシリア」とその史資料

†メソポタミアの都市文明と楔形文字文書

古代西アジアには、ティグリス川とユーフラテス川の流域を中心に粘土板に文字記録を残す都市文明が栄えた。いわゆるメソポタミア文明である。メソポタミア南部（現在のイラク南部）では世界の諸地域に先駆けて前三五〇〇―三〇〇〇年頃というたいへんな昔に、多数の人口を擁し、地域の政治経済の中心として機能する複雑社会としての都市が誕生した。

そこでは行政記録を文字で粘土板に記す書字システムが発明され、都市の行政執行と経済発展を助けた（図0-1）。各地から集まった多くの農業生産物や物品を分配する都市のエリートたちにとって書字技術はたいへん便利で、この技術は瞬く間に西アジア各地に広

図０−１　ウルク出土の原楔形文字粘土板

がっていった。書字システムは次第に洗練され、絵文字（原楔形《くさびがた》文字）を用いて物品の出納を管理するテレグラフィックな当初の姿から、発話する言語を正確に記述する精緻な楔形文字システムに転じていく（図０−２）。やがて書字技術は初めに記録されたシュメル語ばかりでなく、アッカド語、エラム語、ヒッタイト語など、古代西アジアで使用された多くの異なる言語を記すのに応用されるようになり、行政や経済だけでなく、契約、法、書簡、祈《き》禱《とう》、儀礼、文学、科学、建築、歴史など、あらゆる主題の文書が楔形文字で記された。

　紙や羊皮紙のように朽ちることなく火災に遭っても焼き締められて残る粘土板文書は、西アジアの地中に大量に残存することになった。一九世紀以降現在に至るまで西アジア全体で発見された楔形文字文書の数は約五〇万点といわれて久しく、古代西アジアは、地球上の他の多くの地域がなお無文字の先史時代にある時期に、その歴史と文化の詳細を、考古資料のみならず、文字史料を通しても知りうる希有な世界である。アッシリアという国家もまた、こうした古代西アジア文明の中で生まれ、盛衰した。

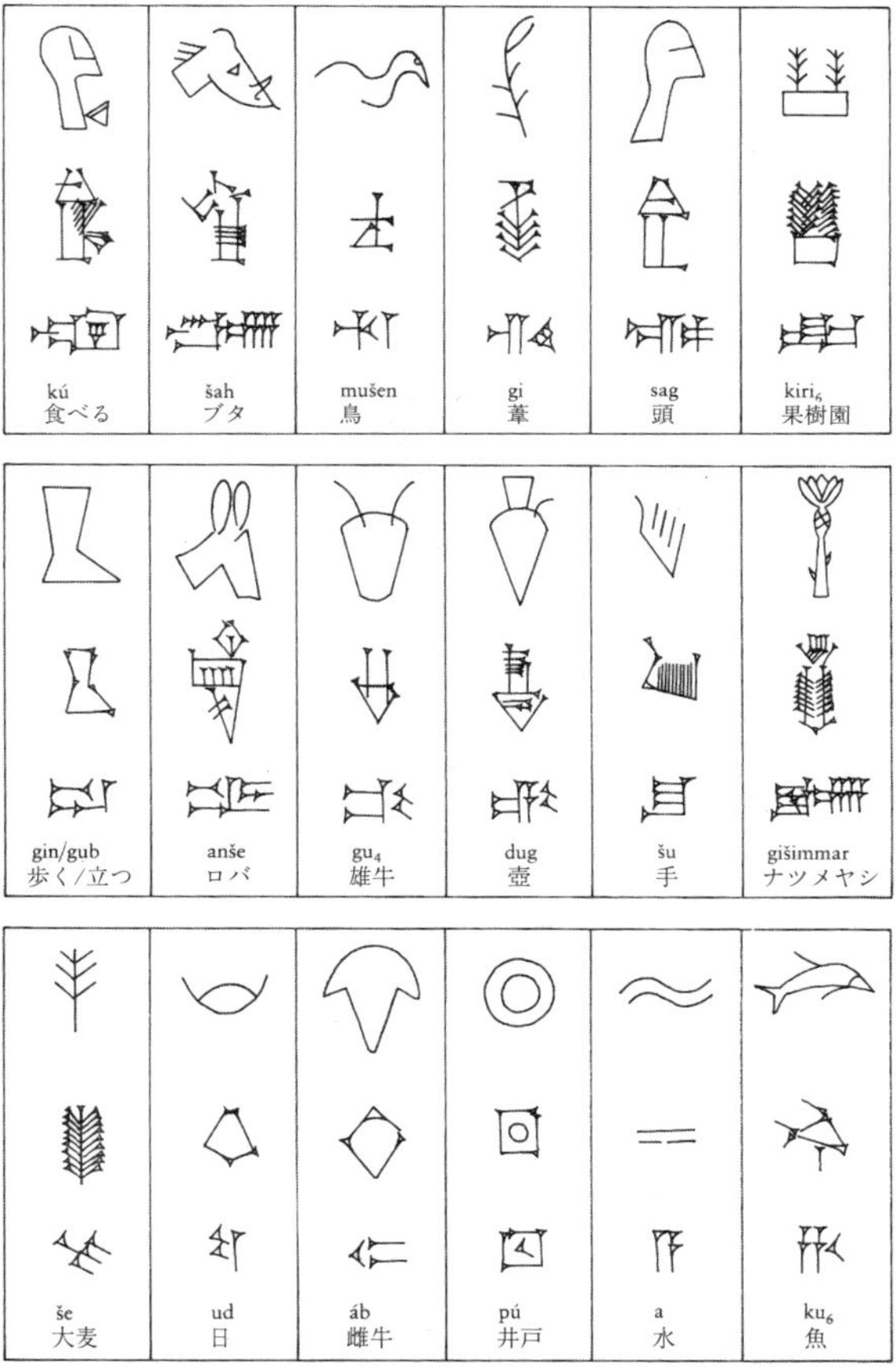

図０－２　楔形文字の字体の変遷。上から順に、前3000年頃の原楔形文字、前2400年頃の楔形文字、前650年頃の文字（アッシリア書体）

†アッシリアとは

「アッシリア」は、都市アッシュルを起源として発展し、前八―七世紀には西アジアの広域に帝国として君臨した国を指すギリシア語の名称であり、アッカド語のマート・アッシュル（「アッシュルの地」の意）にあたる。アッシリアは、前二千年紀初頭にはアッシュル市とその周辺の領地からなる小さな都市国家であったが、前一四世紀には周辺の地域を支配下におさめて領域国家となり、その王は「アッシュルの地（アッシリア）の王」（*šar māt Aššur*）と自称するようになった。これが、後にギリシア人が「アッシリア」と呼んだ国家である。本書では、都市国家時代を含め国家としてのアッシュル／アッシリアを「アッシリア」と呼んで叙述を進める。

　アッシュル市周辺では、アッカド語の北方方言であるアッシリア方言が話されていた。アッカド語は、西アジア地域を中心に使用される多くのセム系言語のひとつだった。セム系言語には、今日話されている言語であるアラビア語、ヘブライ語、エチオピア語、アラム語などに加え、死語となった複数の言語（アッカド語、アムル語、フェニキア語、ウガリト語など）が含まれる。アッシリアの言語であるアッカド語は、この大きなセム語族の東方の一派（東セム語）であり、前二千年紀には今日のイラク、シリア北東部、トルコ南東部にあたるメソポタミアとその周辺の「共通語」（リングア・フランカ）となり、ヘレニズム時代まで各地で使用された。

アッシュル市では、母語として使用されていたアッカド語アッシリア方言が楔形文字で粘土板に書かれたが、前二千年紀半ばからはアッシリアの領域内で、アッシリア方言のほか、アッカド語バビロニア方言で碑文や文学作品が記されるようになる。また、前三千年紀末までメソポタミア南部で話され、その後に話し言葉としては死語になったシュメル語は、前一千年紀においてもアッシリアを含むメソポタミア各地で文化言語として宗教・文学文書を書くために用いられ続けた。さらに、前一千年紀には、アッカド語とならんでアラム語が行政言語や日常語として使用され、線文字アルファベットでパピルスや羊皮紙に記されるようになる。こうした諸言語による文書史料（特に楔形文字文書）と考古学的データが、本書で扱うアッシリアの歴史と文化を明らかにするための主たる史資料である。

†文書史料

文書史料の量と種類には、時代によって不均衡があるが、以下では本書に頻出するものを中心に簡単に整理して読者の便宜をはかりたい。アッシリア史を解明する文書史料の大半を占めるのは、粘土板、石製記念碑などに楔形文字で書かれた各種の文書である。様々な時代に書かれたアッシリア由来の文書は、アッシュル、カルフ、ドゥル・シャルキン、ニネヴェといった歴代の首都を含むアッシリア中心の都市はもちろん、その版図に含まれるか影響圏に置かれた数多くの都市遺構からも出土している。さらにユーフラテス中流域のマリ（前一八世紀）、エジプト・ナイル中流域のアマルナ（前一四世紀）、アナトリア（トルコ中央部）のヒッタイト王国の首都ハットゥシャ（前一四―一三世紀）、そしてバビロン、ボルシッパ、ニップル、ウルクといったバビロニアの主要都市など、アッシュル／アッシリアの周辺国の遺跡から出土する様々な時代の粘土板文書がアッシリアについての情報を含んでいる。

編年史料としては、粘土板に書かれた「王名表」「年代誌」「リンム表」「リンム年代誌」が挙げられる。「王名表」は、王の名前、系譜、治世年数などを年代順に並べたリストであり、メソポタミア各地で複数の都市王権の王たちの王名表が様々な時代に作られたが、アッシュル／アッシリアの為政者に関しては、前一四世紀以降のアッシリアで編集・再編集がくりかえされた『アッシリア王名表』が知られている。前二千年紀から前八世紀までのアッシリアの王朝史の概略を示しており重要だが、遠い過去にさかのぼって後代に編集された文書であり、時として厳しい史料批判が必要である。

「リンム表」は、アッシリアにおいて年ごとにその年の名祖《なおや》として選ばれた人物（リンム）の名前を年代順に配列したリストである。アッシュル／アッシリアにおいては、前二千年紀初頭からそうしたリストが作成、編集、再編集され続けた。その後もリンムの名は契約書や行政文書のような大量に残る実務文書の末尾の日付に記されるため、「リンム表」のデータは、多くの文書にあらわれる出来事を年代的に特定することを助けてくれる。バビロニアでは、リンムの代わりに「王の第×年」と治世年によって日付が示されており、日付の記された文書の出土地が誰によっていつ頃統治されていたかを復元する手掛かりになるなど歴史の再構成に貢献する。

「リンム年代誌」は、「リンム表」にさらに王の軍隊の遠征先などの情報を簡潔に加えた文書であり、前九世紀以降に編集された。アッシリアの軍事行動の歴史を再構成するうえで有効な史料である。

「年代誌」（chronicle）は特にアッシリアの南の隣国バビロニアで前八世紀以降に盛んに編集された三人称で書かれた編年史で、王の治世年数によって年代を明示しながら重要な事件を淡々とした文体で記録しており、前一千年紀の歴史的再構成に最重要の文書である。アッシリアにも少数ながら類似したジャンルの年代誌の断片が、前二千年紀末から断続的に残っている。

アッシリアの王たちは、建設事業と軍事行動を記念する「王碑文」を粘土板、石板、粘土製円筒・角柱、石製記念碑、磨崖碑など多くの媒体に記した。これら王碑文は王の栄光を賛美する傾向が著しいものの、王の事業の詳細を知るための最大の情報源である。特にアッシリアの王碑文は、前二千年紀半ば以降、軍事業績を詳しく報告する傾向にあり、それをもとに王国版図の拡大・縮小を把握することができる。とりわけ重要なのは、事件を年代順に記すタイプの王碑文「年代記」(annals)で、歴史再構成に中心的役割を果たす。

王室関連文書として次に有用なのは、王と官吏や学者たちとの間で取り交わされた大量の粘土板「書簡」である。王碑文では隠蔽されているような宮廷での不祥事も含め、アッシリア中心や王国各地での出来事の実態について多くの情報を提供する。王室書簡以外にも、古アッシリア時代には、アッシュル市とアナトリアの商業コロニーとの間で遠隔地交易を行った商人たちとその家族による書簡が大量に残っており、古代の商業ビジネスと家庭生活について詳細なデータを得ることができる。

そのほか、王たちを主人公にした叙事詩のような「歴史文学文書」、歴史情報を含む種々の「卜占《ぼくせん》」、「預言」などの神託文書や「祈禱」、王による官吏の任命や土地の下賜《かし》などを記す「勅令」、王位継承や国家間の協定などの「条約・誓約」、「法規集」や「宮廷勅令集」などが書かれた粘土板が知られている。また、王宮や高級官吏の館などから出土し、穀物、家畜、飲料、手工業製品と原料、交易品などの出納などを記した「行政文書」、そして不動産、穀物、奴隷の売買やローンなどについての「契約文書」が大量に知られており、王宮や国の各分野での行財政や市民生活について、しばしば正確な日付を伴った情報を与えてくれる。

楔形文字文書以外には、線文字アルファベットで主としてパピルスや羊皮紙に書かれたアラム語文書がある。多くは消失したり腐敗したりして失われているが、オストラカ（陶片）や粘土板にインクで書かれたり、金属器に彫られた少数の碑文や文書が知られている。

以上に記した同時代、あるいはほぼ同時代に書かれた文書群に対し、後代の編著書として、ヘブライ語で書かれた旧約聖書の歴史書（「列王記」「歴代誌」など）と預言書（「イザヤ書」ほか）やヘロドトスの『歴史』（ギリシア語）などの古典古代の複数の著作がアッシリアに言及している。

なお、本書で言及するアッシリア王の名前のうち、シャルマネセル、ティグラト・ピレセル、サルゴン、センナケリブ、エサルハドン、アッシュルバニパルは、旧約聖書のヘブライ語テクストに言及される読み方に基づいて西欧で広く流布している通り名である（そのほかアッカド語の原音からやや逸脱した慣用的な名称としてアッシュルナツィルパルがある）。これらの王名について、本書では慣用を尊重し、原語（アッカド語）の音は適宜カッコ内に示すことにする。

†考古資料

次に考古資料について見ていこう。一九世紀以降、アッシリアとその影響圏にあった各地で行われてきた多くの考古学調査は、楔形文字文書の発見によって文献史料を提供したのみならず、多くの建築学的情報と物質文化についてのデータをもたらし、城壁、城門、王宮、神殿のような大規模建築物、市街地、そして土器、金属器、石器、人骨・動物骨、穀物・植物遺存物などの出土品の研究が行われてきた。近年では、衛星画像分析とフィールドワークを連動させた環境考古学的手法を用いて、都市ばかりでなくその周辺に広がる村落のセツルメントパターン（集落のサイズと分布の様相）、運河、水路、道路システムなどの分析も行われている。

また、出土遺物に含まれる大規模建築物の石製パネルに見られるレリーフ（浅浮彫）、彫像、記念碑などに見られる図像資料からは、各国の人々の服装、貢納品、王の戦闘と狩猟、軍事装備と技術、儀礼、神々や超自然的動物の姿、建築物や建築作業の詳細など種々のデータが抽出され、研究されてきた（図0-3）。

†時代区分と王の統治年

前三千年紀においては、アッシリアの中心地域であるティグリス川中流域とそれを含む北メソポタミア一帯についての史資料は、もっぱら考古学的データと南メソポタミアの諸王朝に由来するわずかな文書史料に限られている。都市アッシュルとそのアナトリアの商業コロニーについて詳しいことがわかるようになるのは、中央アナトリアのカネシュ（現キュルテペ）出土のアッシュルの商人たちの活動を記した約二万三〇〇〇枚の粘土板文書が情報を提供する前二千年紀になってからである。アッカド語アッシリア方言で書かれたこの文書群がカバーする時代（前二〇世紀半ばから前一八世紀）を「古アッシリア時代」と呼ぶ。

図0-3　ニムルド出土の彫像（有翼人面ライオン像）を大英博物館に搬入する様子（19世紀半ばの新聞挿絵）

史料に乏しい「中間期」あるいは「暗黒時代」（前一七世紀から前一五世紀）を挟んで、その後に続く時代を「中アッシリア時代」（前一四世紀から前一一世紀）と呼んでおり、この時期には、アッシュルならびにアッシリア中心とその周辺（特に西方）の多数の遺跡から出土した種々の楔形文字文書が知られている。

その数は古アッシリア時代の文書数に及ばないものの、王碑文、外交書簡、行政文書、歴史文学文書、宗教文学文書、法規集、勅令など多様な文書が含まれており、近年、この時代の歴史と文化の研究が急速に進んだ。

前一〇世紀から前七世紀の「新アッシリア時代」は、とりわけ多くの文書史料に恵まれた時代である。特に前八世紀半ばから王国滅亡（前六一二年）前のアッシュルバニパルの治世までのアッシリア帝国の絶頂期は、長文のものを含めて何千点という王碑文が見つかっているうえ、約三〇〇〇点の書簡、数千点の行政文書と契約文書、勅令、歴史卜占、預言、二万点あまりの図書館文書という大量の史料に恵まれ、政治、社会、文化の詳細についてよく知られている。本書がこの時代について特に多くの紙幅を割いている理由は、多種多様にして大量の史資料が、この時期のアッシリアの歴史と文化について詳しく記述することを可能にするからである。

上述の「古アッシリア時代」「中アッシリア時代」「新アッシリア時代」という時代区分は、アッカド語アッシリア方言の時代的変化と文書史料の時代分布に基づいた作業仮説的なものであり、国家アッシュル／アッシリアの王朝史は大きな断絶なく継続していた。しかし、それぞれの時代に一定の政治的・行政的・社会的・文化的特徴を認めることは十分に可能であり、アッシュル／アッシリアの国家としての誕生から滅亡までの歴史的変遷をこれらのステージに分けて理解するメリットは大きいため、本書ではこれに従うことにする。

最後に、王の統治年をはじめとする年代について手短に注を加えたい。古代メソポタミアの年代は、天体の運行記録、天体蝕記録と「王名表」「リンム表」「年代誌」などの編年記録、実務文書に見られるリンムや王の治世年による日付、土器の形状変化や年輪年代などの情報に基づいて組み上げられた一セットの年代体系である。新アッシリア時代の年代はほぼ確定しているが、特に前二千年紀前半の年代については、学説によって一〇〇年ほどの大きな振れ幅がある。本書が示す年代は最も標準的な中年代仮説に基づいている。原則として、年代はE. Frahm (ed.), *A Companion to Assyria* (2017), pp. 613-616, List of Assyrian Kings に依拠し、本書巻末に、アッシュル/アッシリア王の年代を示したので参照されたい。

なお、以下で古代の文書をしばしば引用するが、その際［…］は原文の破損箇所を、（　）は原文にない語句の補足や補足的説明を、「……」は省略を表す。

第1章　都市国家アッシュル——古アッシリア時代

1　都市アッシュルとカネシュの商業コロニー

†都市アッシュル

前二千年紀半ばに成立する領域国家アッシリアの中心地域となったのは、今日のイラクの北部、ティグリス川中流域であり、イラク北部の主要都市モスル北方の山地を北限に、南部は小ザブ川がティグリス川に流れ込む地点から少し南にある山岳地（ジェベル・マクルとジェベル・ハムリン）のあたりまでの平地である。領域国家アッシリアにおいて前二千年紀以来の主要都市はアッシュル、ニネヴェ、アルベラであり、この三都市が作る三角形の最南部に位置するのが、国家の起源となった都市アッシュルである。降水量がきわめて少なく平坦な沖積平野が続くイラク南部と異なり、アッシリアの中心地域は起伏があり、天水農耕を可能にする年間三〇〇ミリ以上の降雨に恵まれた地域である。アッシュルよりも北方に位置し、より降雨の多いアルベラ近郊では現在も小麦栽培が盛んであり、イラク有数の穀倉地帯となっている。

都市アッシュル（現カルアト・シェルカト）は、ティグリス川の西岸で小ザブ川がティグリス川に注ぐ合流点の北方に位置していた。アッシュルは、ティグリス川の古代流路が大きく湾曲する部分に西南から突き刺さるような形で位置しており、その先端部分は川面に覆い被さるように数十メートルの高さで屹立《きつりつ》する絶壁になっている。この際立った景観をもつ場所が、神アッシュルの住まうところとして神格化され、それを礼拝する人々が集まってこの聖地に神アッシュルの名を冠した都市を築いたのではないか、と考えられてきた。あるいは、アッシュルという地名が先にあり、その地の神がアッシュルと呼ばれたのかもしれない。いずれにせよ都市アッシュルは神アッシュルそのものであり、神アッシュルの聖所はこの場所そのものであった。

楔形文字文書から知られている古アッシリア時代（前二千年紀初頭）のアッシュル市民の名前には、アッシュル・ドゥリ（「アッシュル神は私の砦《とりで》だ」の意）、ドゥル・マキ・アッシュル（「弱き者の砦はアッシュル神」）、アッシュル・ネメディ（「アッシュル神は私の礎」）、

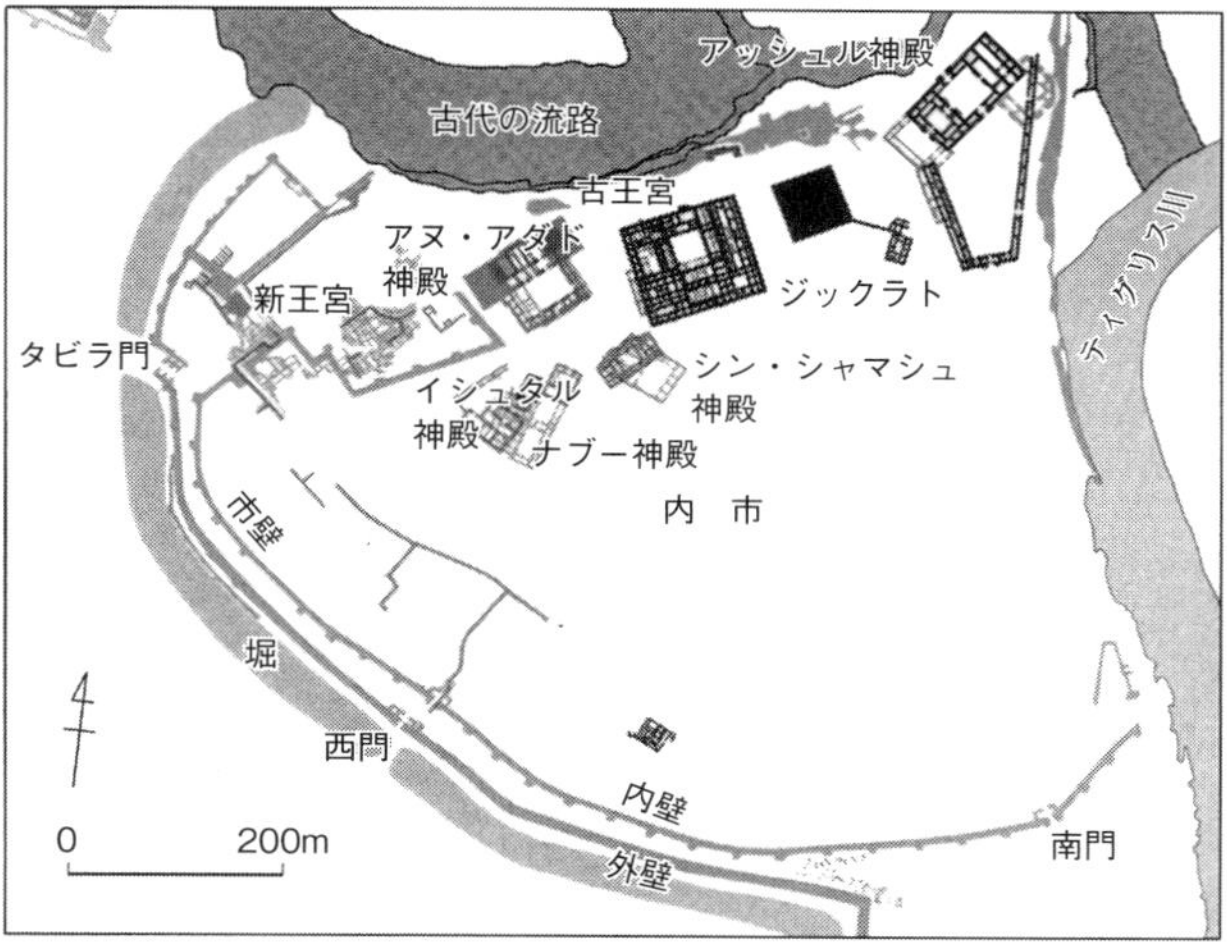

図1－1　アッシュルの都市プラン

アッシュル・シャディ・イリ（「アッシュルは神の山」）などが見られ、外敵からの防御に役立ったこの土地にアッシュルの人々が寄せた気持ちが伝わってくる。

一九世紀末からドイツ隊によって行われた調査発掘の結果、アッシュルには紀元前二六〇〇年頃から紀元後一四世紀まで、ほぼ四〇〇〇年にわたり途切れることなく、何らかのかたちで人が住み続けたことがわかっている。奈良や京都の歴史を奈良・平安時代までさかのぼったとしてもせいぜい一二〇〇―一三〇〇年であることを考えれば、アッシュルはかなり長寿の町ということができる。

都市アッシュルは、紀元前三千年紀後半の楔形文字文書に言及されており、前二三―二一世紀にはアッカド王朝やウル第三王朝といった、メソポタミア南部に中心をもつ強大な国々の影響下に置かれていた。アッシュルからは、アッカド王朝やウル第三王朝の行政官の銘が刻まれた石製の飾り板や武器が出土しており、これを裏付けている。その後、ウル第三王朝の衰退・滅亡を受けて、前二〇二五年頃には、アッシュルは少数の有力な商人たちが主導する都市国家として独立し、前二一世紀末から前一八世紀前半には、商業都市として繁栄する（図1-1）。

†キュルテペ文書

ドイツ隊により開始されたアッシュルの発掘調査は一〇年ほど続いたが、その後長期の調査は行われなかった。二〇〇〇年にはティグリス川下流のダム建設の計画により水没の危機が叫ばれたが、建設は中止され、二〇〇三年以降、遺跡はユネスコ世界遺産に登録されて保護されている。二〇二三年からはドイツ隊が本格的な発掘の再開を目指して活動しており、新しい成果が期待される。

これまでのアッシュルでの発掘は、アッシュル神殿や王宮をはじめ古アッシリア時代の建築物の存在を明らかにしてきたものの、古アッシリア時代の遺物の調査は進んでおらず、粘土板文書も神殿から出土したわずかな文書が知られているに過ぎない。そんななか、古アッシリア時代のアッシリアの人々の活動に関する大量のデータが、意外なところからもたらされた。

図1-2　キュルテペ遺跡空撮。円形のテルの左に見えるのがカールム

一九世紀末、トルコ、中央アナトリアのカッパドキア地方で出土したと伝えられる三〇〇〇枚以上の粘土板文書が欧米各地の博物館に持ち込まれた。一九二〇年代以降になってこれら一群の文書が研究され、その内容が明らかになっていった。カッパドキア文書と呼ばれたこれらの文書は、メソポタミア南部で話されていたアッカド語バビロニア方言とは異なる「古アッシリア方言」と呼ばれるアッカド語方言で書かれており、文字の形も文字遣いも個性的だった。やがてそれは、紀元前二千年紀初頭に当時アッシュル市から遠く西方に直線距離で八〇〇キロも離れた中央アナトリアの都市カネシュに移り住んで交易に従事していたアッシリア商人たちとその家族によって書かれた文書であることがわかった。一九二四年、アッ

図1－3　キュルテペ出土の古アッシリア文書

シリア学の碩学《せきがく》B・ランズベルガーは、現在のカイセリ市の北東二一キロの地点に位置するキュルテペ（「灰の丘」の意）遺跡を古代のカネシュと同定した（図1－2）。

一九二五年には、ヒッタイト語の解読で知られるチェコのB・フロズニーがキュルテペを発掘調査し、そこがカッパドキア文書の出所であることを突き止めた。一九四八年からは、トルコ、アンカラ大学のT・オズギュッチによってさらに発掘が進められ、今もトルコ隊による発掘は続いており、毎年新たな文書が発見されている。この半世紀の間にキュルテペから発見された粘土板文書は二万枚を優に超えている（図1－3）。

†カールム・カネシュ

通常、粘土板を含めて考古遺物は古代の建築物が折り重なって小高くなった遺丘（トルコ語でテペ、アラビア語でテル）から発見されることが多い。だが、キュルテペ文書は遺丘の北東に位置する、畑になっていた平地に埋もれていた。文書が出土したのは、丘の上にあったカネシュのアナトリア系領主の宮殿が位置する「上の町」の外に造られた「下の町」の商人居留地で、アッシリア商人の商館が立ち並んでおり、アッカド語でカールムと呼ばれていたことがわかってきた。カールムとは、「港、河岸、商業センター」を意味する。

「下の町」からは四つの居住層が検出されたが、粘土板文書が発見されたのは、第Ⅱ層（前一九四五－一八三五年頃）と第Ib層（前一八三二－一七〇〇年頃）である。その多く（二万点以上）は第Ⅱ層から発見され、しばしば数十点ずつまとまってカゴや壺などに封印され粘土製のラベルが付けられたうえで、家の倉庫の棚に保管されていた。また、少数ながら、後のヒッタイト王国の首都ハットゥシャ（現ボアズキョイ）やその南東のアリシャル・フユックなどからも古アッシリア時代の粘土板文書が発見されている。

こうした事実や文書の内容からアッシリア人はカネシュだけでなく近隣各地にも居住していたことが知られる。カネシュはアナトリア地方最大のアッシリア人居留地で、本国であるアッシュル市の出先機関である自治組織として機能し、アナトリアからシリア北部にかけて分布していたアッシリアの複数のカールムを束ねる存在だった。

カネシュとアッシュルの間は直線距離では八〇〇キロほどだが、実際に歩く距離に換算すると一〇〇〇キロから一二〇〇キロもあった。その間、水場の少ないステップを通り、冬は雪で閉ざされるような険しい山岳地も通過しなければならない。商人たちは一日二〇キロから二五キロの行程で、途上に位置するアッシリア人のコロニーを伝うように進んでいった。「ロバが旅路で死んだ」「寒さで隊商が苦しんだ」という証言も手紙に見られる。商人が旅の途中で誘拐されたり、商品が盗まれたりする危険もあった。しかし、それだけの苦労があってもやり遂げるに値するもうけがその遠隔地交易にはあった。

✝アッシュル商人の活動

キュルテペ出土文書は、アッシュルの商人たちが担った国際交易の実際について生々しい記録を豊富に残している。アッシュルからは錫《すず》と織物がカネシュに運ばれ、その代わりにアナトリアから金や銀が持ち帰られた。

アナトリアでは銅と錫の合金である青銅の生産が盛んであり、青銅製の武器や道具の鋳型が多く発見されている。錫はエラムの商人によって東方のアフガニスタン方面からアッシュルに運び込まれたと考えられる（図1－4）。

織物はおもに毛織物で、アッシュルにおいて生産されるほか、南方のバビロニアからも輸入され「アッカド」織物とよばれて、アナトリアに輸送された。アッシュルでの織物生産は商家で家内工業として、おもに女性たちが働き手となって行われた。アッシュルの婦

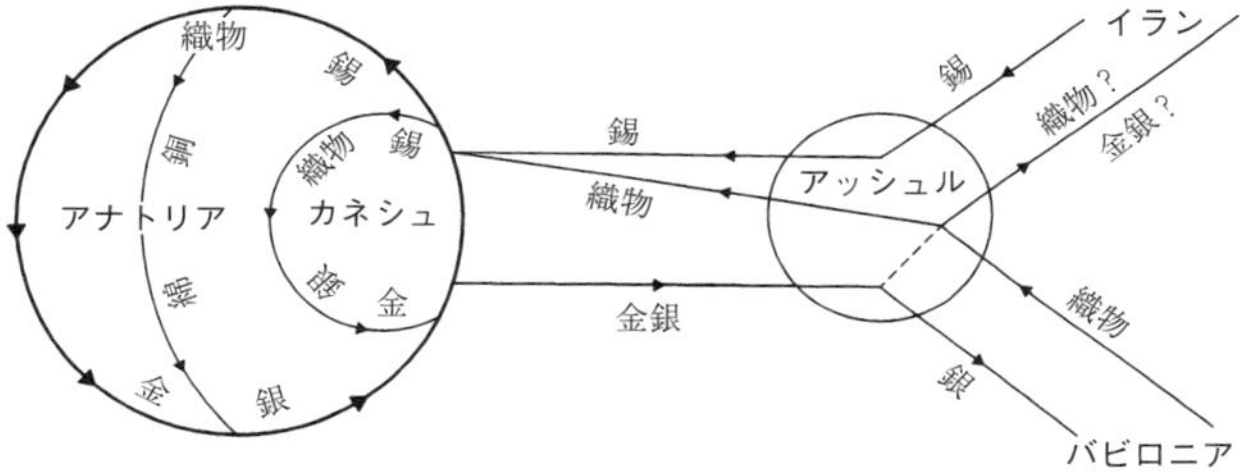

図1-4　古アッシリア時代の国際交易の物流

人たちは、アナトリアに渡って商業を営む夫については行かず、通常は母市であるアッシュル市に留まって商取引の一翼を担っていた。女たちを集めて織物を生産し、バビロニア産織物や錫と一緒にアナトリアへ送り出すとともに、世帯主として家財を管理したのである。あるいは商家の主である家長が妻とともにアッシュルに残り、息子がアナトリアに赴任することもあった。

バビロニアやアッシリアの織物は、アナトリアで珍重され奢侈《しゃし》品としてもてはやされた。カネシュのアッシリア商人は、事前に顧客の希望や、市場でどのような商品が求められているかを調べ、詳細な注文をアッシュルに対して出した。カネシュのプズル・アッシュルという商人からアッシュルの婦人ワカルトゥムに宛てられた書簡には次のような文言が残っている。

プズル・アッシュルは述べる。以下のようにワカルトゥムに言え。一マナの銀――その関税分追加済み、手数料支払い済み――をアッシュル・イーディーが、私の捺印付きで持っていく。お前が私に送ってよこした上等の織物だが、同じように織物をつくってアッシュル・イーディーに持たせて私に送ってくれ。そうしたら私は（一点につき）二分の一マナを送る。布地の片面はすくこと。ただし完全に刈り込まないように。織り方は密にして薄手にすること。以前送ってくれた織物に較べて、一点につき一マナずつ余分に羊毛を使え。しかし薄手にすること。反対の面は軽くすいて、もしそれでも毛が残るようならクタヌ布のように鋏《はさみ》で刈ることと……（TC3/1, 17; Veenhof 1972: 104）

運送屋に当たる商人がタウルス山脈とその近郊で採掘されカネシュで買い付けられた銀や金を預かり、ロバの隊商を組んでカネシュからアッシュルに運ぶと、今度はアッシュルで細かい注文に応じて生産された織物や買い付けられた錫を受け取ってカネシュに折り返した。カネシュ出土の文書には、カネシュの商店主が運送屋に銀や金を託し、運送屋はそれをアッシュルに運び、そこで買い付けた商品を持ってカネシュに戻るように定めた「輸送契約書」、この文書とともに運送屋に託されてアッシュルの代理人のもとに運ばれた、買い付けるべき商品を示した「買い付け覚書」、そして届けられた銀で実際に何を購入して運送屋に託したかをアッシュルの代理人が記し、カネシュの商店主に渡すべく運送屋に託された「決算書」などにあたる粘土板文書が大量に知られている。

これらの文書は、粘土の封筒に入れられて、文書を作成して送り出した者の円筒印章が押された（図1－5）。商品は布でつつまれて、円筒印章で捺印された封泥をつけて厳重に封印され、運送屋に預けられた。運ばれて目的地に着いた荷は、すぐに重さがはかられて、決算書と照合された。

毎年およそ一〇〇キロの金・銀がアッシュル市に運ばれ、商人たちはそれを元手にアッシュルで調達した錫と織物をアナトリアで売りさばいて大きな利益を得た。アッシュルから運ばれた錫は買い付けた価格の二倍で、織物は三倍の値段で売ることができたことがわかっている。

図1－5　封筒に入った粘土板

†アッシュルとカネシュの協商関係

こうした交易システムは、ただ商人たちの手に任されていたわけではなく、アッシュル市とアナトリア当局によって管理されており、商人たちは、売り上げの中から様々な税金を両者に支払った。アナトリアには、カネシュのほかに二〇ほどの商人居留地（カールム）と同数の小さな商業集落（ワバルトゥム）があり、本部であるアッシュル側の通商事務所がネットワークの核としてこれらを統括していた。

カネシュの通商事務所は、アッシュル市政府の出先機関として、隊商への課税、貸付利子の設定、アッシュル商人の貸付や投資の管理を行い、年に数回、決算処理を行った。また、通商事務所はアナトリア当局と連絡し、お互いの権利義務を取り決めて、アッシュルの商人の権利と安全を守っていた。以下は、アッシュル市からカネシュの領主に対して宛てられた公的書簡であり、アッシリア人の外交使節団とアナトリアの地方領主の間の約束事（「協商条約」）を記している。

あなたの国に縄と楔の（ある限り）、アッシュル市民の（所有物）が決して紛失することがないように。もし、紛失があれば、あなたはそれを探し当てて我々に返すように。もし（アッシュル市民が）殺害（されるようなこと）があれば、あなたはその殺人者を我々に引き渡すように。その後、我々が自らその殺人者を死罪に処すことができるようにせよ。

アッカド（の商人）たちを（アナトリアへと）来させることのないように。もしあなたの国を通過するアッカド人があれば、その者を我々に引き渡し、私たちにその者を殺させよ。あなたはそのことで（いかなる特別な代償も）我々に要求しないこと。

あなたの父上同様、あなたは、（あなたの国を通過する）すべての隊商から一二シェケルの錫を（通課税として）受け取る。（アッシュルへと）下っていく者からは、ロバ（の荷）につき、一と四分の一シェケルの銀を、あなたの父上同様に得る。（ただし）それ以上のものをけっして受け取ることのないように。戦争があり、隊商が着かない場合は、ハッフムからあなたのもとに送らせる。（その後、神々と祖先の霊前での双方の宣誓の儀式の次第が続く）（Çeçen/Hecker 1995, kt. n/k 794）

冒頭部分の叙述は、アッシュル側が、アッシリア市民を殺害する犯人を自ら裁く権利（現在の治外法権に比較しうる）を持っていたことを示している。また、次の節で述べられている「アッカド」（メソポタミア南部のバビロニア）の人々との商取引を禁止する条項は、アッシュル市が、アナトリアとメソポタミアの貿易を独占的に中継しようとしていたことを示唆しており、現代社会にも見られる国際経済紛争や貿易規制を想起させる。ともあれ、こうしてアッシリア側は利権と安全を要求する一方、アナトリアの領主たちに対して「関税」という見返りを提供し、共存共栄の関係を維持したのである。

†家族企業と投資信託

こうした都市共同体間の合意に基づいて築かれた枠組みに守られながら、アッシュルの商人たちは、私的なビジネスを存分に展開した。そこにはローンや信託投資の方法を含んだ高度な商業活動が含まれる。アッシュルの商人たちは、自ら商品を運んで利益を得るのではなく、すでに見たように、運送屋を雇い代理人と組んで商売を行った。大きな商家は家族のメンバーを中心に企業を組織し、当主やその子がカネシュに滞在し、妻たちがアッシュルに残るなど、役割を分担してアナトリアとアッシュルに分かれて居住し、大がかりな事業を展開した。現地に赴いた男性は、アッシュルにいる正妻のほかに現地でも第二の妻を持ち、アッシュルの正妻は家財を管理し、アッシュルにおける織物生産や商品の売買などに責任を負った。

また、複数の個人が一つあるいは多数の商取引に共同投資することも頻繁に行われていた。多数の出資者が大きな資金を集めこれを一括管理して代理業者に信託し、長期間にわたり何度もの商取引に運用するナルックムと呼ばれる契約もあった。ナルックムとは、資金を一括して入れる「袋」を意味する。一五人が一二年にわたって三〇ミナの金を一人の代理業者に委託した記録もあり、証書に当たる粘土板文書には、投資者たちの名前、それぞれの投資額、代理業者の名前、契約の諸条件が記されている。収益は、代理業者が全額の三分の一を取り、三分の二が、出資額に応じて出資者に分配された。こうした方法は、現在の投資信託を想起させる。

†リンム職とアッシュル市の行政

一九九〇年代以降、キュルテペ出土文書の中から「エポニム・リスト」あるいは「リンム表」と呼ばれるリストが発見され、これによって古アッシリア時代の年代研究が大きく進展した。このリストには、アッカド語の言語でリーム（新アッシリア時代にはリンム）と呼ばれる役職についた人名が並べて記されていた（図1－6）。

図1－6　「リンム表」粘土板

リンム職は、「集会」（*puhrum*）を組織してアッシュルの行政を集団で管理したエリート商人たちの中から毎年一人選ばれ、その人物の名前によって、各年は「（リンム）某の年」と呼ばれた。リンムの名は公示され、アッシュルからカネシュまで、至るところで多くの契約書に日付として記されて知れ渡ったため、リンム職に就くことはたいへんな名誉と考えられた。また、名誉であるばかりでなくリンム職は、「集会」の中心である市庁舎に該当するオフィス「リンムの館」を持ち、商人たちが交易によって得た収入の中から一定の分け前を得る経済的役得もあった。

後の時代（中アッシリア時代以降）の「王」（*šarru(m)*）にあたる都市国家の主権者は「執政官」（*waklum*）、「大人《たいじん》」（*rubā'um*）、「(王たる)アッシュル神の代理人」（*iššiak Aššur*）などと呼ばれたが、まだ「王」を名乗ることはなかった。「執政官」は都市国家の行政責任者ではあったが、後の領域国家アッシリアの王のような絶対的な権力をもってはおらず、市政を司る権力は「集会」を形成する市民によって分有されていた。古代西アジア世界はいつの時代もどこにあっても絶対君主が統治していたわけではなく、現在の民主主義と（比較しようと思えば）比較できるような共和制的な体制が各地の都市行政に見いだされる。

2 残された王の記録

†『アッシリア王名表』

それでは、アッシリアの「王」たちの系譜はどのように記録されてきたのだろうか。前二〇世紀の古アッシリア時代の首長／執政官から前七世紀の帝国期アッシリアの皇帝までの都市国家アッシュルと領域国家アッシリアの為政者（王）たちの名前、系図、統治年数、即位の経緯などを並べて記した『アッシリア王名表』と呼ばれる文書の写本が複数の粘土板に残っている。これらの写本は一九五〇年代に主要なものが解読・出版され、アッシリア王朝史を復元するためのバックボーンとなってきた（図1-7）。

図1-7　『アッシリア王名表』粘土板（コルサバード出土写本）

各写本に記された王名から、一番古い写本は紀元前一〇世紀、他の二つはそれぞれ前八世紀に作成されたことがわかる。最も新しい写本は、前八世紀末のシャルマネセル五世（在位前七二六―七二二年）までをカバーする。『アッシリア王名表』の原本がいつ作成されたかは正確にはわからないが、おそらくは紀元前一三世紀頃、中アッシリア時代になって初めて現在のかたちにまとめられ、その後新しい王名が順次付け加えられながら増補改訂版がつくられていったと推定される。

『アッシリア王名表』は、都市国家アッシュルと領域国家アッシリアの歴史をできる限り古いところまでさかのぼってその王たちの系譜を示そうとした古代の「歴史書」であり、そこには編集時に集められたデータに基づいて書かれた古アッシリア時代の記憶が残されている。

（『アッシリア王名表』とその他諸文書に基づいた歴代の王（あるいは政治指導者）たちのリストを本書巻末にまとめたので、参照されたい。）

†「テントに住んだ王たち」と「父祖であった王たち」

王名表の冒頭には「トゥディヤ、アダム、ヤンキ、サフラム……」に始まる一七の名が記され、それらは「一七人のテントに住んだ王たち」と説明される。

これにつづいて「アミヌはイル・カブカビの子、イル・カブカビはヤズクル・イルの子、ヤズクル・イルはヤクメニの子……ハレはアピヤシャルの子、アピヤシャルはウシュピヤの子」と一〇人の人物が（その父親の名前とともに）年代をさかのぼりながら示されて、彼らは「一〇人の父祖であった王たち」と説明される。

続いて、スリリ、キッキヤ、アキヤ、プズル・アッシュル（一世）、シャリム・アヘ（あるいはシャリム・アフム）、イル・シュマの名が並べられ、「六人の彼らの（治世中の）リンムが知られていない王たち」とくくられる。その後は、「エリシュ（ム）（一世）――イル・シュマの子――［…］……が四〇〔異本：三〇〕年間王権を行使した、イクヌム――

――エリシュ（ム）（一世）の子――が［一四年間］王権を行使した……」という要領で、エリシュム（一世）以降の歴代の「王」たちの治世が連綿と書かれていく。

エリシュム一世に続く人名は、都市国家アッシュルの「執政官」（王）の名前であり、このことは先述したキュルテペ出土の「リンム表」でも確認できる。「リンム表」では、エリシュム一世に始まるアッシュル市の「執政官」（王）たちの治世中に毎年のリンム職に就いた人々が並べて記される。どのリンムからどのリンムまでがどの王の治世に当たるかを示した写本も知られており、『アッシリア王名表』に記されたエリシュム一世とそれに続く人物たちは実際にアッシュルの執政官（王）であったことを保証する。また王名表で、エリシュム一世に先行する「六人の彼らの（治世中の）リンムが知られていない王たち」の一部（プズル・アッシュルの子シャリム・アフム、シャリム・アフムの子イル・シュマ）の建築記念碑文がアッシュル神殿の遺構内から発見されているため、これら六人もアッシュルの執政官（王）と見なしうる。

それでは、これらの都市国家アッシュルと領域国家アッシリアの王たちに先行する存在としてリスト冒頭に示された「一七人のテントに住んだ王たち」と「一〇人の父祖であった王たち」とは誰なのだろうか。一九五〇年代以降、何人かの研究者がこの問題に挑み、王名表以外に様々な証拠を探して、考察を進めてきた。

現在では「一七人のテントに住んだ王たち」は、前二千年紀初頭にメソポタミア各地に定着したアムル系諸部族の名前であると考えられている。前三千年紀末期に西方のシリア砂漠周辺にいたアムル系の半遊牧的部族集団は、波状的にメソポタミアとその周辺に押し寄せ、前二千年紀前半（「古アッシリア時代」も含む）にはメソポタミア各地の都市で王権を掌握し、メソポタミアとその周辺に「アムル人の時代（古バビロニア時代）」と呼ばれる一時代をもたらした。この時代、アッシュルにもアムル系政権が生まれている。

そして続いて王名表に現れる「一〇人の父祖であった王たち」は、外部からやってきてアッシュルの王権を掌握したアムル系の豪族シャムシ・アダド一世（アムル語名サムスィ・アッドゥ）の直接の祖先たちとみられる。上述の通り、『アッシリア王名表』は古アッシリア時代の王たちの治世について「某の子である某が×年間王権を行使した」と簡潔に記すが、シャムシ・アダド一世については、この基本的なスタイルから逸脱して、異例の詳しさで次のように記す。

イル・カブカビの息子シャムシ・アダドは、ナラム・シンの時代に（南方の）カルディニアシュ（バビロニア）に行き、イブニ・アダドがリンムのときに、カルディニアシュから（北へ）［上ってきて］エカッラトゥムを占拠し、三年間エカッラトゥムに留まった。（その後）アタマル・イシュタルがリンムのとき、シャムシ・アダドはエカッラトゥムから上ってきた。（そして）、ナラム・シンの子であるエリシュム（二世）を王座から退け、王座を奪った。彼は三三年間（紀元前一八〇八―一七七六年頃）王権を行使した。

シャムシ・アダド一世が廃位させたエリシュム二世は、エリシュム一世の五世代後のアッシュルの「王」であり、アッシュル市の土着の王たちの系譜を引いている。その正当な系譜に属する「王」をシャムシ・アダドは力で排除して、アッシュルの王権を簒奪《さんだつ》したのである。

注目すべき点は、この一節でシャムシ・アダドの父であるとされるイル・カブカビが、「一〇人の父祖であった王たち」のリストの最初（年代的には最後）にアミヌの父として表れていることである。したがって、アミヌはシャムシ・アダドの兄であり、それに続く人物はシャムシ・アダドの祖先でその氏族を率いた代々のリーダーだったと考えられる。現在、イル・カブカビ（イラ・カブカビ）とアミヌがシャムシ・アダドの身内であった証拠がマリ文書（後述）中に発見されている。

したがって『アッシリア王名表』冒頭部分の構造は、以下のように理解される。アッシュルの王権を掌握したシャムシ・アダドの台頭について特別な説明を加えたシャムシ・アダド家の編集者が、冒頭にシャムシ・アダドの直接の父祖たちのリストと彼らの遠い祖先であるアムル系緒部族の名前を配置し、それを土着のアッシュルの王たちのリストに結合することで、一族の出自の古さと重要性を強調しようとした古アッシリア時代の歴史記述がそこに残っているのだ、と。

3 シャムシ・アダドと北メソポタミア王国

†マリ文書

アッシュルから直線距離で一三〇キロほど南西、ユーフラテス川中流域の南岸にマリ(現テル・ハリリ)遺跡がある。マリでは一九三三年からフランス隊による発掘調査が行われており、出土した考古遺物と粘土板文書の研究により、紀元前三千年紀初めから前一八世紀にかけて、マリは交易の拠点として、特に前一九世紀末からはリム王朝と呼ばれるアムル系の王朝の支配の下で繁栄していたことが明らかになった。

この時代に由来する粘土板文書史料は豊富で、数千点の王室書簡をはじめとする大量の文書がフランスの研究者たちによって研究され、マリ周辺のみならず広く古代西アジア世界の歴史と文化を解明するために大いに貢献してきた。

†アムル系僭主サムスィ・アッドゥ

マリ文書によると、前一八世紀になって、北メソポタミアを拠点に台頭したアムル系の豪族サムスィ・アッドゥは、アッシュルを占領しその王権を掌握すると、北方のハブル川三角地帯（北西シリア）のシャヒナを占拠してシュバト・エンリル（アッカド語で「エンリル神の座」の意、現テル・レイラン）と改名してそこに行政首都を構えた。さらに南方に進出してユーフラテス川中流域の拠点都市であったマリを陥れ、リム王朝を追放した。このサムスィ・アッドゥこそ『アッシリア王名表』のシャムシ・アダド（一世）である。この人物の本来の名は、アムル語でサムスィ・アッドゥ（*Samsī-Addu*、「我が太陽は嵐神アッドゥ」の意）であったが、前二千年紀以降のメソポタミア都市文明の標準言語であったアッカド語では、シャムシ・アダド（*Šamšī-Adad*）と読まれた。

サムスィ・アッドゥは、マリとアッシュルという交易上の重要拠点を支配下に置くと、北メソポタミア全域に及ぶ大王国を築きあげた。自らは北方のシュバト・エンリルを拠点にし、長子のイシュメ・ダガンをアッシュルのすぐ北に位置するエカッラトゥムに配して王国の北東部を管理させ、その弟のヤスマハ・アッドゥを南方のマリに守護として置いて、広大な領土を統治した。

4 古アッシリア時代の終焉

†暗黒時代の到来

アッシュルの執政官（王）たちの系譜をカネシュ（キュルテペ）のカールムの歴史（第Ⅱ層：前一九四五―一八三五年頃、第Ib層：前一八三二―一七〇〇年頃）に当てはめると、エリシュム一世（在位前一九七四―一九三五年頃）の治世半ばからサムスィ・アッドゥ（シャムシ・アダド一世）（在位前一八〇八―一七七六年頃）の時代を経て、その子イシュメ・ダガン（在位前一七七六―一七三七年頃）の治世の後にまで及ぶ。しかし、カネシュのカールムに由来する文書の情報は紀元前一八世紀の半ばまでに途絶えて、アッシュルについての同時代史料は急速に少なくなり、その後は詳細不明の暗黒時代になってしまう。これが古アッシリア時代の終焉である。

サムスィ・アッドゥが死亡すると、その王国は瞬く間に勢いを失い、アッシュルは、急速に台頭してメソポタミアの覇者となったバビロンのアムル系王朝（バビロン第一王朝）のハンムラピ（あるいはハンムラビ、在位前一七九二―一七五〇年頃）の影響下に置かれた。マリもハンムラピによって破壊され、その後はマリ文書からの情報も沈黙してしまう。

それでも、アッシュルでは、サムスィ・アッドゥの子イシュメ・ダガンが、しばらくは父から引き継いだ王権をなんとか維持したとみられ、『アッシリア王名表』はイシュメ・ダガン以降もアッシュルの王統が断絶せずに継続していたように記録している。しかし、その後のアッシュルとそれを取り巻く環境については同時代史料がほとんど残っていない。

†プズル・シン碑文

史料に乏しい時代にあって注目すべき貴重な文書をロンドンの大英博物館が所蔵している。プズル・シンという人物の碑文が刻まれた、アッシュルに由来する石板である。碑文は、残念ながら良好な保存状態とは言いがたいが、「アッシュル神の代理人」たるアッシュル・ベール・シャメーの子プズル・シンが、アッシュルとは本来縁もゆかりもない外来の「疫病神」であるシャムシ・アダドの子孫の悪をアッシュル市から取り除き、シャムシ・アダドが建てた宮殿を破壊し、城壁を再建したことを記している。奇妙なことに、この人物の名は『アッシリア王名表』には記されておらず、後代に編集された『アッシリア王名表』が史料として不完全であることを暗示する。

とはいえ、プズル・シンがシャムシ・アダドの家系をアッシュルから排除したと主張しているにもかかわらず、その後のアッシュルにおいて、シャムシ・アダドはつねに「悪者」と考えられていたわけではなかった。『アッシリア王名表』によると、前一六世紀後半あたりには「シャムシ・アダド」（二世と三世）や「イシュメ・ダガン」（二世）の名をもつ人物が王位に就いており、「シャムシ・アダド」は王名として前九世紀まで五回採用された。このことは、北メソポタミアに大国家を建設したシャムシ・アダド一世とその一族のイメージが好意的に評価されて、それにならった即位名を名乗る人物が現れたことを意味する。そして、後の時代（おそらく前一三世紀頃）に『アッシリア王名表』が初めて現在知られている書式で編集されたときには、シャムシ・アダド（一世）によるアッシュルの王位簒奪の顚末《てんまつ》が忌避されることなくそこに記され、アムル系の父祖たちの系譜もそのまま王名表の冒頭に残された。

ここからもうかがえるように、古アッシリア時代のアッシュル市の人口構成は、相当に複雑だった可能性がある。シャムシ・アダド一世によって支配された時代以降は、アッシュル土着のアッカド語アッシリア方言を母語にする人々とともにアムル系の人々も居住するようになったはずである。そこでは、有力商人たちの集会が主導する都市アッシュルの伝統的「共和制」と、強力な王のリーダーシップを求めるアムル系部族社会の社会観・政治観の間で緊張関係があったかもしれない。また、アッシュル周辺には、北メソポタミアで重要な人口構成要素であったコーカサス地方を故地とするフリ系民族言語集団が多くおり、彼らもまたアッシュル市の内外で活動して、その命運に影響を与えていった。

第2章 領域国家アッシリアの成立——中アッシリア時代

1　ミッタニの攻勢と領域国家の成立

†フリ系国家ミッタニの台頭

暗黒時代末期の紀元前一六世紀半ばころから、フリ系の人々が興した国家ミッタニ（ミタンニ）が北メソポタミアとその周辺で影響力を拡大させていた。前一五世紀後半にはその力は頂点に達し、西はシリアから東はザグロスの山麓に至るまで、北メソポタミア全域を直接間接にその支配下に置いた。ミッタニの中心地域であったハブル川三角地帯の遺跡からまとまった文書群が発見されることがなお待たれる状況だが、アナトリア（ヒッタイト）、シリア、エジプト、メソポタミアの各地で発見されたかなりの数の粘土板文書がミッタニに言及しており、その強大さを十分に証明する（図2－1）。

紀元前一四世紀のヒッタイト王シュッピルリウマ一世とミッタニ王シャッティワザの条約が記されたハットゥシャ出土の粘土板文書は、過去の両国の関係を記述する中で、ミッタニとアッシュルの関係について触れている。それによれば、サウシュタタルという有力なミッタニ王（前一五世紀半ば頃）が、銀と金で作られた扉をアッシュルから奪い去って、ミッタニの首都ワシュカンニの王宮に置き、後のミッタニ王シュッタルナ（前一四世紀半ば頃）がアッシュルに返還するまでその扉はミッタニにあったという。

アッシュルの金銀の扉がどのような経緯で奪われたのかは書かれていないが、ミッタニがアッシュルを攻撃して属国化した際にアッシュルが服従の印として差し出したか、すでに属国だったアッシュルがミッタニに反乱を起こして懲罰遠征を受け扉を奪われたかのいずれかだろう。いずれにせよ、アッシュルはミッタニの政治的・軍事的圧力を受け、従属的な立場におかれていた。

アッシュルの約一〇〇キロ東にある都市ヌジ（現在のヨルガン・テペ）の遺跡で発見された前一四三〇－一三三〇年頃に年代づけられる粘土板文書群からは、ヌジが属するアラプハ王国に対してミッタニが宗主権を行使しており、ヌジにはフリ系の名を持つ人々が多く居住していた状況が浮かび上がる。このことは、地理的にヌジよりもミッタニの本拠地

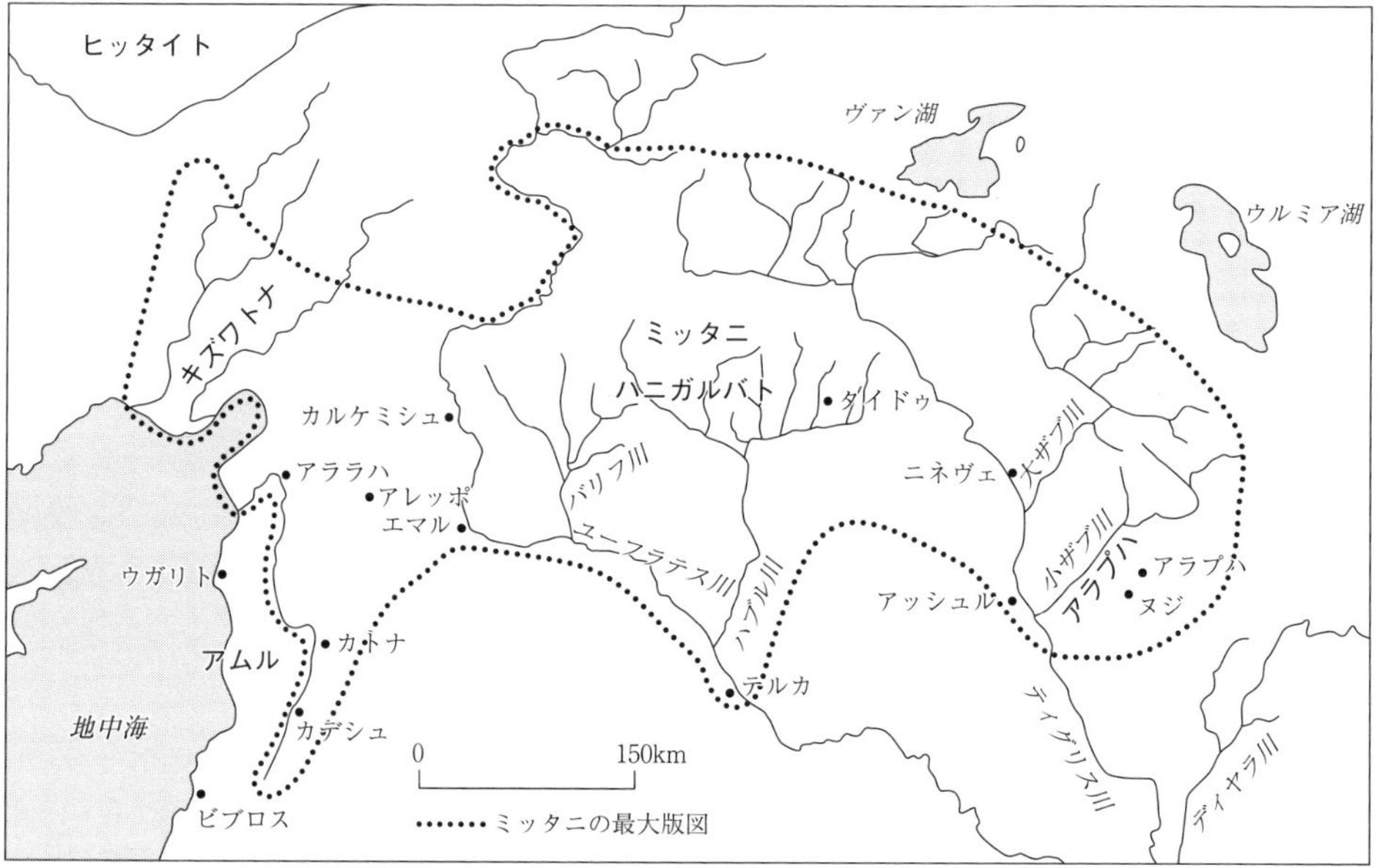

図2-1　ミッタニの勢力図

に近いアッシュルがミッタニの影響下にあったという想定を裏付ける。おそらく、前一五世紀半ばから前一四世紀初頭まで、アッシュルはミッタニに政治的に服従し、属国の地位に留まっていたと考えられる。

こうした国際情勢にあっても、この時期のアッシュルの王たちは自治を保ち、固有領土をアッシュル周辺に確保していた。前一五世紀に在位したと考えられるアッシュルの王たちのうち、プズル・アッシュル三世、アッシュル・ベール・ニシェシュ、アッシュル・ナディン・アヘ（一世あるいは二世）らは、アッシュルに新たな城壁を作って防備を強化し、エジプトやバビロニアと独立した国家として外交関係を持ったことが、アッシュルで発見された彼らの建築記念碑文や、後代（前八世紀）にアッシリアで編集された『アッシリア・バビロニア対照年代誌』からわかる（図2－2）。

図2－2　『アッシリア・バビロニア対照年代誌』粘土板

†アマルナ文書

アッシュルが、その支配下に他の複数の都市を包含する領域国家に変貌していったことが確認できるのは、アッシュル・ウバリト一世（在位前一三五三―一三一八年頃）の治世である。北メソポタミアの大国だったミッタニで起こった王位継承をめぐる内紛を機に、アッシュル・ウバリト一世はミッタニに対して反乱を企てて独立を果たし、周辺国に独立した大国としての立場を認知させていった。その過程を端的に示す史料は、エジプトのナイル川中流域にあるテル・エル・アマルナ遺跡で発見され「アマルナ文書」の名で知られる一群の粘土板文書に含まれた、アッシュル・ウバリト一世からエジプトのファラオに送られた手紙である（図2－3）。

図2－3　アマルナ書簡15番

「アマルナ文書」は、三八二枚からなる楔形文字粘土板文書群で、その多くは、当時の国際公用語であったアッカド語で書かれた国際外交書簡であった。一八八七年にこの文書群が偶然発見された後まもなく行われたテル・エル・アマルナ発掘の結果、この場所はエジプト新王国第一八王朝の王アメン・ヘテプ四世（アクエンアテン）が築いた新首都であったことが判明した。アメン・ヘテプ四世は、エジプトの伝統的宗教規範を離れて、太陽神アテンを新しい国家神として信仰し、この宗教改革の核になる都市としてテル・エル・アマルナに新首都アケト・アテンを建設した。この場所からアメン・ヘテプ四世およびその前後のファラオ（エジプト王）たちと西アジア各地の王たちとの外交書簡が見つかったのである。

書簡からは、当時の西アジアで、諸国の王たちが手紙を送り合い、贈り物を交換し、娘を送って親族関係を結び、盛んな外交を実践していたことがわかる。約三五〇点ある書簡の多くは、エジプトの属国であったシリア・パレスチナの小国家の王たちからファラオに送られたものだが、南メソポタミアのバビロニア、北メソポタミアのミッタニ、アナトリアのヒッタイト（ハッティ）、キプロス島のアラシア、そしてアッシリアといった、エジプトと対等であることを自認し、複数の小国を従える覇権国家の王であることを意味する「大王」（*šarru rabû*）を名乗る大国の王たちとの書簡も四〇点以上含まれており、当時の大国間の関係について貴重な情報を提供してくれる。

†アッシュル・ウバリト一世の書簡

アッシュル・ウバリト一世がエジプトのファラオに宛てた二通の書簡は、都市国家アッシュルが領域国家アッシリアに変貌し、大国として台頭した様子を雄弁に物語る。二通の手紙の一部を引用しよう。

エジプト王に言え。アッシリア王アッシュル・ウバリトは次のように言う。あなた、あなたの家、国、チャリオット（戦車）、軍隊が平安であるように。私はあなたとあなたの国を訪問させるべく、あなたの元へ私の使者を送る。これまで私の父祖たちは（エジプトに）使者を送ったことはなかったが、今日、私はあなたのもとへ使者を送る。私は贈り物として良いチャリオット一台、馬二頭、上質のラピス・ラズリ製のナツメヤシ一つを送る。訪問すべくあなたのもとへ送った使者（の帰国）を遅らせてはならない。彼は訪問した後ただちに出立せねばならない。彼はあなたの様子とあなたの国の様子を見た後、（ただちに）出立せねばならない。（アマルナ文書一五番）

大王、エジプトの王、わが兄弟ナプフリヤ（＝アメン・ヘテプ四世）に言え。アッシリア王、大王、あなたの兄弟アッシュル・ウバリトは次のように言う。あなた、あなたの家、国が平安であるように。……わが父祖アッシュル・ナディン・アヘがエジプトに使者を送ったとき、（エジプト人は）彼に金二〇タレント（一タレントは約三〇キロ）を送った。ハニガルバト（＝ミッタニ）の王がエジプトのあなたの父に使者を送ったとき、（あなたの父は）彼に金二〇タレントを送った。今や私はハニガルバトの王と同格である。それなのに、あなたは私に金［…］しか送ってこなかった。（これではエジプトまで）往復した私の使者への支払いにも足りはしない。もしあなたが本当に（両国の）友好を求めるのならば、多くの金を私に送れ……（アマルナ文書一六番）

二通の手紙の書き出しに注目したい。一通目でアッシュル・ウバリトはファラオの名前に言及せず、自らを単に「アッシリア王」と称しているのに対し、二通目では、ファラオを「わが兄弟ナプフリヤ（＝アメン・ヘテプ四世）」と名指しで呼び、「兄弟」として対等であることを強調したうえで、エジプトの王と自分の双方を「大王」としている。一通目は、初めてエジプトに送った手紙であり、大国エジプトに対して、いささかへりくだりながらも、新興国の王として堂々とした態度で、早くエジプト側の反応を知りたいと求めている。これに対して二通目は、はっきりと対等国であることを強調している。領域国家アッシリアの誕生はもはや疑う余地もない。

また、これ以前の都市国家アッシュルの執政官（王）たちは、建築記念碑文において「アッシュル神の代理人」と名乗り、「王」（*šarru(m)*）というタイトルを避けていた。アッシュル市の王はアッシュル神であり、執政官はその意思を代行するにすぎないという考え方を伝統的に堅持してきたのである。しかし、アッシュル・ウバリト一世は、この書簡において自らをはっきりと「アッシュルの地（＝アッシリア）の王」（*šar māt Aššur*）と名乗っている。アッシュル・ウバリト一世は、アッシュルの建築記念埋蔵碑文では、なお伝統にしたがって「王」を名乗ることを避けているが、自ら作製させた円筒印章には、「アッシリア王アッシュル・ウバリト――エリバ・アダドの子――の印」と記している。その後、アッシュル・ウバリト一世の孫アリク・デン・イリ（在位前一三〇七―一二九六年頃）は、建築記念碑文でも自らを「アッシリアの王」と称しており、以来、代々の王はもはやためらいなく「アッシリアの王」を自称するようになった。

†バビロニアとの関係

北メソポタミアの新興国アッシリアの南には、前一八世紀から大国としての地位を堅持し、それを自認してきた伝統国バビロニアがあった。アッシュル・ウバリト一世時代のアッシリアの台頭を、隣国バビロニアの王ブルナブリアシュ（二世）は愉快に思わなかったようである。バビロニア王がエジプトに宛てた書簡（アマルナ文書九番）で、ブルナブリアシュは「私の家来に過ぎないアッシリア人たちをあなたのところに送った覚えはない。なぜ彼らは勝手にあなたの国に行ったのか。もしあなたが私と友好関係にあるなら、彼らが（エジプトで）何も購入できないようにして、手ぶらで送り出せ」とファラオに対して強い調子で訴えている。

この時期のアッシリアとバビロニアとの力関係は、アッシリアの優勢に傾いていったようにみえる。先述の後代の編年史料『アッシリア・バビロニア対照年代誌』とバビロニア由来の『年代誌P』には、アッシュル・ウバリト一世が娘のムバッリタト・シェルアをバビロニア王ブルナブリアシュ二世に嫁がせた後の顚末が記されている。それによれば、ブルナブリアシュ二世とムバッリタト・シェルアの間に生まれた子が王になった後、この人物が反乱者に殺害されるとアッシュル・ウバリト一世は、バビロニアの内政に軍事介入し、孫の敵を討ち、婿ブルナブリアシュ二世の別の子クリガルズを擁立したという。これらの年代誌には、その後もアッシリアとバビロニアの間に戦争と和平が繰り返されたことが記されている。

2　中アッシリア王国の最盛期とその後の混乱

†ハニガルバト征服

ミッタニ滅亡後、フリ系の人々が北シリア各地に勢力を維持した地域はハニガルバトと呼ばれた。アダド・ネラリ一世（在位前一二九五―一二六四年頃）、シャルマネセル一世（在位前一二六三―一二三四年頃）、トゥクルティ・ニヌルタ一世（在位前一二三三―一一九七年頃）の治世下に、この西方地域に対してアッシリアは繰り返し軍事遠征を企て、ハニガルバトをアッシリアの固有領土に取り込むと、ユーフラテス川を挟んで、アナトリアからシリアに進出する大国ヒッタイト（ハッティ）と対峙した。この時代にヒッタイトとアッシリアの間でやり取りされた複数の書簡がヒッタイトの首都ハットゥシャから出土している。

こうした書簡とアッシリアの西方への軍事遠征を記録するアッシュル出土の王碑文と行政文書から、ヒッタイトとアッシリアが緊張感に満ちた外交関係にあり、東西からユーフラテス川大湾曲部を挟んで各地でしばしば戦いを交えたことがわかる。

†トゥクルティ・ニヌルタ一世のバビロニア遠征

領域国家として確立されたアッシリア王国の領土的拡大は、トゥクルティ・ニヌルタ一世の治世に頂点に達した。トゥクルティ・ニヌルタ一世とヒッタイト王トゥドハリアの外交交渉が破綻すると、トゥクルティ・ニヌルタ一世は、ヒッタイトに対して戦いを挑んだ。トゥクルティ・ニヌルタ一世の王碑文は、シリアから二万八八〇〇人のヒッタイト人を捕虜として連れ帰ったと主張する。この大きな数字が誇張を含んでいることを指摘する研究もあるが、この戦争での成功を裏付けるかのように、その後トゥクルティ・ニヌルタ一世は、積年のライバルであった南方のバビロニアにも矛先を向けている。

両国間にくすぶっていた領土問題を背景に、アッシリアとバビロニアの間では幾度も戦いが行われた。複数回のアッシリア軍のバビロニア遠征については、主としてアッシュルから出土した王碑文、行政文書、歴史文学文書がデータを提供する。それまでおもに神殿、王宮や市壁の建設などの建築事業を報告していたアッシリアの王碑文は、次第に王の軍事遠征の成果を誇示するスタイルに転じ、特にトゥクルティ・ニヌルタ一世は大きな戦果としてバビロニアを屈服させたことを強調する。アッシュルの王宮が管理する物品の出納を記録した行政文書には、遠征を含む諸事業のための物品の出入りやその理由、バビロニアからの捕虜の収容についての記録などが残っている。

トゥクルティ・ニヌルタ一世とバビロニア王カシュティリアシュ四世の戦いとアッシリアの勝利に終わるその結末は、叙事詩の中で雄弁に語られた。『トゥクルティ・ニヌルタ叙事詩』と呼ばれるこの作品では、神々の前で行われた和平の誓いを破ってアッシリアに対して不遜な戦いを仕掛けるカシュティリアシュ四世に対し、正義の王たるトゥクルティ・ニヌルタが戦いを挑んでこれを打ち破り、バビロニアの首都バビロンを陥れて、財宝や重要な知的財産である粘土板文書をアッシュルに持ち帰ったというストーリーが語られている。

トゥクルティ・ニヌルタ一世は、バビロニア王カシュティリアシュ四世を捕虜としてアッシュルに連行し、占領したバビロンにアッシリアの守護を置いてこれを支配した。そして、カール・トゥクルティ・ニヌルタ（後述）出土の王碑文で自らを「トゥクルティ・ニヌルタ……アッシリアの王……カルドゥニアシュの地（＝バビロニア）の王、シュメルとアッカドの王、シッパルとバビロンの王、ティルムンとメルッハの王、上と下の海の王」と名乗る。アッシリアとバビロンの双方の王であり、メソポタミア全土の王であるに留まらず、ペルシア湾のバハレーンと同定されるティルムンとインダス地方にあるメルッハ、そして西は地中海から南はペルシア湾までの全域の王であるという誠に派手なタイトルである。実際にアッシリアが固有領土として支配した領土はここまで広くはなく、メソポタミアとその周辺に留まるが、シリアの支配者であったヒッタイト王国とペルシア湾交易の管理者であったバビロニア王国に対して勝利を収めたトゥクルティ・ニヌルタ一世の権勢が最高潮を迎えた様子を反映している。

トゥクルティ・ニヌルタ一世のバビロン占領とその後のバビロニア支配は、バビロニアの王朝史にとっても前例のない大事件であり、後代のバビロン由来の『年代誌P』や『年代誌二五』といった歴史文書もこの事件を大きく取り上げている。アッシリアのバビロン支配の実態については詳細不明だが、アッシリアの勢力がバビロンから追放され、バビロンに本来あったカッシート系の王朝が回復するのは、トゥクルティ・ニヌルタ一世の没後なお十数年の歳月を要した。

†新都市カール・トゥクルティ・ニヌルタ

トゥクルティ・ニヌルタ一世は、アッシュルからティグリス川上流に三キロほどさかのぼった対岸（東岸）のマフムール平原の更地（現在のトゥルール・エル・アクル）にアッシュル神の祭儀の場として、また自らの居住地として、新しい都市を建設した。新都市はカール・トゥクルティ・ニヌルタ（「トゥクルティ・ニヌルタの港」の意）と命名された。一九八六年から八九年まで行われたドイツ隊の発掘によって、この都市が従来考えられていたよりもはるかに大きく、市域は二四〇ヘクタールにおよび、ティグリスの河岸に沿って二八〇〇メートル×九〇〇メートルの方形の敷地に広がっていたことが判明している。その中心には壁に囲まれた八〇〇メートル四方の中心街区が設けられ、そこに王宮と神殿が建てられた。

先述した通り、アッシュル神と都市アッシュルは密接に結びついており、後のアッシリア帝国期でさえ、アッシュル神殿は他の土地には作られなかった。また、アッシリア王の即位式はアッシュル市のアッシュル神殿で行われなければならなかった。そうしたアッシュル神の性格と、アッシリアにおけるアッシュル市の宗教文化的・政治的唯一性の伝統に照らして、カール・トゥクルティ・ニヌルタは、伝統に挑戦する試みだったのではないかと疑われてきた。

確かにカール・トゥクルティ・ニヌルタは出色の規模を持つ特別な都市であった。しかし、近年の考古学的データと文書史料の見直しの結果、南に隣接する首都アッシュルの行政・祭儀空間の拡大を意図したものであったという見解が有力になっている。したがって、後の新アッシリア時代のカルフのような新首都の建設を意味するものではなかったと思われる（図2-4）。

図2-4　神のエンブレムの前で礼拝するトゥクルティ・ニヌルタ1世を描いた祭壇

✝内憂外患と王の暗殺

トゥクルティ・ニヌルタ一世の治世晩年には国内外で不穏な事件が相次いだことが、シュメル語とアッカド語の二言語で記されたアッシュル出土の祈禱文書に暗示されている。アッシュル神に向けられたこの祈禱は、トゥクルティ・ニヌルタ一世の治世晩年の窮状を背景に、次のように記す。

諸国は一緒になってあなたの都市アッシュルを輪で囲んでいます。彼らは皆あなたがあなたの民を治めるように指名した羊飼い（王トゥクルティ・ニヌルタ一世）を憎むようになっています。あなたが好意的な助けを提供した地上のあらゆる地域が、あなたを軽蔑しています。……あなたの敵どもはあなたの［居城］をにらみつけています。彼らは一致してあなたの国を略奪しようとしています。（KAR 128）

トゥクルティ・ニヌルタ一世治世末期の危機的状況の詳細は漠として知れないが、その統治は悲劇的な最後を迎えた。王の息子が反乱を起こし、王を暗殺したのである。『アッシリア王名表』は、息子アッシュル・ナディン・アプリが王位を簒奪したと簡潔に記録している。バビロニア由来の『年代誌P』は、トゥクルティ・ニヌルタ一世のバビロン征服の記事に続けて、その後に起こったバビロニアのアッシリアからの独立運動とトゥクルティ・ニヌルタの暗殺を組み合わせて、次のように記している。

カルドゥニアシュ（バビロニア）のアッカド人の有力者たちが（アッシリアに対して）反乱を起こし、アダド・シュマ・ウツルを彼の父の王位につけた後、バビロンに対して悪事を働いたトゥクルティ・ニヌルタの子アッシュル・ナツィル・アプリ（アッシュル・ナディン・アプリの誤り）とアッシリアの有力者たちが彼（トゥクルティ・ニヌルタ）に反乱し、彼を王座から引き離し、カール・トゥクルティ・ニヌルタで一室に監禁し、剣をもって彼を殺した。

†アッシリア内部の権力争い

トゥクルティ・ニヌルタ一世の暗殺から一五年ほどの間は、その息子や孫による短い治世が三代続いたが、その後、それまで中アッシリア時代を通じて一つの家系に独占されていたアッシリアの王統に揺らぎが生じた。アッシリア王家の傍系に当たるニヌルタ・アピル・エクルが、バビロンをアッシリアの支配から解き放ってバビロン王になったアダド・シュマ・ウツルと結託して、トゥクルティ・ニヌルタ一世の子で王だったエンリル・クドゥリ・ウツル（在位前一一八六―一一八二年頃）を捕らえてバビロン側に引き渡し、アッシリアの王位を簒奪したのである。

この計略と裏切りを交えた複雑な政争は、アッシリアとバビロニア双方の歴史文書（上述の年代誌）とバビロニアからアッシリアの有力者に送られた書簡などを照らし合わせることで明らかになってきた。ニヌルタ・アピル・エクル（在位前一一八一―一一六九年）は、アッシリアの西方領土全域を統治する大宰相（*sukkallu rabi'u*）として副王に匹敵する地位にあったイリ・パダの子であり、イリ・パダは七世代前の王エリバ・アダド一世（在位前一三八〇―一三五四年頃）の末裔《まつえい》にあたる。以後、アッシリアの王統は、イリ・パダとニヌルタ・アピル・エクルの家系に継承されていった。

しかし、ニヌルタ・アピル・エクルの王位簒奪は、アッシリア国内で混乱を引き起こし、西方の行政州は納税を拒否して中央から離反したことが、アッシュル出土の行政文書から見て取れる。こうした動乱は短期間で収束せず、アッシリア王国の政治的統一性は長期にわたり動揺した。

†ニヌルタ・トゥクルティ・アッシュルの文書庫

王宮や神殿が立ち並ぶアッシュルの市域の北部分の一画から発見された、壺に入った一一五点の行政文書（粘土板）は、「M6アーカイブ」と名付けられた。研究の結果、これらの文書はアッシュル・ダン一世（在位前一一六八―一一三三年頃）の治世中に皇太子ニヌルタ・トゥクルティ・アッシュルが行政を代行した一年ほどの期間に書かれた文書群であり、皇太子に対して貢物として納入された家畜の出納管理記録であることが判明した（図2－5）。

「M6アーカイブ」に見られる家畜の出所を調べると、当時のアッシリアの固有領土のおおよその広がりを知ることができる。その範囲は、北西でハブル川三角地帯、南西でユーフラテス中流域まで、そしてティグリス川の東側ではザグロスの西麓に及んでいた。また、この時代を含めて紀元前一二世紀を通じて、ティグリス川東岸では、東からティグリス川に注ぐ支流である小ザブ川周辺地域の領有権を巡って北のアッシリアと南のバビロニア王国の間で何度も戦いが起こったことが『アッシリア・バビロニア対照年代誌』に記されている。

図2－5　ニヌルタ・トゥクルティ・アッシュル文書庫出土文書

3　領土の再拡大と王国の衰退

†ティグラト・ピレセル一世と年代記

ティグラト・ピレセル一世（在位前一一一四―一〇七六年）の治世に入ると、アッシリアはふたたび領土の確保・拡張を目指した。ティグラト・ピレセル一世は、アッシリアの王としてはじめて毎年の遠征記録を年代順に並べて報告する形式の年代記を作成させた。王の即位年から治世第五年までの軍事行動を年代順に詳しく記したこの年代記は、多数の角柱に書き写され、アッシュルのアヌ・アダド神殿やジックラト（頂上に聖所をもつ階段状の塔）周辺などに建築記念埋蔵物として埋設された。従来にない詳しい遠征記録を含むこの年代記から、王の治世初期の軍事行動の詳細を知ることができる。そして五年間の各地での軍事業績を詳細に記した後、年代記はそれを次のように要約する。

下ザブ川の向こう側の遠い山々からユーフラテス川の向こう側、ハッティの国々、西方の上の海まで、合わせて四二の国々とその支配者たちを、即位から第五年までの間に征服した。彼らをひとまとめにして支配し、彼らから人質を取り、年貢と税を課した。

さらに、雄牛、象、ライオンをはじめとする野獣の狩猟、各地での宮殿建設、防備の整備、草食動物の飼育と神々への献呈、木材の伐採・調達など様々な業績にふれ、「かつてなかったほどのチャリオットと馬をくびきにつないだ。アッシリアに国々を加え、その人々にさらなる人民を加えた」と自らの偉業を誇っている（図２－６）。

†アッシリアの暦と王の治世年

ティグラト・ピレセル一世時代は、アッシリアの暦法に変化が生じた時代でもあった。アッシリアでは、古アッシリア時代以来、月の運行に基づいて、ローカルな祭礼などに基づいた独自の一二の月名が定められていた。新月から次の新月までの期間は天文学的には約二九・五日で、各月の長さは二九日か三〇日であるため、何年かに一度閏月《うるうづき》が挿入されて、約三六五日で一順する太陽暦に合致するように調整された。アッシリアの新年が本来どの季節に始まったのかはなお不明だが、冬至の季節であった可能性が論じられている。

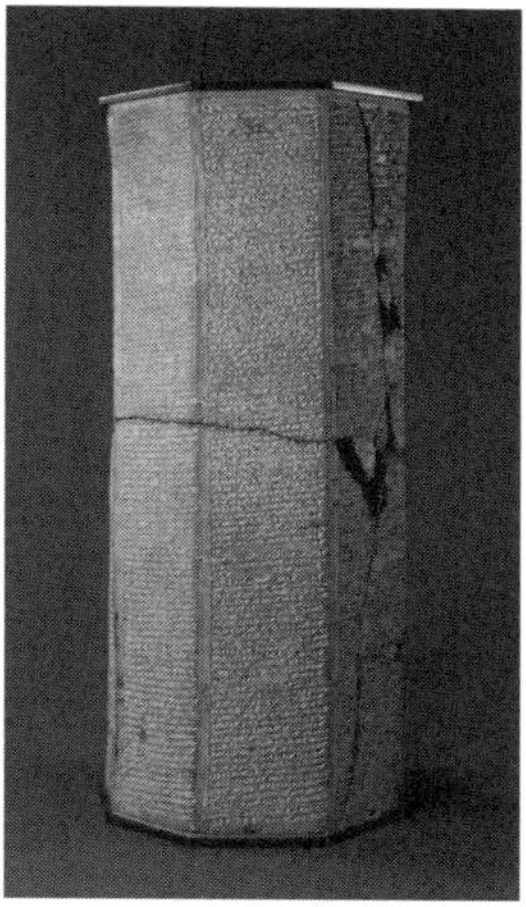

図２－６　ティグラト・ピレセル１世の角柱碑文

これに対して、メソポタミア南部（バビロニア）の各都市では、前三千年紀にはそれぞれ都市の祭礼に基づいて個別に定められていた暦法が、前二千年紀前半のバビロン第一王朝時代以来、春を新年とするニップル市由来の太陰太陽暦（バビロニア暦）に統一されていた。したがって、アッシリアとバビロニアでは別々の月名が用いられていたことになる。しかしティグラト・ピレセル一世治世の途中からは、アッシリアにおいてもバビロニア暦が用いられるようになった。アッシリア暦は社会一般で知られるローカル・カレンダーになったが、不思議なことにいつからか閏月の挿入をやめて、現在のイスラーム暦のように太陰太陽暦と少しずつずれて回転する純粋太陰暦に転じていった。

本書で以後に挙げる月名は、ティグラト・ピレセル一世の治世以後アッシリアとバビロニアで共通に用いられた「バビロニア暦」の一二の月名（ニサヌ、アヤル、スィマヌ、ドゥウズ、アブ、エルル、タシュリトゥ、アラフサムナ、キスリム、テベトゥ、シャバトゥ、アダル）である（表1）。バビロニア暦の一年は、春（今日の三／四月）に始まって翌年の春で終わるため、今日の西暦の二年にまたがるが、本書では煩雑さを避けるため、正確には、西暦「前一一一四／一一一三年」であるところを原則として「前一一一四年」と表記する。

いささか細かい話になり恐縮だが、もうひとつ、王の治世の各年をどのように呼ぶかという問題がある。先述の通り、アッシリアでは、各年は伝統的に「リーム／リンム某」の年として、リンムによってそれぞれの年が呼ばれた。一方、南のバビロニアでは、たとえば「王が即位した年」、「王が○○運河を建設した年」のように、各年にその年の前年に起こった事件を名前として定める方法がとられていたが、前二千年紀後半から「王の第×

年」と、王の治世何年目かによって年が表示されるようになった。そして、この「王の統治年」方式は、次第にアッシリアでも非公式に用いられるようになった。

ここで注意すべきは、いつを王の治世第一年とするかという点である。日本の元号の場合は、前の天皇が崩御して新しい天皇が即位した年が新天皇の在位第一年と数えられ、治世第一年は一年よりも短い期間になる（非即位年方式）。それに対して、メソポタミアの「王の統治年」方式は、王が即位した年を「即位年」とし、正式な「治世第一年」が翌年から始まる「即位年方式」である。本書では、王の在位年を西暦で示す際に、即位年（始まりがしばしば不明瞭）ではなく、正式な「治世第一年」から没年までを在位年として記す。

†レヴァント世界の混乱

前一二〇〇年以降、アナトリア、シリア・パレスチナ、エジプトに至る東地中海地域の全域は、エーゲ海地方から波状的に来襲する「海の民」と呼ばれる人々が引き起こした混乱を経験した。何が起こったのか詳細は漠としているが、その結果は明白である。大小の王国が消滅し、多くの都市が破壊された。

エーゲ海ではミケーネ文明が亡び、アナトリアではヒッタイト王国が滅亡し、シリアでは多くの都市が破壊され都市王権が崩壊した。そしてその後、前一〇〇〇年頃までには、ペリシテ諸都市（パレスチナ南部海岸）、イスラエル王国、アラブ遊牧民集団、シリアの新ヒッタイト系諸国とアラム系諸国などが新興勢力として台頭する。

こうした劇的変化の時代にあっても、アッシリアの西方領域は当初は大きなダメージを受けなかった。ティグラト・ピレセル一世の各種碑文は、この王が、ヒッタイト滅亡後にアナトリアで台頭したムシュキ（フリギア）のような遠方の国に対して戦いを仕掛け、繰り返しユーフラテス川を越えて遠征し、地中海に達してアルワド、シドン、ビブロスといったフェニキア諸都市から貢ぎ物を得たことを記している。さらにイランやエジプトのような遠方からヤクやイルカと思われる珍獣を得たとさえ記しており、この王の軍事行動の範囲は、それまでのアッシリア王の中でも際立ったものだった。

『アッシリア・バビロニア対照年代誌』は、ティグラト・ピレセル一世が、バビロニアとティグリス川の東側で領土を争ったうえ、ドゥル・クリガルズ、シッパル、バビロンを占領し、さらにユーフラテス川の中流域を支配したことを記録している。バビロニアへの複数回の遠征について記すティグラト・ピレセル一世の粘土板に記された碑文によると、バビロンの王マルドゥク・ナディン・アへの王宮を焼き払ったという。

†アラム系諸部族の侵入

王碑文に報告される華々しい軍事行動にもかかわらず、ティグラト・ピレセル一世による勢力拡大の方針は大きな障害にぶつかっていた。王の碑文は、軍事作戦のめざましい成功を主張するが、実際には、王の治世初期からアッシリアの軍事力の相当部分は、シリア砂漠の外縁からユーフラテス川を渡りメソポタミア各地へ波状的に侵入してくるアラム系諸部族を撃退するために費やされていた。

ティグラト・ピレセル一世の複数の王碑文が、王が頻繁に出征してアラム人たちを蹴散らしたことを記している。しかし、その実態は、根拠地とする都市をもたず絶えず移動しては奇襲を仕掛けてくる捉えがたい遊牧集団の攻撃に手を焼き、ティグラト・ピレセル一世の治世後半には、アッシリアの広域支配は深刻なダメージをこうむったのである。王の業績を賛美する王碑文の記述とは裏腹に、王碑文とはタイプの異なる三人称の歴史編年記録であるアッシリア由来の年代誌に断片的に残る記述は、ティグラト・ピレセル時代の状況をまったく別の調子で以下のように記録する。

［…飢饉があり］人々は［生きるために］自らの肉を互いにむさぼり食った［…］アラ

ム人諸部族は［増えて、アッシリアの収穫を（?）］かすめ取った。［多くの］アッシリア［の要塞を］彼らは征服して奪い取った。［人々は］命を救うべくハブルリの山々へ［逃れた］。彼ら（アラム人たち）は彼ら（アッシリア人たち）の金銀を奪い取った。……アッシリアの収穫は完全にダメージを受けた。［アラム人諸部族は］増え、ティ［グリス川］の岸を掌握した。［…］ニネヴェとキリ［ズ］の要塞を［略奪した］。（MC. no. 15）

ニネヴェとキリズが位置するアッシリアの中心地域すらアラム系の人々の略奪を受け、食糧や財産を失ったアッシリア人が東方のザグロスの山岳地域に逃れる事態も起こったのである。ティグラト・ピレセル一世の後継者であるアシャレード・アピル・エクル（在位前一〇七五―一〇七四年）とアッシュル・ベール・カラ（在位前一〇七三―一〇五六年）もアラム系集団の圧力に軍事的に対抗したと思われるが、アッシリアのアラム系集団に対する前線は急速に後退し、アッシリアの領土は前一一世紀には、ティグリス中流域の中心地域に限定されるところまで追い詰められて、前一三世紀に獲得されたアッシリアの固有領土「アッシュルの地」は大きく損なわれた。そして、アラム系諸部族はメソポタミアとシリアの各地に多数の小王国を建設して、そこに定着していった。

4　領域国家アッシリアの構造

†行政制度と王のステイタス

次に、領域国家アッシリアはどのように運営されていたのか、その行政面を見ていこう。前一三世紀から前一一世紀の中頃までの期間、アッシリア中心部のアッシュル、カール・トゥクルティ・ニヌルタ、シバニバ（現テル・ビラ）に加え、アッシリアの辺境各地の遺跡から中アッシリア時代の行政文書庫が発見されている。西方のカッタラ（現テル・エル・リマハ）、アドマンヌ（現テル・アリ）、ドゥル・カトリンム（現テル・シェイフ・ハマド）、タベトゥ（現テル・タバン）、カハト（現テル・バリ）、ワシュカンニ（現テル・フェヘリエ）、ハルベ（現テル・フエラ）、テル・サビ・アビヤド（古代名不明）、テル・フライ（古代名不明）、ドゥンヌ・シャ・ウズィビ（現ジリジャノ）、さらにティグリス上流域のマルダマン（現バセトゥキ）がそれである。それら文書庫に含まれる粘土板文書（行政文書、書簡など）は、統一的な書式で書かれ、アッシリアの領域内や影響圏各地における家畜、穀物、労働者の管理、政治的事件、交通システム、外交などについて教えてくれる。そして、中央と地方の関係やアッシリア王国の行財政構造の内情をある程度垣間見ることもできる。

中アッシリア時代には、古アッシリア時代の「集会」のようなアッシュルの都市エリートたちが共同で国を主導するような行政組織は見られない。アッシュルに「市庁舎」にあたる建物はまだあったが、もはや度量衡の基準になる重りの類いが保管されているに過ぎなかった。アッシリア王は、単なる「執政官」や「大人《たいじん》」ではなく、今や国家経営に絶対的主権を握り「アッシリア王」を名乗る堂々たる存在であった。

そのほか王碑文では、「エンリル神の高貴なる神官」とも名乗っている。これは、古来メソポタミア世界で神々の中のリーダーとされてきたエンリル神と同一視されるアッシュル神の神事をつかさどる神主であるという意味であり、国家的神殿祭儀の中心にあることを意味した。王碑文は、王は世界の人民を統べる「羊飼い」であり、神殿の建設者であり、国家の最高裁判官でもあることを強調しており、政治的にも宗教的にも揺るぎなく国の頂点に君臨する者になった。

†行政州分割

国家の領土「アッシュルの地（アッシリア）」は、理念的にはアッシュル神に帰属しその代理人たる王が統治するものだったが、国土は多数の「行政州」（*pāhutu*）に分割され行政州長官に管理されていた。

前一一世紀の納税リストには、三〇弱の行政州の名前が残っている。各行政州に配置された行政州長官（*bēl pāhete*）は、州にあった王家の直轄領（王領）での穀物生産、収穫、保管、配分を行ったほか、州の人民を徴用し、糧食や必要品の分配を担って臣民の生活を保障した。また、攻撃的な遊牧集団や反乱者に対抗して治安を維持したり、要塞などの防備施設を整えた。さらに州内を通過する隊商、旅団、外交使節に糧食やサービスを提供することも行政州の管理者に期待される役割だった。

王は、中央から王の「代理人」（*qēpu*）を各地に送って、各行政州の穀物の収穫と牧羊者の家畜経営の成果を記録させ、首都アッシュルで記録（粘土板）を保管し、「アッシュル州の行政長官」が最終的にアッシュルに入るすべての収入を記録した。

✝中央行政と西方拠点ドゥル・カトリンム

国の行政を主導する王は、アッシュルと各地方にある王宮の間を頻繁に移動した。王を取り巻く王宮組織に所属する重要な宮廷官僚のポストがあり、「王宮報道官」（*nāgir ekalle*）、「監査主任」（*rab zāriqē*）、「内宮廷の医師」（*asû ša bētāni*）、「宮内卿」（*mašennu*）などが知られている。わけても重要だった「宮内卿」は、王宮の執事として王家の倉庫と財務を管理し、手工業者への材料の配給と製品の納入、交易品の輸出入、貢納品の納品などをことごとく管理していた。また、王をサポートする執務者として「太政官」(*sukkallu*)が複数いたが、それら「太政官」の頂点にあった「大宰相」(*sukkallu rabi'u*)は、上述したように、王に並ぶ権力者であり、「ハニガルバトの王」とも呼ばれ、王家の傍流の家系の者がその地位についた。

「大宰相」の拠点都市ドゥル・カトリンム(現テル・シェイク・ハマド)は、シリア北東部、ハブル川下流沿いの東岸に位置する。前一三世紀以降、ドゥル・カトリンムはステップを横断する最短ルートで首都アッシュルと連結され、アッシリア王国の一行政州都であるばかりでなく、王国の西方領域支配の拠点として機能した。テル・シェイク・ハマドでは、一九七八年から二〇一〇年までH・キューネ率いるドイツ隊によって発掘調査が行われ、前一三―一二世紀に由来する約四〇〇点の粘土板文書(行政文書、書簡)を含む文書庫が発見された。その文書は、運河等の水利施設の管理や大麦、小麦、ゴマ、野菜などの栽培の様子を記録しており、アッシリアでの土地開発とその経営の様相について教えてくれる。

†軍制と地方社会

この時代、厳密な意味での常備軍があったようにはみえないが、王の他に、アッシリアの行政を担う官僚であった「軍の長」（*turtānu*）、「太政官」、「王宮報道官」などが軍を率いた。兵の多くは、労働義務の一部として封土や録を与えられた臣民が兵士として徴用されたが、より専業的な軍人集団（*ṣābū kaṣrūte*）も知られている。有力な役人たちは、農民を雇って大土地を経営し、農業村落（*dunnu*）を組織し、備蓄した穀物を貸し付けて利子を稼ぎ、富を蓄えていた様子が、各地から出土した行政文書や書簡から明らかになっている。

軍事遠征と領土拡張の過程で、多くの外国人がアッシリア国家の領域に吸収された。特にハニガルバトと呼ばれた西方の領土に居住していたフリ系住民とバビロニア（カッシート）人は、アッシリアの中心都市で労働に徴用された。また、アラム人やストゥ人と呼ばれる遊牧集団もアッシリアの行政に取り込まれたり契約関係に入ったりすることでアッシリア社会に内包されていった。

アッシリアの領域支配は、完全に一円的ではなく、地方王国が自治権を維持してアッシリア領内に飛び地として残るケースがあることも知られるようになった。例えば、一九九七―一九九九年ならびに二〇〇五―二〇一〇年に大沼克彦と沼本宏俊が率いる国士舘大学隊が発掘したシリア北東部ハッサケ県、ハブル川中流域のテル・タバン遺跡では、四〇〇点以上の楔形文字文書（行政文書、書簡、王碑文など）が出土しており、出土文書の分析から「マリ国の王」を名乗る王たちの王朝が、アッシリアの影響下に置かれながらも、中アッシリア時代を通じて独立を保っていたことが判明している。

アッシリア国家の政治・行政・社会についての情報は、その後アッシリアの国力低下とともに前一一世紀の末に途切れてしまい、この時期をもって中アッシリア時代もまた終焉を迎える。そして、しばらくの情報欠如の時代の後、アッシリア王国の新たな興隆とともに「新アッシリア時代」が幕を開ける。

第3章 帝国への序曲

1 再征服と新秩序

†新アッシリア時代

中アッシリア時代が王国衰退の中で終わりを迎えた後、前一〇世紀からアッシリア王国が滅亡した前七世紀末までの三五〇年ほどの期間を「新アッシリア時代」と呼ぶ。前一〇世紀もまだ半ばまでは衰退期のさなかにあったアッシリアは、前一〇世紀後半から前九世紀にかけて、中アッシリア時代に一度は獲得された領土「アッシュルの地」を回復すべく、ティグリス中流域の中心地域から周辺各地に頻繁に軍事遠征を行った（再征服期）。

その後、前九世紀後半から前八世紀の半ばまでの一〇〇年ほどの間、回復された領土を統治するアッシリアの地方行政州知事たちが王権に並ぶほどの大きな権力を振るった時代（分権化の時代）を経て、前八世紀半ばから権力が王に集中され、さらなる領土の拡大を見て、帝国期が到来する。

再征服の開始

アッシュル・ダン二世（在位前九三四―九一二年）の治世は、衰退期からの脱却を告げるものだった。王の記念碑文は、この王がアッシリア中心部から北東と北西の方向に向かって軍事遠征を行ったことを記している。北西のハブル川三角地帯ではカトムフの小王国を攻撃してその王を捕獲し、傀儡《かいらい》の王を立てて属国にした。こうして始まった「アッシュルの地」の回復では、当初は征服地域を丸ごとアッシリアの固有領土として併合して行政州に再編するのではなく、地方領主の主権を認めたまま政治的に従属させる方法がとられた。その一方で、影響下に置いた地域に対してはアッシリア人を入植させることで、次第にアッシリアの影響力を強化していった。その様子をアッシュル・ダン二世の碑文は、以下のように記している。

……［…］飢饉［…］のため他の土地に［逃れていた］消耗したアッシリアの「人民」

を連れ戻した。［…］様々な地域に［王宮を］建設し、鋤《すき》を［（家畜に）つなぎ］、いまでにないほど大量の穀物を［積み上げた］（RIMA 2, A.0.98.1: 60-67）

その後もアッシリアの軍事遠征は精力的に繰り返された。アダド・ネラリ二世（在位前九一一―八九一年）とトゥクルティ・ニヌルタ二世（在位前八九〇―八八四年）の治世には、遠征は東方では小ザブ川を越えてザグロスの山麓に及び、西ではハブル川三角地帯のナツィビナ（現ヌセイビン）、グザナ（現テル・ハラフ）とその南のハブル川下流域に点在する多数の小王国を属国とし、貢ぎ物を得た。トゥクルティ・ニヌルタ二世の軍はさらに西方に向かって進軍し、バリフ川に達してフズリナ（現スルタン・テペ）を経由してアナトリアのムシュキと戦いを交えた。

2　アッシュルナツィルパル二世と新首都カルフ

†征服戦争

トゥクルティ・ニヌルタ二世の後継者アッシュルナツィルパル（原語では *Aššur-nāṣir-*

apli）二世（在位前八八三―八五九年）の時代には、再征服も第二段階に入り、アッシリアは当時の西アジアで最大の王国になっていった。この王は、多くの長文の記念碑文を残しており、そこで自らの軍事遠征について詳しく記している。

アッシュルナツィルパル二世は、東方ではザグロス山脈の西麓のザムア地域（今日のイラク・クルド地区スレイマニア県）、北方はヴァン湖周辺を拠点とするウラルトゥ王国、西方ではユーフラテス川中流域で大きな勢力を持っていたビート・アディニなどに遠征して多くの国々を属国化し、各地に拠点都市を建設してアッシリアの支配を強化した。また、さらに進軍して地中海に達し、北シリアのアラム系・新ヒッタイト系諸国や地中海沿岸のフェニキア系の諸都市国家を服属させ、貢ぎ物を得ている。

このような遠征で得た戦利品や貢ぎ物から生じる膨大な富は、アッシリア中心部のアッシュル、ニネヴェ、イムグル・エンリルなどでの建設事業に投資された。わけても重要なのは、カルフでの新首都建設である。

†新首都カルフ

カルフ（現ニムルド）は、アッシュルの約七〇キロ北にあり、南方のアッシュル、北方のニネヴェとアルベラという三つの主要都市が作る三角地帯の中央、ティグリス川とその支流である大ザブ川の合流点のすぐ北という交通の要所に位置している。これは、特にアッシュル神とイシュタル女神の重要な祭儀中心地であったアッシュルとニネヴェのどちらに対しても中立的なポジションであり、同時にアッシュルに長年居住してきた有力なエリート一族を行政の中心から遠ざけることで、王への権力集中を進めるためにも好都合だった。実際、前九世紀以降、王の忠実な家臣である宦官《かんがん》（去勢された男子）が高位の官職に就く傾向が高まるという事実も中央集権を目指す方針を裏付ける。建設された新首都カルフの市長を宦官ネルガル・アピル・クムアが務めたことも象徴的である。

カルフは、中アッシリア時代の前一三世紀にシャルマネセル一世によって建設され行政州都とされたが、その後、荒廃していた。カルフにアッシュルナツィルパル二世が建設した城塞の各所から発見された王碑文は、都市カルフの建設について、次のように記す。

私に先立って王だったシャルマネセル（一世）が建設した都市カルフは荒廃して眠ったように廃墟になっていた。私はその町を再建した。私は、スフの地、ザムアの地、ビート・アディニ、ハッティ、パティンのルバルナといった、私が支配権を手に入れた国々から私が服従させた人民を連れてきて、彼らをカルフに住まわせた。私は大ザブ川から運河を掘り、それをパッティ・ヘガッリ（「豊饒の運河」の意）と名付けた。

その（町の）周囲に果樹園を作り、果物とワインを私の主アッシュル神と私の地の諸神殿に捧げた。古い丘を取り払い、水の高さまで掘り下げた。（基礎）をレンガ一二〇層分の深さまで沈めて（基礎工事を行い）、その城壁を築いた。その基礎から胸壁までを完成させた。（RIMA 2, A.0.101.26: 46–58）

新首都カルフに王宮（北西宮）を建設すると、アッシュルナツィルパル二世はその完成を祝って大規模な宴を催した。この宴会を記念して建てられた石碑（「宴会碑文」）によると、宴には、六万九五七四人もの客が招かれ、そのうち一万六〇〇〇人はカルフの市民であり、五〇〇〇人は外国の要人だったという。一〇日間にわたって、一万羽の鳩《はと》、甕《かめ》一万個分のビール、革袋一万袋分のワインなど、大量のごちそうが振る舞われたという。

†カルフの都市プランとその新規性

カルフは、一八四五年から四七年にかけてイギリスのA・H・レヤードによって初めて調査され、アッシュルナツィルパル二世の王宮やニヌルタ神殿などの大規模建築物が発見された。王宮の内壁のレリーフ（浅浮彫）やその入り口を守護する有翼人面の雄牛・ライオン像など、見栄えのする美術品はロンドンの大英博物館に運び込まれた（図３‐１、３‐

2)。

その後カルフは一九五〇年代以降にイギリス、イラク、ポーランドの発掘隊によって調査されて、城塞部分（シタデル）を中心に、さらなる新アッシリア時代の建築遺構が出土した。しかし二〇一五年には「イスラーム国」（ISIL）がこの地域を占拠した際に、遺物はイスラーム原理主義者には受け入れがたい偶像や創造物であるとして、爆発物や工業機械を使用して組織的に破壊されている。この非道な破壊行為の後、「イスラーム国」の勢力が駆逐されたことを受けて二〇一七年からユネスコの主導で遺跡の被害調査と修復作業が行われている。

アッシュルナツィルパル二世によって再建された都市カルフは、レンガ造りの市壁に囲まれた市域の面積が約三六〇ヘクタールあった。これは同時代の古都アッシュルの約五倍の大きさである。カルフは、帝国を目指す国家のまったく新しい行政首都として設計された。市壁は北側と東側でまっすぐなラインを描き、南西側では近くを流れる川のラインに沿って自然に屈曲していた。川に面した街の南西端には城塞部分のテラスがひときわ高く盛り上げて作られ、同様に南東部分の一画には、軍管区に当たる第二城塞も小高く作られた（図3-1、3-3）。

これまでの発掘は、南西部分の城塞（現ニムルド）と南東部分の第二城塞（現テルール・

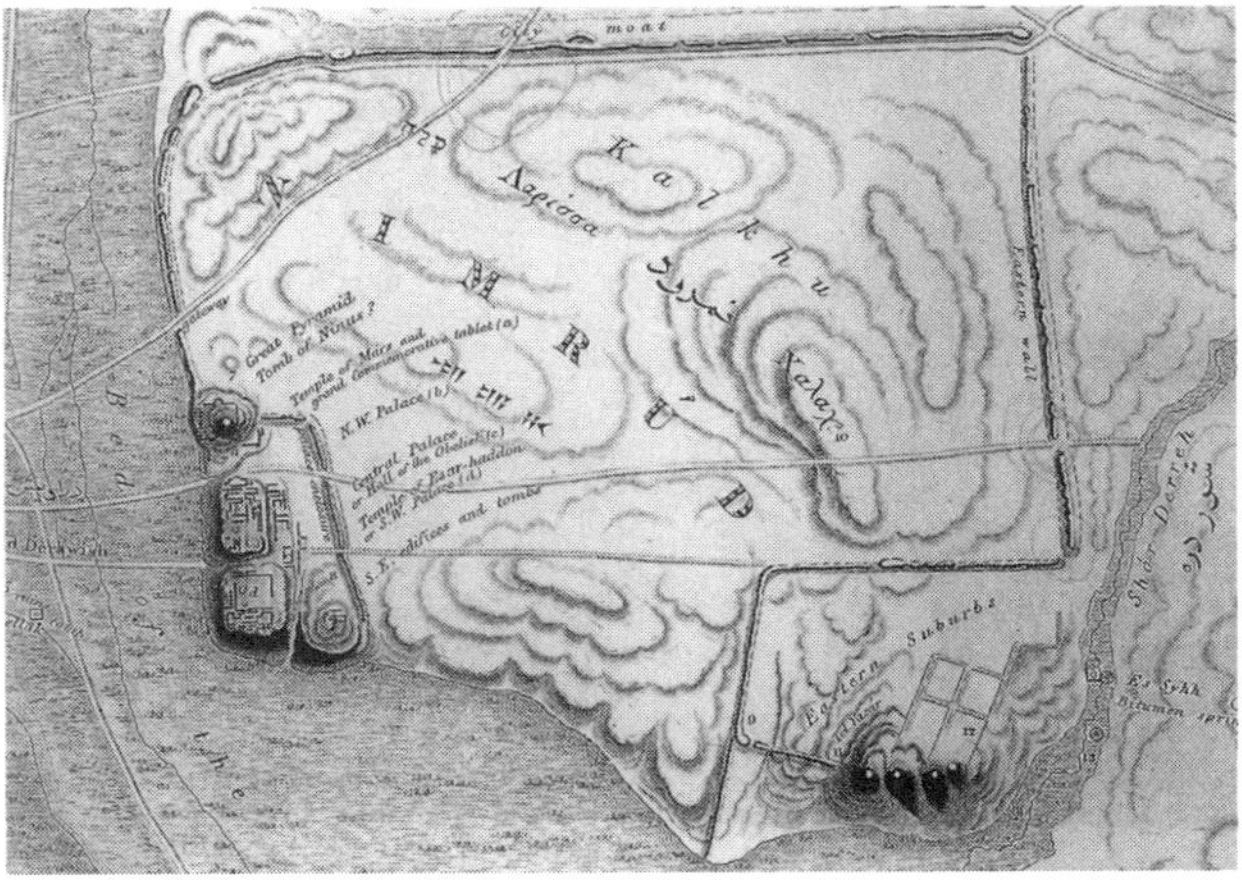

図3-1　19世紀に作成されたカルフ遺構図。市域の左下（南西）部分が城塞、右下（南東）が第二城塞

図3-2　カルフの王宮入り口を守護する有翼人面雄牛・ライオン像（ラマッス）

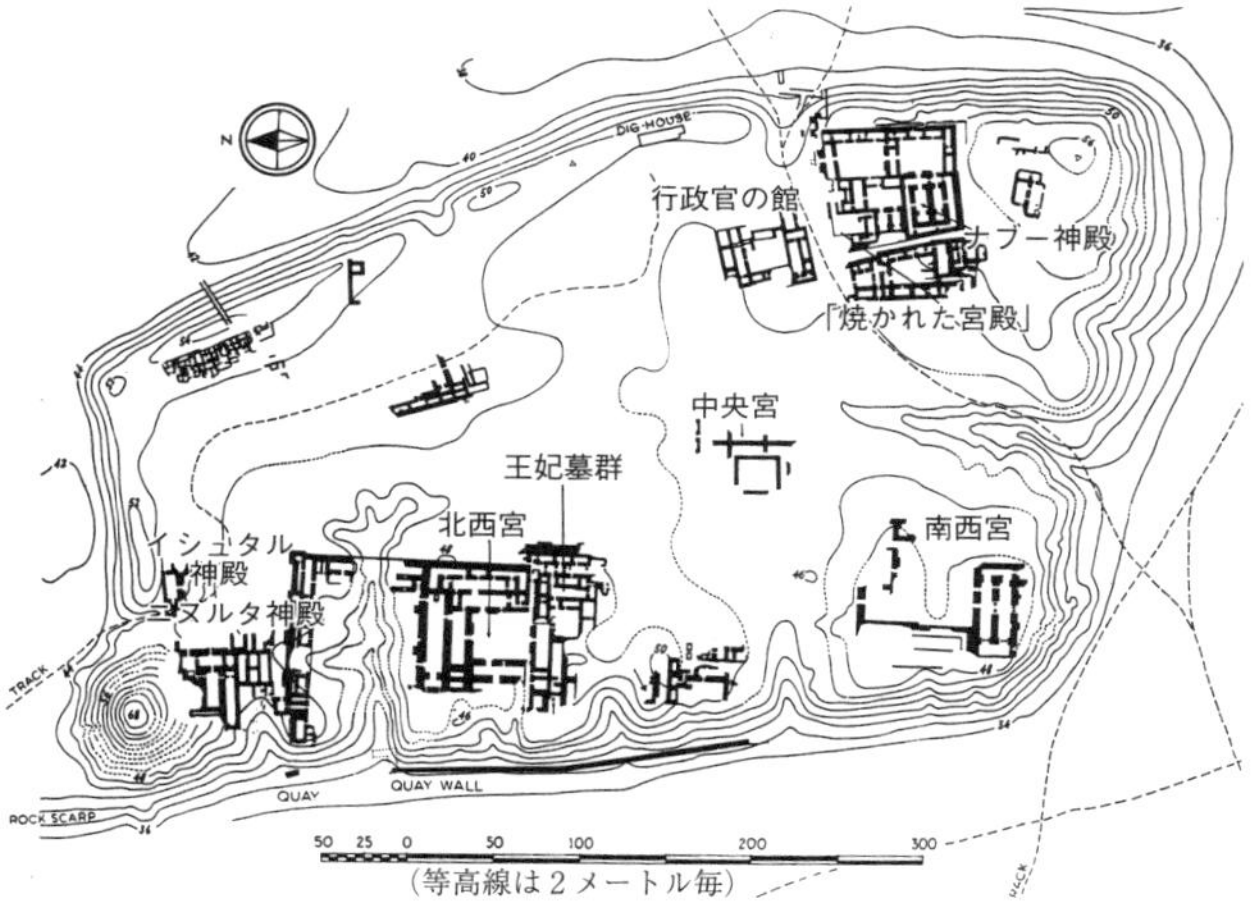

図３−３　カルフ（ニムルド）城塞部分遺構図

エル・アザル）において、主として前九世紀以降のアッシリアの建築遺構を明らかにしている。アッシュルナツィルパル二世が建設した北西宮のほかにも城塞部分ではいくつかの大規模建築物の痕跡が発掘されており、ここには後に建てられたティグラト・ピレセル三世（在位前七四四―七二七年）のいわゆる「中央宮」、エサルハドン（在位前六八〇―六六九年）による「南西宮」、「行政官の館」、ニヌルタ神殿、イシュタル神殿、ナブー神殿などが含まれる。第二城塞では、アッシュルナツィルパル二世の息子シャルマネセル三世（在位前八五八―八二四年）が建設し「シャルマネセル砦」あるいは閲兵宮殿（レヴュー・パレス）と呼ばれてきた軍管区の宮殿とそれを取りまく閲兵・軍事訓練に使用された広場が調査された。これらの建築遺構からは、前九世紀から前七世紀に由来する書簡、契約書、行政文書、宗教・文学文書、王碑文が発見されて、アッシリアの政治・行政・社会の研究に貢献してきた。

カルフに作られた主要城塞と軍管区は、内壁で囲まれ、小高いテラスの上に構築された。さらに王宮と高級官僚の宮殿、複数の神殿コンプレックスはさらに一段高くなった基礎の上に建てられることで、王と官僚たち、神々は、都市の他の部分と切り離されて、その特別なステイタスが強調された。城塞地区の周りには庭園も造成され、大国家の中枢にふさわしい王都が作り上げられた。土着のエリートとは無関係の外国から連れてこられた新住民はもっぱら「下の町」に居住した。この構造は、王へのさらなる権力集中に貢献したものと思われる。

メソポタミアの伝統都市では、都市ごとにそれを守護する主神があった。その神殿を中心に祭礼が行われ、都市社会の営みに重要な役割を果たした。アッシュルナツィルパル二世は、拡大再建されたカルフにも伝統都市に匹敵する祭儀空間を創造すべく策を講じた。都市の主神として選ばれたのは、メソポタミアの神々の世界で主神とされるニップル市のエンリル神の子にして、外敵を倒し国々に平安をもたらす戦神ニヌルタだった。

前二千年紀後半の中アッシリア時代までには、アッシュル神は単なるアッシュル市のローカルな神ではなく、古来メソポタミアの主神とされてきたニップル市のエンリル神と同一視され、「アッシリアのエンリル」として世界の頂点に君臨する神であると見なされるようになった。そしてエンリル神の子である戦神ニヌルタは「アッシリアのエンリル」の息子でもあり、アッシリアの王は「アッシュル神の代理人」（*iššiak Aššur*）、「エンリル神の行政官」（*šakin Enlil*）として戦神ニヌルタの化身であると解釈された。このニヌルタ神を、軍事力を前面に出して周囲に拡大するアッシリアの新しい王都の都市神として選んだのである。カルフの王宮地区に隣接してニヌルタの神殿が築かれ、王は新たにカルフにニヌルタ神のための祭儀プログラムを定めたことを王碑文に記している。

3　シャルマネセル三世による王国の拡大

†シャルマネセル三世の王碑文と征服戦争

アッシュルナツィルパル二世の子シャルマネセル（原語で*Salmānu-ašarēd*）三世の時代にカルフに建てられた軍管区（第二城塞）は、それまでのメソポタミアの都市計画には前例がない構築物だった。軍事力強化の方針にしたがって、シャルマネセル三世は毎年、遠方への軍事遠征を企てた。この遠征の詳細は、種々の石製モニュメント、石板、粘土板に記録されている。

シャルマネセル三世が書かせた数多くの長文の王碑文は、王の毎年の軍事遠征をもれなく記録する新しい年代記スタイルで書かれた。各年の遠征は、王の「第×パルーに」というう年代表示を見出しとして、「第一パルーに……」「第二パルーに……」というように年代順に配列されて叙述された。アッカド語の「パルー」(*palû*)は、本来「一まとまり、一回り」の意味を持ち、メソポタミアで書かれた編年史、王碑文、行政文書、契約文書などにおいては、「一王朝の継続期間」「王の治世期間」「職務の在任期間」「一年間」などの意味で用いられてきた。シャルマネセル三世の碑文は、この語を王の治世中の特定の一年を表すために用いて、各年を「第一パルー」「第二パルー」と表現したのである。

こうして、アッシリアの伝統的紀年法であるリンム(の人名)による年表記ではなく、バビロニアで行われていた王の治世年によって「王の治世第×年」と呼ぶ紀年法を模倣し、「パルー」という語を使って各年を連続する数字で表示することで、王が毎年途切れることなく遠征したことを強調した。そして、これらの年代記は、王の治世が進むと新しく行われた遠征の記事が、より大きな数字の「パルー」表示の見出しとともに書き加えられ、新版が作成された(「パルー」は「治世年」とほぼ一致していたが、時としてズレが生じた)。

こうした王の年代記タイプの「業績録」が頻繁に書き残されたため、シャルマネセル三世の治世中に行われたほとんどすべての遠方への軍事遠征の記録が残っており、この時代にアッシリアの支配圏が拡大していった過程を克明に知ることができる。

軍事遠征の主要なターゲットになった西方では、地中海沿岸に至るまでの北シリアのほとんどすべての王国が屈服してアッシリアの朝貢国（属国）になり、アッシリアの固有領土はユーフラテス川の大湾曲部に達した。また、南方で、シャルマネセル三世はバビロニアの内乱に軍事介入し、同盟者であったバビロニア王マルドゥク・ザキル・シュミを助けて内乱を鎮圧した。カルフで発見された王の玉座を据える石製の台座の表面に彫られた浮き彫りには、シャルマネセル三世とその同盟者マルドゥク・ザキル・シュミが握手している場面が残っている（図3－4）。

†黒色オベリスク

シャルマネセル三世の記念碑でもっともよく知られたものの一つに大英博物館が所蔵する「黒色オベリスク」がある。高さ二〇二センチのこの玄武岩製の四角柱は、発見者のレヤードが「ブラック・オベリスク」と呼んで以来、それが通り名となったが、先端部分はピラミッド型方錐形ではなく三段の階段状になっており、頂上部分は平らである（図3－

図3-4　カルフ出土の王の玉座台座。全体図（上）と握手するアッシリア王とバビロニア王を描いた正面部分（下）

5)。

本来はカルフの小規模な広場に建てられ、往来する市民の目を楽しませたであろうこのモニュメントには、王の治世初めから三一年分の遠征が記録されており、遠方の五つの国々から貢ぎ物が届けられる場面が角柱の四面にわたって描かれている。上から順に一段目が北シリア、オロンテス河畔の新ヒッタイト系国家パティン、二段目が二つのヘブライ王国の一つイスラエル、三段目がエジプト、四段目がユーフラテス川中流域のスフ、五段目がウルミア湖の南にあったギルザヌである。これらは、当時アッシリアに貢物あるいは贈り物をもたらした国々のうちもっとも遠方の国々として選ばれ、アッシリア勢力圏の広さを強調しているものと思われる。

それぞれの朝貢シーンには説明文がついているが、二段目の説明文には、「オムリの家

図3-5　シャルマネセル3世の黒色オベリスク

（イスラエル）のイエフの貢ぎ物：銀、金、金のサプル型ボウル、金のズクトゥ杯、金のクブトゥ型ボウル、金の手桶、錫、王杓、プアシュフ鎗を、私は受け取った」と記されている（図3－6）。これは、旧約聖書に知られている北イスラエルの王イエフへの言及であり、古代イスラエルの王名が聖書外の史料に発見された事例として、一九世紀のアッシリア研究黎明《れいめい》期に大きなセンセーションを巻き起こした。

図3－6　黒色オベリスク２段目に描かれたイスラエルのイエフの朝貢場面

†「アッシュルの地」と「アッシュルのくびき」

カルフに確立された新しい行政中心と軍管区は王の積極的な毎年の軍事遠征を支え、シャルマネセル三世治世の終わりまでに、失われた「アッシュルの地」の支配は完全に回復された。回復された固有領土には新たな行政州分割が再構築された。アッシリアの固有領土の核心部分を防衛するため、ティグリス中流域のアッシリア中心地域の平野部を取り囲むように北部から東北部の山岳地に沿って「宮内卿（*masennu*）」、「主任献酌官」（*rab šāqê*）、「王宮報道官」

(*nāgir-ekalle*)が管理する三つの行政州が設けられた。また王国の西の前線であるユーフラテス川大湾曲部には「軍の長」(*turtānu*)の行政州が配された。こうして最重要ポストに就いた宮廷官吏の行政州で王国の外枠が固められた。

この時点でアッシリアの固有領土の範囲は、西方ではほぼユーフラテス川までにとどまり、中アッシリア時代に概念化された「アッシュルの地」の範囲を大きく越えないように明らかに意図的に制御された。しかし、その外側には、政治的にアッシリアに従属する朝貢国(属国)が連なる分厚い一帯が築かれた。こうして「アッシュルのくびき」に服した朝貢国の範囲は、西方では地中海に接する北シリアからイスラエルに及ぶ国々まで、東方ではザグロス山岳地帯の各地に及んだ。

この政治的影響圏はその後も基本的に維持され、その後、前八世紀半ばに到来する帝国期に固有領土として確立される版図の前提になった。巨大な行政首都カルフの確立と目覚ましい領土拡大が達成されたアッシュルナツィルパル二世とシャルマネセル三世の治世は、帝国成立の始まりに位置する「先帝国期」とも呼ぶべき時代であった。

4　分権化の時代

＊シャルマネセル三世治世末期の内乱

シャルマネセル三世は、高齢となったその治世晩年には体調が十分でなかったものと思われ、自ら軍を率いて遠方に遠征することは難しくなった。先に言及した黒色オベリスクや首都カルフで発見された王の彫像に刻まれた王の年代記は、王の治世二九年から三三年まで（＝年代記上の第二七パルーから第三一パルーまで）、王に代わって、「軍の長」であるダヤン・アッシュルが軍を率い、北方山岳地域のウラルトゥ、北シリアのパティン、東方ザグロス山地のマンナイ、パルスア、ナムリなどに遠征し、諸国を征服したことを記している。

「王の業績録」として作成される王室由来の記念碑文に記される事績は、碑文を目にする人々や碑文が奉納される対象である神々に対して、王のすぐれた事業を知らしめる（あるいは報告する）ことが本来の目的であり、軍事指導者としてダヤン・アッシュルの名が王碑文に記されることは、当時としては特異なことであった。このことは、シャルマネセル三世の治世晩年に、国家行政の中枢で軍事力を掌握するダヤン・アッシュルが王に代わって大権を行使していたことを示唆している。こうした王権の揺らぎを背景として、アッシリアは内乱状態に陥っていった。

†「リンム年代誌」の証言

先に見たように、古アッシリア時代以来、アッシリアでは毎年、年の名祖《なおや》であるリンムが選出され、各年はその人物の名で呼ばれた。そして、毎年のリンムを年代順に記した「リンム表」（エポニム表）を作成する慣習は、アッシリアにおいて連綿と続いていた。毎年の遠方への軍事遠征が常態化したシャルマネセル三世の治世とともに、「リンム表」にひと手間加え、リンムの名前とともにその人物の官職名を記し、さらに王の率いる軍隊が遠征に向かった軍事標的が「〇〇の地へ」と手短に記された「リンム年代誌」と呼ばれる文書が作成されるようになった。王の年代記とこの「リンム年代誌」のデータを組み合わせることで、前九世紀半ば以降のアッシリア王たちの軍事遠征の歴史的詳細が復元されてきた（図3-7）。

アッシリアの国政が安定している場合は、おのずと王の遠征先が次々と記されることになる。しかし、シャルマネセル三世の治世の最後の三年間にあたる前八二六―八二四年

図3-7「リンム年代誌」断片のハンドコピー

（治世三三―三五年）から、次の王であるシャムシ・アダド五世治世の最初の四年間（前八二三―八二〇年）については、「リンム年代誌」には軍事遠征先は記されず、「反乱」「反乱」「反乱」……と七年間にわたり反乱があったことが記されており、大きな国政上の混乱の痕跡が記録されている。

シャムシ・アダド五世即位の状況

アッシリアの王碑文は、王の栄光を賛美するために作成された文書であり、王にとって不名誉な出来事はまったくと言っていいほど記されていないが、実務的編年記録である「リンム年代誌」はこの「不名誉な」事実を書き残している。大きな混乱の実態は、その後反乱を鎮圧して即位したシャムシ・アダド五世が作製させた石碑で次のように明かされる。

アッシュル・ダイン・アプリが、自らの父シャルマネセル（三世）の治世中に陰謀をめぐらせ、反乱を起こし、犯罪を犯し、国々を背かせて、戦いを始めたとき――彼はアッシリアの住民の上から下までを味方に付け、彼らと契約を結んだ。彼は町々を背かせ戦いに駆り立てた。ニネヴェ、アディア、シバニバ、イムグル・エンリル、イッシャブリ、ビート・シャッシリア、シム、シビヒニシュ、タムヌナ、キプシュナ、クルバイル、ティドゥ、ナブル、カハト、アッシュル、ウラッカ、サッラト、フズィリナ、ドゥル・バラーティ、ダリガ、ザバン、ルブドゥ、アラプハ、アルバイル、さらにアメドゥ、ティル・アブニ、ヒンダヌ、全部で二七の都市と砦が四方世界の王たるわが父シャルマネセル（三世）に反乱し、アッシュル・ダイン・アプリの側についた。私は、私の主である偉大なる神々の命に従い、彼らを屈服させた。（RIMA 3, A.0.1.103.1）

ここに列挙された都市名には、聖都アッシュルや後の帝国首都であるニネヴェをはじめとするアッシリア中心地域の都市ばかりか、ユーフラテス中流域、シリア内陸部、ティグリス東岸からザグロス山岳地帯の西麓の都市まで広範囲の主要都市が含まれており、この混乱が王国版図のすべてに及ぶ大規模なものだったことを示している。

興味深いことに、反乱者であるアッシュル・ダイン・アプリの名は、「アッシュル神よ、私の世継ぎを強くし給え」という願望を表現した名であり、この人物が長子として家を継承することが期待されていたことを物語る。そうであるなら、同じ父シャルマネセル（三世）の子を名乗るシャムシ・アダド（五世）は、アッシュル・ダイン・アプリの弟であり、兄と王位を争って戦いが生じたということになる。もしかすると、反乱を鎮圧して即位したシャムシ・アダド五世のほうが、正当な皇太子にして王位継承候補者であったアッシュル・ダイン・アプリに反旗を翻して、長い戦の末に力で王位を掌握したという可能性も皆無ではない。

この大規模な騒乱の渦中で上述の有力者ダヤン・アッシュルがどちらの側についたのかはわからない。イェール大学のE・フラムは、アッシュル・ダイン・アプリが即位するとダヤン・アッシュルは自分の特権的な地位が脅かされると考え、シャムシ・アダド五世を擁立しようとしたのではないかと想像する。あるいは、シャムシ・アダドは（後のエサルハドンがそうであったように）年少であるにもかかわらず正当な王位継承者として指名され、これを不服として蜂起した長子アッシュル・ダイン・アプリをダヤン・アッシュルは支持していたという可能性も否定できない。

この推理小説まがいの犯人捜しに決着をつけるには肝心な証拠が足りないが、いずれにせよ、七年間という長期間に及ぶ大規模な騒乱の後に即位したのはシャムシ・アダド五世であり、以降アッシリアでは、王への中央集権が緩み、地方の行政長官が、時として王に匹敵するほどの権力を行使する「分権化の時代」が訪れた。

†弱体化か、準備期間か

「分権化の時代」は、シャルマネセル三世の治世が終わってから、ティグラト・ピレセル三世が即位するまでの前八二三年から前七四五年の八〇年程度の時代にあたる。アッシュルナツィルパル二世やシャルマネセル三世は、自らの軍事遠征の成果を強調する記念碑文を大量に残したが、「分権化の時代」からは、王の軍事遠征を記した王碑文はほとんど見つかっていない。これは、たまたま見つかっていないということではなく、王が率いて行われる軍事作戦が実際に低調であったことを示していると思われる。その代わりに、高級官僚が書かせた記念碑が比較的多く知られており、このことは、王に集中していた権限が地方の有力者へ分散した状況を反映している。

この権力構造の変化が、アッシリアという国家において何を意味したのかについては、研究者の間で意見が分かれている。伝統的立場では、この時代はアッシリアの国力が衰退した時代と評価されてきた。一方、新しく示されてきた見解は、弱体化を意味していたのではなく、新しく征服された領土において、地方の総督たちによって農地が開拓され、町が作られ、軍隊が強化されて、アッシリアの国力は全体として上昇さえした「充電期間」だったという見方である。

「分権化の時代」には、アッシリアの領土は大きく広がりこそしなかったが、縮小することもなかった。そして、地方の行政官たちは、自ら農地の開拓や建設事業を誇り、軍事遠征の成果を記念碑に記してはいるが、自らが王であると主張して中央の王権に露骨に挑戦してはいない。長い内乱の時代が記憶され、混乱はしばらくの間避けられたとみるべきだろう。そして、後述するように、その後の一時期の争乱とともに「分権化の時代」が終わると、即位した王ティグラト・ピレセル三世は遠方への大規模な軍事遠征を繰り返し、一気にアッシリアの領土を拡大して、アッシリアの帝国期が始まる。こうした経過もまた、「分権化の時代」にアッシリアはある程度の国力を蓄えることができたと考えなければ説明できないものである。以下、「分権化の時代」の為政者たちについて見てみたい。

†アダド・ネラリ三世とセミラミス

シャムシ・アダド五世治世下の事件史は、「リンム年代誌」、王碑文、『アッシリア・バビロニア対照年代誌』などから復元される。上述した内乱の鎮圧後は、北方のウラルトゥや東方のザグロス地域など各地への遠征が試みられたが、比較的小規模で、効果も限定的だった。それでもシャムシ・アダド五世治世末期の前八一五―八一一年頃には、内乱期アッシリアが屈従を強いられていたバビロニアに対して攻撃を仕掛けて、バビロニアを混乱に陥れている。

シャムシ・アダド五世の後を継いだアダド・ネラリ三世は、即位したときにはまだ幼く「軍の長」を務めるネルガル・イラヤと母サムラマトが国の実権を握った。トルコ南西部のパザルチックで発見された石碑には、王であるアダド・ネラリ三世とともに母サムラマトの名前が現れる（図3－8）。

アッシリア王アダド・ネラリ（三世）――アッシリア王シャムシ・アダド（五世）の子――とサムラマト（セミラミス）――アッシリア王シャムシ・アダドの王妃にしてアダド・ネラリの母――……の境界石：クムフの王ウシュピルルメがアッシリア王アダド・ネラリと（王母）妃サムラマトにユーフラテス川を渡らせたとき、我々（王と王妃）は、アルパド市のアドラムの子アタル・シュムキとその同盟者八人の王とパカルフブニで戦いを交えた。私は彼らの軍の野営地を奪い、彼らは命惜しさに逃亡した。――この年、この境界碑をクムフの王ウシュピルルメとグルグムのパララムの子カルパルンダの間に立てた……（呪詛《じゅそ》）（RIMA 3, A.0.104.3）

図3-8　パザルチック石碑。月神を表す三日月のスタンダードが碑文とともに描かれている

パザルチック石碑のほか、アッシリアの首都カルフのナブー神を祀った神殿エズィダにあったカルフの知事ベール・タルツィ・イルマが奉納した神像に刻まれた碑文にもその名がみられる。「ナブー神へ……、アッシリア王アダド・ネラリ（三世）と王母サムラマトの長寿を願って、カルフの知事ベール・タルツィ・イルマが、彼自身の長寿をも祈ってこの像を奉納した。今後は誰であれ、ナブー神に依り頼み、他の神に依り頼むことのないように」と碑文は記している。

王の母にして王の後見人として権力を行使したサムラマトは、欧米と中東の伝説でよく知られているセミラミスにあたる。サムラマトのギリシア語読みがセミラミスである。アッシリアの政治が不安定な時期に国政を担ったこの女傑に対する人々の敬意と興味を背景に、後代には、サムラマト（セミラミス）を主人公とし、古代メソポタミアの時空間的枠組みを越えた広大な地域を舞台とする種々の伝説が成立した。

こうしたセミラミス伝説は、欧米世界でいくつもの映画や絵画の題材として取り上げられており、中東や欧米の各地にはセミラミスの名を冠したホテルがたくさんある。我が国でも、セミラミスはゲームのキャラクターになるなど派手な活躍をしているので、ここでセミラミス伝説とその成立の背景に触れておきたい。

紀元前五世紀のギリシアの歴史家で「歴史の父」として知られているヘロドトスもその著作『歴史』（一巻一八四）でバビロンの驚異的な建築物を語る中で、バビロンの平野に洪水を防ぐ大堤防を建設したアッシリアの女王としてセミラミスに言及している。この物語も歴史的信憑性《しんぴょうせい》は乏しいが、それどころではない派手な伝説が後にいくつも作られた。そのうち最もよく知られているのは、前一世紀のローマの著作家ディオドロス・シクルスのギリシア語の著作『歴史書』に記された摩訶《まか》不思議な伝説である。

それによると、シリアの都市アスカロンに住む青年と恋に落ちた女神デルケトー（アスタルテ）は女の子を出産したが、人間との間に子を宿したことを後悔してその子を荒れ野に捨て、夫を殺して湖に身投げして半女半魚の姿になった。捨てられた子は、荒れ野で、乳やチーズを運んでくる鳩によって育てられた後、王家の羊飼いであるシンマスに引き取られて、シリアの言葉で鳩を意味するセミラミスと名付けられた。美しい女性に成長したセミラミスは、ニネヴェの建設者とされるアッシリア王ニノスの将軍であったオアネスに娶《めと》られた。

図3－9　セミラミス伝説を描いた油絵（Franc Caucig画、19世紀初頭）

夫に伴ってバクトリア遠征に従軍したセミラミスは、バクトリアの首都バクトラ包囲作戦に際して王に戦略を助言し、自ら兵を率いて敵の弱点を突いて防備を破り、バクトラ攻略に貢献する。王ニノスはセミラミスにほれ込み、オアネスにセミラミスを譲るように強く迫り、オアネスは自殺に追い込まれた。王ニノスの妃となったセミラミスは、王が傷を負うと自ら軍を率いた。王の死後、セミラミスは長期にわたり自ら国を統治し、アジアのほとんどを征服し、バビロンを再建し、ペルシア各地に王宮を築いたばかりか、リビアとエチオピアを支配し、インドの王と戦いを交えた。そして、長年月にわたる統治のあと、セミラミスは亡くなって一羽の鳩の姿に戻ったという（図3－9）。

この壮大で荒唐無稽な物語は、東地中海、中東、インドまでが一つの政治的世界として認識されたアレクサンドロスの東征後のヘレニズム世界が反映されており、メソポタミアやシリア・アナトリアの神話や伝説が、奔放に次々と接続されて生まれたものである。セミラミスについてはその後も数々の話が作られており、現代のアニメやゲーム・キャラクターとしてのセミラミスに至るまで、多くの過去の逸話のモチーフが取捨選択されたうえに自由にイメージが上塗りされて、なお新しい変化と発展を続けているとみることもできるだろう。

†有力者たち

サムラマト（セミラミス）の子アダド・ネラリ三世の業績については、多くの証拠があるわけではないものの、東方のザグロス山地やシリアのダマスカスに対して遠征を企てたことが王碑文や「リンム年代誌」の情報からわかる。「リンム年代誌」によれば、それに続くシャルマネセル四世（在位前七八二―七七三年）の治世にも、北のウラルトゥ、西方のダマスカス、ハタリッカ、東方のナムリなどに対して軍事遠征が行われたが、この時代の王の業績についてそれ以上の詳細は漠として知れない。一方、この時代、王の活動以上に際立つのは、何人かの有力な高級官僚の活動である。

そうした官僚の一人ネルガル・エレシュ（あるいはパリル・エレシュ）については、シリ

図3-10　ネルガル・エレシュのサバア石碑

ア北東部で発見された二つの石碑に言及がある。その一つは、シンジャル山の南のサバアから発見された石碑で、神々のエンブレムと礼拝するポーズをとった王の姿が描かれている（図3-10）。その碑文は、王アダド・ネラリ（三世）がユーフラテス川を越えダマスカスに遠征して貢物を得たことをアダド神に報告する文書だが、その記述に続いて、碑文がネルガル・エレシュにより建立されたことを明記し、ネルガル・エレシュの身分が「ネーメド・イシュタル、アプク、マリ、ラツァパの地、カトナの地、ドゥル・カトリンム、カール・アッシュルナツィルパル、スィルク、ラケの地、ヒンダヌの地、アナト、スヒの地、アッシュル・アツバトの総督」であることも記しており、その統治範囲の広大さを印象づける。

もう一つの碑文は、シンジャル山近くのテル・エル・リマの神殿遺構内で発見された石碑であり、同様に王の姿と神々のエンブレムの浮彫とともに刻まれたアダド・ネラリ三世のアダド神への献呈碑文である。碑文は西方への遠征について叙述しており、ダマスカス、サマリア、テュロス、シドン、アルワドに達して各地から貢物を得て、レバノン山で王宮と神殿の建築資材として杉を伐採したことを記している。そして、それに続けて、王が発した勅令によって、「ラツァパ、ラケ、ヒンダヌ、アナト、スヒの各地とアッシュル・アツバトの総督である」ネルガル・エレシュが、支配領域の各地に三三一の小集落を建設したことを報告する。

これらの碑文から、ネルガル・エレシュが管轄した領域は、アッシリア中心部のすぐ西方から始まって、ハブル川流域とユーフラテス川中流域を含む広い範囲に及んでいたこと、また、この地域に集中的な土地開発が行われたことがわかる。当該地域で実施された景観考古学的調査においても、この時代に多くの小集落が築かれたことが確認された。

また、シャルマネセル四世の時代の高官ベール・ハラン・ベール・ウツルは、ハトラに近いワディ・タルタルのほとりにあるテル・アブタで発見された石碑に、その権勢の大きさを示唆する碑文を残している。碑文は、メソポタミアの大神であるマルドゥク、ナブー、シャマシュ、シン、イシュタルに碑を捧げることを示す書き出しに続いて、石碑の建立を王に帰することなく「ベール・ハラン・ベール・ウツル、アッシリア王シャルマネセル（四世）の王宮報道官（*nāgir-ekalle*）、偉大なる神々の崇拝者」と自らの名前と官職名を建立者として記し、神々の命によって荒野に都市を建設し、そこに神殿を築き、都市に自らの名前にちなんでドゥル・ベール・ハラン・ベール・ウツルと名付けたと記している。さらに、将来にわたって、穀物、藁《わら》、家畜などの税からこの都市を免除したと宣言する。アッシリアにおいて、王以外の人物が自らの名によって、アッシリアの領内に都市を築き、その免税特権まで決定したとなると、その行政権限は相当に大きいものと言わねばならない。

ベール・ハラン・ベール・ウツルは、その後長きにわたり高官の地位にとどまり、四半世紀も後のティグラト・ピレセル三世の治世三年（前七四一年）にも王宮報道官の官職でリンムになっている。なお、この折に何者か（おそらくベール・ハラン・ベール・ウツルの家来）によって、シャルマネセル（四世）の名の上にティグラト・ピレセル（三世）の名が上書きされた（それでもなお、その下にもともとは「シャルマネセル」（四世）と記されていたことは読み取れるのだが）。

✝シャムシ・イルとその時代

上述の有力者にも増して強力な権力をふるったこの時代の官僚として、「軍の長」であったシャムシ・イルはまさに傑出した存在だった。シャムシ・イルは、アダド・ネラリ三世の治世後半に「軍の長」の地位に就くと、その後、四〇年あまりの長期間にわたってこの職にあり、アッシリアで王に勝るとも劣らない影響力を行使した。アダド・ネラリ三世を継いだ三人の王たち、シャルマネセル四世、アッシュル・ダン三世（在位前七七二―七五五年)、アッシュル・ネラリ五世(在位前七五四―七四五年)は、自らの率いた遠征について、ほとんど何の記録も知られていないのに対して、シャムシ・イルには、まるで自らが王であるかのような内容の碑文を刻ませた記念碑が複数知られている。

アダド・ネラリ三世の晩年に作製され、トルコ南東部のアンタキア近郊、オロンテス河畔で発見された石碑は、「アッシリア王アダド・ネラリ(三世)(と)軍の長シャムシ・イル」両名の名によって、北シリアのハマテの王ザクルとアルパドの王アタル・シュムキの間に国境を定めたことを記念する。さらに後になって、シャムシ・イルは、イラン方面に展開していたアッシリア軍を、アッシリアの北方で台頭する強国ウラルトゥとの戦いに振り向けて何度も戦いを交え、その戦勝を記念し神々に献ずる碑文を、自らの居城としていたアッシリアの西方拠点都市ティル・バルシプ(あるいはアッシリア名でカール・シャルマネセル、現在のテル・アフマル)の城門に据えた二つのライオン像に記録している(図3-11)。

ここで、シャムシ・イルは、当時の王の名にはまったく言及せず、自分の軍事業績と建設事業を語り、自らを「軍の長、大広報官、諸[神殿の祭司]、大軍の長、ハッティの地、グティの地、ナムリの全地の統治者、日の沈む山々の征服者、……ムシュキ(フリギア)とウラルトゥの地を打ち倒す者」と呼ぶ。アッシリアの東西に広がる辺境の果てまでを平

図3-11　テル・アフマルのライオン像

定したのは将軍である自分だと高らかに宣言しており、実質的にアッシリア王に匹敵する権力をこの人物が握っていたことがうかがえる。

混乱の中で

その後も、シャムシ・イルは、アッシュル・ダン三世、アッシュル・ネラリ五世と王が変わっても、「軍の長」としてアッシリアの最高権力者の地位にとどまった。しかし、「リンム年代誌」が記録するように、前七六三年に起こった日蝕をきっかけに、アッシュル、アラプハ、グザナなど、アッシリア中心部とその西方の行政州で立て続けに内乱が勃発した。日蝕は神々によって天空に示される凶兆であり、混乱の予兆と解釈された。これを機会に、王でもないのに大権をふるうシャムシ・イルをよしとしない勢力の蜂起があったのかもしれない。

さらに、アッシュル・ダン三世の治世末期から次の王であるアッシュル・ネラリ五世の治世初めの期間には、アッシリア軍は、ほとんど外征に出ずに国にとどまる年が多く、国内が安定していなかったことが示唆される。「リンム年代誌」がアッシュル・ネラリ五世の治世第一年（前七五四年）にアッシリア軍がシリアのアルパドへ遠征したことを記録しているのを例外として、この王には軍事的成功を記す王碑文が一つも知られていない。

一方、この時代、ユーフラテス中流域からは「スフとマリの総督」を名乗る地方領主の一家が書かせた長編の記念碑文が知られており、これらの領主が、アッシリアの王碑文のスタイルをまねて自らの記念碑文を作成し、独立した勢力を維持していたこともわかっている。

アッシュル・ネラリ五世の一〇年間の治世は、「リンム年代誌」によれば、首都カルフで起こった内乱とともに終わっている。おそらく内乱によって王は廃位させられたのだろう。内乱に「軍の長」シャムシ・イルは何らかのかたちで関わっていたのか、それとも、すでに高齢になって亡くなっていたのかはわからない。ともあれ、次の王となった人物ティグラト・ピレセル三世（在位前七四四―七二七年）は明らかにこの内乱の勝利者であり、この王の即位とともに、「分権化の時代」に終止符が打たれ、アッシリア帝国時代が幕を開けることになる。

第4章　帝国期の幕開け

1　ティグラト・ピレセル三世の進撃

†ティグラト・ピレセル三世の出自

「リンム年代誌」によれば、ティグラト・ピレセル三世は、カルフでの反乱が記録されている前七四六年の翌年、前七四五年のアヤル月一三日に即位した。それまでの王たちは記念碑文の中で必ず「王であった何某の子」と、自らが王であった父の系統に属す正しい家柄の出であることを記していたが、その慣行に反して、ティグラト・ピレセル三世はわずかの例外を除いて自ら書かせた碑文に出自を記録していない。こうした状況証拠から、ティグラト・ピレセル三世は、クーデターによってアッシュル・ネラリ五世を退けて王位を簒奪したか、何らかの騒乱の中で力によって王権を掌握したものと考えられる。

アッシュル神殿の基壇を構成したレンガの中には、例外的に「アッシリア王アダド・ネラリ（三世）の子ティグラト・ピレセル三世」と、建立者であるティグラト・ピレセル三世の名がその父の名とともに記されたものがある。これを信じるのであれば、ティグラト・ピレセル三世は、アダド・ネラリ三世を継いだその子シャルマネセル四世、ならびにそれを継いだやはりアダド・ネラリ三世の子アッシュル・ネラリ五世の両者の兄弟であったことになる。父の晩年に生まれた子だとしても、即位時には四〇歳前後の年齢に達していたと考えられ、前任者であった兄弟たちとは別の母親から生まれた、正式な王位継承の候補ではなかった可能性が高い。

†遠征と領土拡大

ティグラト・ピレセル三世は、その一八年間の治世中に、古代西アジアの政治地図を刷新し、アッシリアをこれまでに達成したスケールをはるかに越える大国家にまで押し上げた。前九世紀の野心的軍事指導者アッシュルナツィルパル二世とシャルマネセル三世が行った軍事行動に似て、ティグラト・ピレセル三世は、遠方のフロンティアに対して毎年のように大規模な遠征を企てた。

治世の開始と同時に南方のバビロニアに向かい、アッシリアとバビロニアの間でしばしば領土争いの舞台となっていたティグリス川の東側でアッシリア支配を確保すると、続いて北西と北方の対立国家に矛先を定めた。治世第二年（前七四三年）から第六年（前七三九年）にかけては、ウラルトゥとその同盟国である北シリアの諸国家と戦った。北方の本国領土からシリアへと南下しようとしていたウラルトゥ軍を撃退し、北シリアの主要な反アッシリア勢力であったアルパドを占領してアッシリア領に編入した。

それに続いて連鎖的に起こった戦闘の結果、ティグラト・ピレセル三世は、ウンキ（パティン）、ハタリッカ、ツィミラ、アラム・ダマスカス、イスラエル王国北部など、多くの領土を次々と占領、アッシリアの固有領土として併合して行政州に再編していった。ユーフラテス川という歴史的国境を越えて地中海東岸まで拡大された帝国固有領土の外側では、南東アナトリア、フェニキア海岸、イスラエル、ユダ、ペリシテ地域（パレスチナ南部の海岸地域）、ヨルダン川東岸の多数の王国がアッシリアの宗主権を受け入れ、重い年貢を納める朝貢国となった。

こうして西方諸国の併合と支配を確立させると、アッシリア軍は、北方のヴァン湖周辺を拠点として強力な勢力を築いていたウラルトゥ王国の中枢と東方のメディア諸国へと進軍した。東方では、大小の地方領主がことごとく降伏し、彼らの領土はアッシリアの行政州に再編され、地域の拠点都市がアッシリアの行政センターとなった。

†バビロニアの政治的統合

治世末期には、ティグラト・ピレセル三世は南方に注意を向ける。バビロニアのアラム系諸部族を屈服させ、バビロンを支配したバビロニア南部のカルデアのビート・アムカニ族のムキン・ゼーリを駆逐してバビロンの王権を掌握し、バビロニア王の伝統的称号である「シュメルとアッカドの王」ならびに「バビロンの王」を名乗った。そして、バビロニアの有力都市の同意を取り付けて、バビロンで正式な王として王位につき、春の新年に祝われるアキトゥ祭に参加して主神ベール（マルドゥク）の手をとって祭儀を執り行った。

こうしてアッシリアとバビロニアが、一人の王の権限によって統治されるという新たな政治的局面が生まれた。強い求心力と独立の意思をもつバビロンをはじめとし、有力な神殿を中心に長い伝統を誇るバビロニアの主要都市を帝国内に政治的に統合するというこの新しいバビロニア支配のあり方は、後継のアッシリア王たちにも基本的に引き継がれていく。しかし、後述するようにバビロニア統治は、その後のアッシリア帝国が内包するもっとも複雑で深刻な政治的・宗教文化的課題となっていった。

2　強制移住政策と州行政システム

†王宮と王の年代記

ティグラト・ピレセル三世の治世に関しては、王の記念碑文とカルフ出土の王室書簡が多くの情報を提供する。そのうち征服戦争と征服地の行政州再編を最も雄弁に物語るのは、王の記念碑文、とりわけ年代記である。ティグラト・ピレセル三世は、首都カルフの城塞に新しい王宮を建てた。この王宮は、後に前七世紀の王エサルハドンが自らの王宮を建てた際に解体され、新王宮（「南西宮殿」）の建築資材として用いられてばらばらになっており、その一部が城塞（シタデル）の中央部から発見されたことから「中央王宮」と呼ばれてきた。しかしティグラト・ピレセル三世碑文に見られる王宮建設の記事によれば、本来はエサルハドンの王宮とほぼ同じ南西部分に建てられていたと考えられる。

王宮は多数の細長い部屋（ホール）からなっていたが、ティグラト・ピレセル三世は、その内壁に王の戦闘や儀礼の場面のレリーフとともに、王の征服戦争と王宮建設について詳しく記す年代記を刻ませた。従来の王の年代記は、粘土板、粘土製角柱、石板、各種石

図4－1　王宮のレリーフに描かれたティグラト・ピレセル3世

製記念碑に書かれてきたが、ティグラト・ピレセル三世は、自らの征服戦争の記録を部屋の内壁のスペースをフルに活用して従来にない詳細さで残したのである（図4－1）。

残念ながらこの年代記は三分の一程度しか回収されていないが、なお王の遠征の詳細を知るための最も重要な史料の一つである。この王宮の年代記とその他各種の王碑文は、周囲の国々の征服と戦利品や貢物の獲得を誇るにとどまらず、征服した国々の住民を移動させたうえで、征服地をアッシリアの行政州として再編し、アッシリアの役人（宦官）を知事として置いてこれを管理したことを詳細に記している。例として、地中海にそそぐオロンテス川の渓谷の王国ウンキ（別名パティン）についての記事を引用する。

［ウンキの王トゥタンムは、偉大なる神々による誓約を捨て］、自らの命を軽んじた。……［…］……私は怒り……トゥタンムの［…］を彼の官僚たちと一緒に［…］彼の王都であるキナリアを征服した。（彼の）人民とその財産を数えた。［…］（高価な）ラバを羊

とヤギであるかのように軍隊の中で配給した。［…］私は、私の王座をトゥタンムの王宮に置いた。［…］重い単位で三〇〇タレントの銀、一〇〇タレントの［…］、戦の道具、極彩色の衣服、亜麻の衣服、あらゆる種類の香料、彼の王宮の財産［を運び出した］。私は、キナリアを屈服［させ］ウンキの地のすべてを再編し、［…］私の［宦官（たち）］をその知事としてその上に任命した。（RINAP 1, 11）

征服された国々の名前、獲得した戦利品・貢納品、強制移住による住民の入れ替え、課税、宦官の知事としての任命などを繰り返し報告するこの年代記は、多数の粘土板に書かれた王の業績を要約して報告する碑文と対照することでその骨子を復元することができる。文学的にはいささか退屈だが、西アジアの広域を次々と併合して行政州に再編し、急速に領土を拡張していく過程が示された「帝国建設者」特有の「業績録」である。

†ティグラト・ピレセル三世時代の王室書簡

王の年代記と年代誌のような編年史料がアッシリアの征服と領土併合の概略を伝えるのに対し、帝国各地の官僚や役人から王宮に送られた書簡は、征服先で起こった生々しい出来事を伝えてくれる。新アッシリア時代の王室書簡は、カルフとニネヴェを主たる出土地として三〇〇〇点ほど確認されており、ヘルシンキ大学のS・パルポラの強力なリーダーシップにより解読と出版が進められた。

ティグラト・ピレセル三世の治世からは、カルフ（ニムルド）で出土した一五〇点程度の書簡が知られている。これらの書簡の多くは、各地の高官や有力者から王に送られたもので、発信元はアッシリア中心部の主要都市、フェニキア海岸やシリア各地、ザグロス西麓のザムア地域までのティグリス川東岸地域、バビロニアなどに及んでおり、差出人はアッシリアの高官たちのほかに、バビロニア諸都市の有力者たちも含まれる。また、王から各地の高官やバビロニアの有力者に送られた書簡も七点知られているうえ、王が外地に滞在している間、首都カルフにとどまって国政を管理していた皇太子ウルラユ（後のシャルマネセル五世）が王に送った書簡も四通知られている。

手紙には通常日付がなく、歴史的脈絡を確定することはしばしば難しいが、体系的研究によって、王碑文には示されない行政官の活動や人間関係、道路やコミュニケーション・システムの実態、歴史的事件の背後関係のほか、日常の話し言葉であったアッカド語新アッシリア方言や書簡の書式など、多くのことが明らかになってきた。ここでは、その一例として、ティグラト・ピレセル三世治世下に地中海岸のフェニキア地方の都市ツィミラの行政長官だったクルディ・アッシュル・ラムルの書簡の一通から何が学べるか見てみたい。

フェニキア海岸一帯がテュロスやシドンといった主要な都市国家を除いてことごとくアッシリア軍によって征服・併合された直後の様子について、次のような報告を王に送っている。

わが主人である王へ。あなたの僕クルディ・アッシュル・ラムルは次のように申し上げます。王が「彼には親切に話すように」と言われたテュロスの（王）についてですが、すべての港は彼に開放されており、港では彼の家臣の者どもが出入りして自由に売り買いをしています。レバノン山の管理は彼の裁量に任されていて、彼らは山に出入りして、木材を運び降ろしています。私は、木材を切り出すすべての者から税を徴収し、レバノン山のすべての交易センターに徴税人を任命しました。彼らは山の監視を続けています。シドンの交易センターに私が任命した徴税人をシドン人どもは追い出してしまったので、私はイトゥア人（の警察隊）をレバノン山に送り、彼らが（現地の住民を）脅しました。後になって、シドン人たちは、手紙を送ってよこし、徴税人をシドンに連れ戻しています。私は次のように彼らに命じました。木材を運び降ろせ。そこであなた方は仕事せよ。（ただし）エジプト人とペリシテ人には、それを売ってはならない。さもなければ、あなた方を山に登らせるわけにはいかない。（SAA

19, 22）

テュロスは東地中海沿岸から一キロほど沖合にある島に築かれた都市国家であり、その他の書簡と王碑文の情報を照らし合わせると、この書簡は、前七三四―七三二年頃にアッシリアがテュロスの大陸側の後背地を支配下に置いた直後の状況を反映しているとみられる。アッシリアは、フェニキア人の商業活動を保護しつつ、木材などの商品に課税して収益をあげ、アッシリアに当時なお敵対していたエジプトとペリシテ諸国に対しては、木材の輸出を禁じて経済的制限を加える政策を実践していたことがわかる。

✝行政州再編と新しい強制移住政策

ティグラト・ピレセル三世による征服と併合政策の結果、アッシリアの固有領土は、即位当時の二倍の大きさになった（図4‐2）。新しく征服された領土は、アッシリアの行政州に再編されたが、ティグラト・ピレセル三世は、すでに成立していた行政州のうち大きなものを細分化し、再編した行政州に王に忠実な宦官を据えた。これによって、かつての「分権化の時代」に起こったような王に比肩する有力者が国内に台頭する可能性をなくし、高級官僚が世襲によって大きな領地と権力を確保することを許さず、王に権力を集中させせ

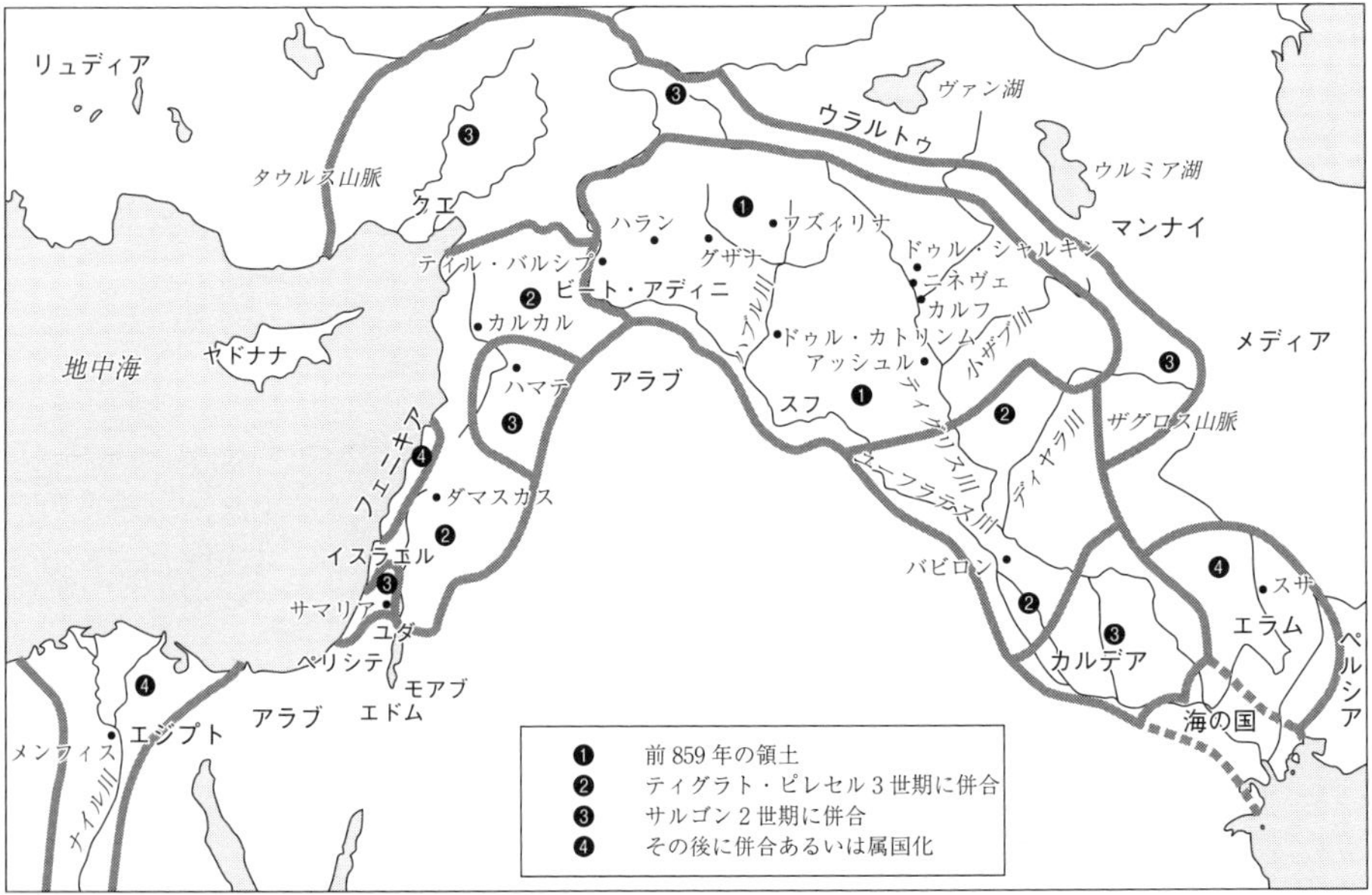

図4-2　アッシリアの拡大過程

た。

その後もアッシリア領土の拡大とともに行政州は随時再編され、エサルハドン（在位前六八〇―六六九年）の時代が終わるまでに、基本的に均一な行財政規模をもつ五〇以上の行政州に分割されていった。都市や村落が集中し人口密度の高いアッシリア中心部では、行政州の面積は小さく、未開拓地域の行政州は大きかったと考えられる。

行政州の形成にあたって注目されるのは、新しいタイプの強制移住政策の開始である。従来から行われてきた捕囚政策は、征服地の住民をアッシリア中心に向けて連行して、中央の軍備、土地開発や建築事業にマンパワーを供給するものだった。ティグラト・ピレセル三世は、こうした従来型の捕囚に加え、被征服地の住民を大量に遠方の各地に植民し、住民が連れ去られた土地には、別の遠方の地域からの捕囚民を連れてきて住まわせるという多方向の強制移住政策を実施した。この政策は、帝国建設を進めるその後の王たちにも引き継がれ、これによって、人口動態は激変し、国家としてのアッシリアの性格は大きく塗り替えられた。

この政策の目的は、人民の故郷との絆を絶ち、異なる出身地の人民を混在させることで、住民が一致して反乱する可能性を低減すると同時に、多くの戦利品と貢納によって富と人口が流入するアッシリア中心部や領土内各地の要所における土地開拓、土木工事、産業開発、軍事力増強を可能にすることにあった。二〇二〇年に公表された佐野克司の研究によれば、アッシリアの強制移住政策により移動した人口は一五〇万人ほどという見積もりが示されている。新たなマンパワーを吸収したアッシリアの軍隊組織では、歩兵隊・騎兵隊・戦車隊の規模が拡充され、常備軍や王の親衛隊の整備が進んでいった。

†アラム語の標準語化

こうしてアッシリアは、巨大な領土において、異なる言語を話す多様なエスニック集団の大規模な移動により、広域で人口動態を変化させ、これを行政州として再編して直接支配する複雑な構造をもつ帝国になっていった。固有領土の拡大に伴って、新たに併合された領土内に居住していた大量のアラム系住民が国内に取り込まれた結果、アッシリア中心部の標準言語であるアッカド語に並んで、アラム語が国内で公用語のようなステイタスを持つようになった。

アッシリア王国によるアラム語の使用は、すでに前九世紀には標準的になっていたとみられ、シャルマネセル三世がカルフに建設した軍管区の宮殿からは、エナメル装飾レンガに、工人が正しくレンガを積むためにつけられたとみられるアラム語のアルファベットの記号がみられる。また、シャルマネセル三世がバラワトの建築物の門に取り付けた青銅製

図4－3　粘土板とパピルス（あるいは羊皮紙）に書く2人の書記を描いたティル・バルシプ王宮のフレスコ画（コピー）

の帯の浮き彫りに二人の書記が並んで描かれたシーンが見られ、そのうちの一人は粘土板に楔形文字アッカド語を葦《あし》のペンで書いており、もう一人はパピルスあるいは羊皮紙にアラム語のアルファベットの線文字を書いていると考えられる。これを最古の例としてアッシリア各地の王宮の内壁を飾る石板上のレリーフやフレスコ画には同様の図案がみられ、アッカド語を粘土板で記すと同時にアラム語の文書を残し、記録を確実に保存・活用する方法が実践されていたことがうかがえる（図4－3）。

メソポタミアの文化的伝統を体現する宗教文学文書や科学文書は、シュメル語とアッカド語で楔形文字を用いて主として粘土板やワックス・ライティング・ボード（後述）に書かれる一方で、行政文書や日常的な記録においては、アラム語とアッカド語は同等に重要な言語として二言語併用主義が標準になり、時代が下るほど、公用語としてのアラム語の重要性は増していったものと考えられる。しかし、パピルス、羊皮紙、木製ライティング・ボードといったアラム語が書かれる書字媒体は、粘土板と異なり、火災や腐食で消失することが多く、少数のオストラカ（陶片）や粘土板にインクで書かれたもの（図4－4）を除いて、新アッシリア時代のアラム語文書はほとんど残存していない。

†「帝国」の誕生

ティグラト・ピレセル三世の治世中に倍増したアッシリアの固有領土には、多種多様な言語・民族グループが、本来のコミュニティを解体され他のコミュニティと複雑に混じり、各行政州のなかで新たな住民構成でもって同居する複雑な政治的統一体が生まれた。そして、その統一体は今や絶対的な権力を握る一人の王（皇帝）と少数の腹心の手で統治され、併合された諸国の人材や富は王国中心部に集積されてその繁栄を支えるという構造をもった大国家が成立した。この国家の周囲に作られた影響圏には、アッシリア王の政治的決定に同調し、定期的に貢納する多くの従属国が付属していた。これが、「帝国」とされる政治的統一体の構造である。

図4－4　利子と藁束の支払いの荷に付けられたアラム語で書かれた粘土製の荷札。裏面の日付（リンム名）は、前676年を示す

何をもって「帝国」と呼ぶのか、また

世界最古の帝国はどの国なのか、という問題はしばしば議論されてきた。一方で、ある程度広域に影響力を行使する国家であればなんでも帝国と呼んでしまう傾向も散見される。「帝国（エンパイア）」という言葉は、語としては、ラテン語の「統治、支配（インペリウム）」に派生し、「帝国」の原型は、多様な文化と言語をもった住民が居住する広大な領土を多数の行政州に分割して統治したローマ帝国をモデルに生まれている。しかし、それに比較できる広域支配国家をさらに古い時代に探すことは可能である。

古代西アジア研究においては、紀元前二四―二三世紀にアガデを首都とし、各地に行政官を配してメソポタミアとシリアの広域を支配したアッカド王国を「帝国」と呼びうるか否かが議論されてきた。アッカド王朝の王サルゴンとナラム・シンは、前二千年紀以降のメソポタミアにおいて「世界の支配者」とされ、彼らについての伝説や文学作品が書かれ、アッカド時代は「伝説的過去」として記憶された。近年、アッカド王国由来の行政文書がメソポタミア・シリアとその周辺から発見され研究されたことで、特にナラム・シンの治世とその後の短期間、アッカド王国は多民族に対して一律の行政規律を課した「帝国」と呼びうる国家を実現したという見解も示されている。

また、前二千年紀においても、上述した通り前一四―一二世紀頃の中アッシリア王国は、領土を拡張する政策を国是として王の即位の儀式の中で表明し、上メソポタミアに大きな版図を築いたし、ヒッタイト新王国やエジプト新王国も本国であるアナトリア中央部やナイル川流域を越えてシリアに進出して野心的な広域支配を目指し、一時的にはこれを実現しており、これらの国家を帝国と呼ぼうとする研究者もある。

しかし、種々のエスニック・グループからなる多民族・多言語の住民に移住政策を適用して人口動態を改変し、広大な世界を行政州に再編して一元的に統治し、その外側に多くの朝貢国を維持しながら複雑な行政システムと外交政策によって支配する絶対王政国家としてのティグラト・ピレセル三世治世以降のアッシリアは、その質においても規模においても一ランク上の超大国だった。また、その内情について、十分な史料的裏付けをもって帝国の条件を備えた国家であったと論じることもできる。

ともあれ、アッシリア帝国の広域支配は、後継の大領域国家である新バビロニアやアケメネス朝ペルシアの諸制度に影響を与えたほか、メソポタミアの後代の歴史預言文書『諸王朝預言』、ヘロドトスの『歴史』、旧約聖書の「ダニエル書」などアケメネス朝時代末期からヘレニズム時代に書かれた著作において、西アジアに連鎖的に勃興した地域大国であるアッシリア、バビロニア、メディア、アケメネス朝ペルシアのうち最初に登場した「世界大国」として記憶されてもいる。後代の楔形文字アッカド語、ギリシア語、ヘブライ語の著作において、アッシリアは「帝国」の原型、あるいは、「最古の帝国」とみなされてきたのである。

シャルマネセル五世によるサマリア征服

ティグラト・ピレセル三世が没すると、息子であり、正当な王位継承者であったシャルマネセル五世（在位前七二六―七二二年）が即位した。シャルマネセル五世が、その皇太子時代に誕生名のウルラユの名で王ティグラト・ピレセル三世に書き送った書簡（粘土板文書）がカルフから四通発見されている。これらの手紙から、皇太子ウルラユは、父王が外征に出ている期間、本国の行政を管理し、王に手紙を送って近況を知らせていたことがわかる。ティグラト・ピレセル三世の王宮の内壁を飾る石板に描かれた、冠をかぶった王に向き合っている人物は、おそらく皇太子ウルラユであろうと思われる（図4－5）。

図4－5　王宮レリーフに描かれた王ティグラト・ピレセル3世（左）と皇太子ウルラユ（右）。皇太子は王と同様の「はちまき」を身につけた

バビロニア起源の編年史料『バビロニア年代誌』は、前七二七年のテベトゥ月にティグラト・ピレセル三世が没すると、同月にシャルマネセル五世がアッシリアとバビロニアの

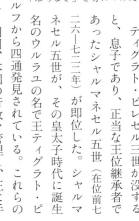

王として即位したことを記録しており、王位継承は明らかに速やかに行われた。しかし、シャルマネセル五世の五年間という短い治世についてはほとんど何もわかっていない。シャルマネセル五世による王碑文としては、その名を記したライオンをかたどった大小数点の青銅製分銅がカルフから出土している以外、まったく知られていない（図4－6）。シャ

図4－6　ライオン形分銅（カルフ出土）。ライオンにはアラム語と楔形文字で重量が記された

ルマネセルの事績として知られているほとんど唯一の出来事は、イスラエル王国の首都サマリアの占領である。『バビロニア年代誌』は、「シャルマネセルがサマリアを破壊した」と短く記しており、後代の歴史記述である旧約聖書（「列王記 下」一七章三―六節、一八章九―一一節）とヨセフス『ユダヤ古代誌』（第九書一五節）もシャルマネセル五世によるサマリア占領を記録している。「リンム年代誌」に残るシャルマネセル五世の治世に関連するほとんど破損した数行は、王がその他の軍事遠征を行ったことを示唆するが、詳細は不明である。シャルマネセル五世に続いて王となったサルゴン二世の治世には、すでにサマリアとアダナ平原のクエ（古典古代のキ

リキア）がアッシリアの行政州になっていたことがサルゴン二世時代の史料から確認されるため、これらの地の併合はシャルマネセル五世の治世下に起こったものと推測される。

第5章　サルゴン二世と「サルゴン朝」

1　「サルゴン朝」

†サルゴンの即位

『バビロニア年代誌』によれば、シャルマネセル五世はその治世第五年（前七二二年）のテベトゥ月に没し、サルゴン二世（在位前七二一―七〇五年）がその月の一二日に王位に就いた。「サルゴン」は、ヘブライ語聖書（旧約聖書）読みであり（「イザヤ書」二〇章一節）、「アッシリア王サルゴンが送った将軍（タルタン）がアシュドドにやってきてそれを攻撃して奪った年」という記事がある。アシュドドは、ガザの北に位置するペリシテの主要都市であり、アッシリアに繰り返し反乱したが、アッシリアの懲罰遠征によって、前七一一年に征服されたことがサルゴンのドゥル・シャルキンの王宮に刻まれていた年代記に記されている。また、この折に建てられたアッシリアの記念碑の断片がアシュドドの遺跡から発見されている。

サルゴンの名はアッカド語ではシャル・キーン／ケーン（*šarru-kīn/kēn*）で「真の王」あるいは「王は真実である」を意味するが、サルゴン二世とされるのは、古アッシリア時代（前一九世紀）のサルゴン（シャル・キーン）一世に次ぐ同名のアッシリア王とみなされてきたからである。シャル・キーンの名は、前二三世紀にメソポタミアを統一したアッカドのサルゴン（シャル・キーン）にならったものと考えられてきた。しかし、この名は、古アッシリア時代のサルゴン一世以来、アッシリアでは長年名乗られたことがない王名であり、新アッシリア時代には、アダド・ネラリ、シャルマネセル、トゥクルティ・ニヌルタ、シャムシ・アダド、アッシュルナツィルパル、ティグラト・ピレセルのような特定の名が王名として繰り返し採用されてきた。サルゴン二世の名は、こうした伝統から逸脱しながら「真の王」として自らの王権を正当化しているように見える。

また、ティグラト・ピレセル三世がそうであったように、サルゴン二世もまた数多くの記念碑文を残しながら、碑文で自分の出自に触れることがほとんどない。さらに、サルゴン二世は、即位直後に書かせた碑文の中で、前任者シャルマネセル五世がアッシュル市の特権的な地位を尊重せず、悪意を持って市民を徴用したと批判し、そのために主神アッシュルはシャルマネセル五世を捨てて、サルゴンを新たな王として任命したと主張している。加えて、サルゴンは即位当初、六三〇〇人のアッシリア人の犯罪者をシリアのハマテに追放し、そこに住まわせたと別の碑文に記しており、即位時に内乱があったことを示唆する。

こうした状況証拠に基づいて、サルゴン二世は、しばしば前任者を力で排除して王位についた王位簒奪者とみなされ、サルゴンとその後継者たちはサルゴン二世によって創始された個別の王朝「サルゴン朝」に属するものと考えられてきた。

†出自の謎

ところが、サルゴン二世の出自をめぐっては、アッシュル建築物の壁面に取り付けられた数点の陶製の飾り板が、サルゴンの系図を示して「アッシリア王ティグラト・ピレセル(三世)の子」であると記している。また、バビロニアから王サルゴン二世に送られた書簡には、サルゴンの父として「ティグラト・ピレセル」の名が挙げられている。これらの証拠を受け入れるなら、サルゴンは、ティグラト・ピレセル三世の子、前任者シャルマネセル五世の兄弟あるいは異母兄弟であり、アッシリア王の血筋に連なる者であったことになる。

表意文字と音節文字によってつづられるサルゴンの名は、先述の通り、通常はシャル・キーン／ケーン「王は真実である」と読まれてきたが、シャル・ウキーン（*šarru*（MAN）*-ú-kin*「（神は）王を確固たる者にされた」の意）とつづられることが多い。このシャル・ウキーンは廷臣などに付けられる名である可能性があり、即位名ではないと考えられる。そして、サルゴンの即位後にこれがシャル・キーン（「王は真実である」）と再解釈されたという考えも提出されている。

このようにサルゴンの出自や名前についてはなお不明な点が少なくないが、サルゴンとその子孫は、それまでのアッシリアの王たちの系譜とは一線を画し、新しい時代あるいは王朝を経営していこうという気運を持っていたように見える。サルゴンの王位を継いだ子どもたちの名、センナケリブ、エサルハドン、アッシュルバニパルが、いずれもそれまでにアッシリアの王統において繰り返し採用された即位名と異なるものであることは象徴的である。また、バビロニア起源の王名表『バビロニア王名表A』では、プル（ティグラト・ピレセル三世の異名）とウルラユ（シャルマネセル五世の異名）が「バルティル（アッシュル）王朝」に属すことを記録する一方、サルゴンとセンナケリブは「ハビガル王朝」に属するとされており、シャルマネセル五世とサルゴン二世の間には王朝の断絶があったことを示唆している。

こうした一連のデータから導き出されるのは、サルゴンの父親がティグラト・ピレセル三世であったとしても、サルゴンの母親は、ハビガルが示唆するハニガルバト、すなわちアッシリアの西方地域の出身であった可能性である。サルゴンの兄弟で「宰相」(*sukkallu*) として行政に忠実な役割を果たしたシン・アフ・ウツル、サルゴンの子であり後継者のセンナケリブ (原語でシン・アヘ・エリバ)、エサルハドンの子で一時は王位継承者として予定されていた息子 (アッシュルバニパルの兄) シン・ナディン・アプリが、いずれも西方に起源をもつ月神シンを神名要素に含む名前を持っていたことはその一族が月神シンと関係を持っていたことを示している。また後述するように、サルゴンが築いた新都ドゥル・シャルキンの王宮に隣接して築かれた神殿域の主神が月神シンであったとみられることも、サルゴンが西方の月神の祭儀中心と密な関係を持っており、その系譜がシャルマネセル五世までのそれとは一線を画すものであったことを暗示する。

†二つの遺体

史料に恵まれた新アッシリア時代、とりわけアッシリア帝国期については、書簡史料を筆頭に、契約文書、行政文書、王碑文の中に王の親族についての情報を見つけることができる。そんななか、王の親族について驚くべき情報をもたらしたのは、一九八八―八九年のイラク隊の調査で、カルフの北西宮殿の南部分にあった王族の居住区域の床下から発掘された王妃たちの四つの墓である。それらの墓は、前九―八世紀に作られ、焼成レンガ、日干しレンガと石灰岩で造られたアーチ形天井をもつ複数の墓室から構成されており、内部からは棺に入った遺骨のほか、宝石、装飾品、土器、埋葬碑文などが発見された。同様の形式の墓は、アッシュルの王墓にもみられる。

四つの墓の一つ（49室地下の墓Ⅱ）からは、二人の女性の遺骨が上下に重なって入れられた棺が、多数の副葬品とともに発見された。墓室から見つかった埋葬碑文には次のような文言があった。

シャマシュ神、エレシュキガル女神とアヌンナキの神々の命《めい》において、命《いのち》の定めが王妃ヤバを死にいざない、彼女は祖先たちへの道を進んでいった。将来、何人であれ―玉座に座る王妃であれ、王に愛された宮廷の女であれ――私を私の墓から取り除いたり、誰かほかの者を一緒に置いたり、悪意を持って私の宝物にその手を伸ばしたり、その墓の封印を解いたりする者は、（地）上では、白日の下、その魂は喉を乾かして荒野をさまよい、下では冥界でアヌンナキの神々とともに注がれた水、ビール、ワイン、麦粉を得ることができないように。（RINAP 1, 2003）

この碑文には、ヤバが誰の妃かは書かれていないが、同じ墓から発見された二つの金のボウルには、その所有者を示す碑銘「アッシリア王ティグラト・ピレセル（三世）の妃（妻）ヤバの所有物」とあり、墓室と棺が、ティグラト・ピレセル三世の妃ヤバのものであることを示唆している。

ところが、すでに述べた通り、ヤバの埋葬碑文が記すタブーを無視して、その棺にはもう一体の遺体が入れられていた。そのうえ、墓室にはヤバ以外の二人の女性の持ち物も残されていた。「アッシリア王シャルマネセル（五世）の王妃バニトゥの所有物」の銘文のついた金のボウルと青銅の化粧箱、ならびに「アッシリア王サルゴンの妃アタリヤの所有物」の銘文がついた金のボウル、クリスタルの瓶、青銅の鏡である。

多くの研究者は、二つの遺体は本来の墓の主に違いないヤバと、年代的に最も後代の人物であるアタリヤであろうと考えてきた。ヤバの埋葬碑文にもかかわらずもう一つの遺体が一緒に葬られたのは、アタリヤがヤバと同じ家の者であったからだと考えれば説明がつきそうである。だが、もしそうであるならバニトゥはどうなるのだろうか？

オックスフォード大学のS・ダリーは、ヤバは北西セム語で「美しい（ヤッファ）」という意味であり、バニトゥはそのアッカド語訳と考えられるため、両者は同一人物であると考えて、遺体はヤバ（＝バニトゥ）とアタリヤの二体であると説明する。さらにダリーは、ヤバとアタリヤの名はヘブライ語であり、ユダ王国のエルサレムから外交的婚姻によってアッシリアのハレム（王宮の婦人部屋）に入った女性たちであろうと推測した。確かにアッシリア帝国の妃が北西セム語とアッカド語の二重の名前を持つことがあることは、後にエサルハドンの母がナキヤ／ザクート（西セム語とアッカド語で「清らかなもの」）という二つの名で呼ばれることからありえないことではなく、この仮説は研究者たちにかなり真険に考慮された。

しかし、ヤバやアタリヤの名は、ヘブライ語、フェニキア語、アラム語、アラビア語などである可能性があり、ユダ王国の娘と自信をもって決定できるわけではない。また、この仮説に従えば、親子であるティグラト・ピレセル三世とシャルマネセル五世の妻が同一人物だったことになるうえ、サルゴンのクーデターで排除されたシャルマネセル五世の妻であったバニトゥとサルゴンの妻アタリヤが同じ墓に葬られるのかという疑問も残る。より納得できるシナリオとして、バニトゥの持ち物は、サルゴンのクーデターの際の戦利品としてサルゴンの妻アタリヤに与えられ、アタリヤ没後、その所有物と一緒に副葬品として墓室に入れられたという可能性が考えられる。

果たしてサルゴンはヤバから生まれた子なのか、あるいは別の女性が生んだ子なのか。

真相は不明だが、サルゴンの妻アタリヤが、サルゴンの父ティグラト・ピレセル三世の妻ヤバとともに西セム系と考えられる名を持っていることは興味深い。帝国期のアッシリアのハレムには、西方から来た女性たちが少なからずおり、サルゴンとその子孫たちは、好んで西方に出自を持つ女性を妃に選んだのである。

†アッシリア帝国の最盛期

「サルゴン朝」に属するとされてきたサルゴン二世の三人の後継者たち、センナケリブ、エサルハドン、アッシュルバニパルの時代、アッシリア帝国は最盛期を迎える。この時代アッシリアの支配は古代西アジア全域に及び、その領域は小アジア、東地中海、アラビア半島北部、北アフリカ、コーカサス地方、メソポタミア、ザグロス地域を含み、リュディア、フェニキア諸国、イスラエルとユダ、アラブ遊牧民、バビロニア、エラム、メディア諸国などの対抗国はことごとく占領されるか朝貢国としてアッシリアの支配を受け入れた。

こうしたアッシリアの最盛期については、アッシュル、カルフ、ドゥル・シャルキン、ニネヴェなどアッシリア中央の主要都市はもちろん、辺境も含めた帝国版図の各地で発見された建築遺構と、多量にして多様な文書史料が知られている。

粘土製の角柱、円筒、粘土板、建築物の各所や種々の記念碑に刻まれた様々な王碑文は、軍事遠征と建築事業についてそれ以前の時代より格段に多くの情報を提供し、アッシリアとバビロニアで編集され複数の粘土板に書き残された二種の年代誌、「リンム年代誌」と『バビロニア年代誌』は、年代記タイプの王碑文と並んで、この時期の事件を歴史的に再構成することを可能にする。

また王宮の内壁などに彫られたレリーフは、軍事、建設事業、儀礼などについて貴重な図像資料を提供する。加えて、カルフとニネヴェからは、王、官僚、役人、学者、祭司の間で交わされた書簡ならびに、行政経済と社会の内情を垣間見させてくれる行政文書と契約文書、歴史的事件を反映した卜占文書、儀礼文書、文学作品など、数千点に及ぶ多種多様の文書史料が発見されており、この時代の歴史、社会、文化の立体的な復元を助けてくれる。

2　サルゴン二世の軍事遠征

†即位後の反乱鎮圧と治世初期の軍事行動

王位簒奪後の混乱を反映して、サルゴンは即位後一年間、外征に出ることができなかった。周辺諸国では、不規則な王位継承に伴うアッシリアの内政混乱を「アッシュルのくびき」を投げ捨てる絶好の機会と見て反乱の気運が盛り上がった。バビロニアでは、南部カルデアのビート・ヤキン族のマルドゥク・アプラ・イディナ（旧約聖書のメロダクバラダン）がバビロンの王位を奪い、東方の大国エラムと同盟を結んでバビロニアを制圧した。バビロンはアッシリアの支配から離脱し、サルゴンは、バビロニア支配を容易に回復することができなかった。

西方の戦線でも、ハマテのヤウビディが、アルパド、ツィミラ、ダマスカス、サマリアなどティグラト・ピレセル三世とシャルマネセル五世が一度はアッシリアに併合した有力都市を煽動し、反アッシリア同盟を形成した。こちらの前線では、サルゴンは反乱を鎮圧し、反乱した諸州を屈服させて再併合することに成功した（図5-1）。

旧約聖書（「列王記 下」一七章六節）は、シャルマネセル（五世）のサマリア侵攻の記事に続いて、「アッシリアの王」がサマリアの住民を、シリアのハブル川三角地帯のグザナ、アッシリア中心地域のハラフ、そしてはるか東方のメディアに大量に捕囚したことを記しており、このいわゆるイスラエルの「失われた一〇部族」の捕囚を実行した「アッシリアの王」がシャルマネセル五世を指すのか、サルゴンを指すのかが議論されてきた。

旧約聖書がどのように事実を反映しているかという問題はさておき、シャルマネセル五

図5-1　前一千年紀のレヴァント

世がサマリアを征服した後、サルゴン二世はサマリアの反乱を鎮圧して、さらに住民を捕囚として連行したものと思われる。また、地中海岸南部のペリシテ地域でも、属国であったガザが、エジプトと結んでアッシリアに対して反旗を翻したが、反乱軍はガザの南にあるラフィアで打ち破られ、エジプト軍は敗走した。

この勝利によって帝国の秩序を回復することに成功すると、サルゴンは西方においてさらなる領土の拡大を実現する。前七一七年、サルゴンは、北シリアで最も有力な新ヒッタイト系国家であったカルケミシュを攻略した。朝貢国としてアッシリアと条約を結び、その支配を受け入れていたカルケミシュの王ピシリスは、ムシュキのミタ（西洋古典のフリギアのミダス）と反アッシリア同盟を結ぼうと画策して反乱を企てた。アッシリアの懲罰遠征により、ピシリスはその家族や騎馬隊や歩兵もろとも捕らえられてアッシリアに連れ去られ、征服されたカルケミシュにはアッシリアの人民が入植されたうえで、貢納と納税が課されて、カルケミシュは新しい行政州として再編された。

ユーフラテス川の渡河地点に位置し、メソポタミア、シリア、アナトリアの交易の中継点として繁栄したカルケミシュの宝物蔵からは、一〇タレント（約三〇〇キロ）の金と二一〇〇タレント（約六三トン）の銀を含む財宝が略奪されてアッシリアに持ち去られ、その大量の銀は、それまで銅本位だったアッシリアの財政システムを銀本位にシフトさせるほどの経済的インパクトをもたらした。こうした大きな財の獲得を背景に、同年にはカルフの北方で新首都ドゥル・シャルキンの建設事業が開始された。

†ウラルトゥ遠征と「神への手紙」

当時のアッシリアの辺境地域の治安維持にとって最大の課題は、北方のヴァン湖周辺を中心にアッシリアの領土を広く取り囲むように勢力を広げ、辺境各地でしばしば反アッシリア的反乱を支援していたウラルトゥ王国を封じ込めることであった。前七一四年にサルゴンがウラルトゥに対して行った外征の詳細は、サルゴンからアッシュル神に宛てられた手紙の書式で記録された。二五センチ×三八センチの大ぶりの粘土板に四三〇行にわたって書かれたこの文書は「アッシュル神――神々の父、エ・フルサグ・ガル・クルクラ、そ

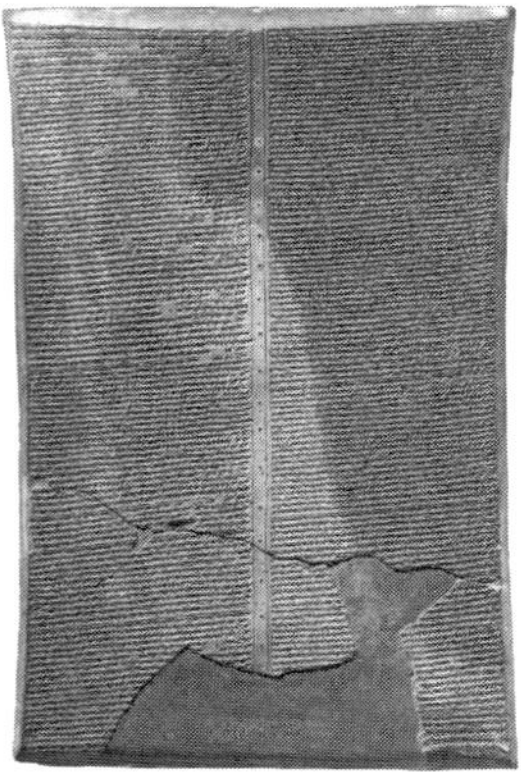

図5－2　サルゴン2世の神への手紙（表）

の偉大な神殿にお住まいになる――におかれましては、まことにまことに平安であらせられますように」という、アッシュル神に対する差出人サルゴンの丁重な挨拶で始まり、遠征の詳細を描いて、その成功と大量の戦利品の獲得とを詳しく報告し、アッシリア側の犠牲者の少なさを強調して次のように締めくくられる。「戦車の御者一名、騎兵二名、歩兵三名が（遠征で）殺された」。

この「手紙」は、アッシリア軍が遠征から凱旋《がいせん》した後、首都カルフで行われた儀式で読み上げられたものだと考えられてきた。この「神への手紙」は、詳しい行軍ルートと軍事作戦の詳細を語りながら、通常の王碑文には見られない豊かな文学的表現で、行軍中に通った畏怖の念を抱かせる深く暗い森林や、天に突き刺さるかのようにそびえる険しい山岳地域の様子、外国の興味深い習俗なども描いている（図5－2）。サルゴンの軍は、この外征においてザグロスの西麓のザムアからマンナイを経て北上し、ウルミア湖近辺のウワウシュに達してウラルトゥの王ルサの軍勢を破り、さらにその中心地域を混乱に陥れた後、聖地ムツァツィルにあるウラルトゥの国家神ハルディの神殿を略奪して凱旋した。

†王室書簡とコミュニケーション・システム

新アッシリア時代に由来する約三〇〇〇点の王室書簡のうち、約一二〇〇点ほどがサルゴンの治世に由来する。そのうち一一五〇点はニネヴェから、五〇点はカルフから、二点はドゥル・シャルキンから発見された。ニネヴェは、サルゴンの没後、息子のセンナケリブが首都に定めて王宮（南西宮）を建てており、一一五〇点の手紙はそこから発見された。S・パルポラの研究によれば、カルフ出土の手紙はサルゴンの治世の最初の五年間に、ニネヴェ出土の手紙はサルゴンの治世末期に書かれたもので、中間の前七一六―七一一年の期間に書かれたものは残っていない。

サルゴンは即位当初からカルフを居城としたが、晩年はバビロンに滞在後、短期間をニネヴェで過ごしてから完成したドゥル・シャルキンの王宮に入った。おそらくサルゴンの死後、センナケリブはカルフとドゥル・シャルキンに保管されていたサルゴン時代の書簡の一部を記録・保存する目的でニネヴェに移管したものと思われる。

サルゴン二世時代の書簡は、当時の王宮を中心としたコミュニケーション・システムがどのように機能したのかについて多くの情報を提供してくれる。書簡は、縦横2：1のスマートフォンくらいのサイズのエギルトゥと呼ばれる統一された形状の粘土板に、楔形文字アッカド語で書かれた。多くはアッシリア中心部で話されていた口語であるアッシリア方言で書かれたが、バビロニア地方との文通は、バビロニア方言の口語で書かれた。

書簡をしたためた粘土板は、一―二ミリほどの厚さの粘土の封筒で封印され、封筒には手紙の書き出し同様の発信者と宛先が記され、発信者の印が押された。王室書簡は、王と遠方の家臣の間を複数の人々の手から手へリレー式に届けられたため、手紙が他者に見られることなく宛先に届くように万全が期された。王が官吏を任命する際には、アッシリア王室の印章つきのリングが与えられ、その印を手紙の封筒に押すことで、手紙が国家の公的文書であることを証明した。この印章には、王が剣でライオンを殺すシーンの図案が統一的に彫られており、一目で王の信任を受けた者による書簡であることがわかった（図5－3）。

ローマのアッピア街道のように考古学的に確認される舗装された街道は知られていないが、書簡から集められるデータから「王の道」（*ḫūl šarre*）と呼ばれる国家の使者や王室書簡を運ぶ者が通る街道が整備されていたことがわかる。街道には、一定の旅程ごとに「宿駅」（*bēt mardēte*）が設けられ、ラバに乗った使者が手紙を運んだ。

ラバはオスのロバとメスの馬の交配種であり、ロバの従順で我慢強い性格と馬の大きな体を合わせもち、成長は遅いが五年程度で成熟すると、脚力があり丈夫で二〇年ほども元気に歩く。一代雑種で繁殖が難しいため、きわめて高価な家畜であった。もちろん、アッシリア人にもラバが子を作れないことはよく知られていたようで、誓約を破ったものに対する呪詛の文言には「ラバが子孫を持たないように、あなたの名、子種、あなたの息子たちと娘たちの子種がこの地からなくなるように」とある。

情報の伝達には、使者がメッセージを携えて目的地まで移動するか、リレー式にラバを乗り換えながら幾人もの使者が交代で手紙を運ぶ方法があった。一人の使者が目的地まで直接出向くほうが複雑な事態に対応できたが、すばやく通信するにはリレー方式の早飛脚(*kalliu*)が用いられた。宿駅に元気なラバを待たせておき、多数の使者が宿駅から宿駅にラバに乗って早駆けし、また次の使者が元気なラバに乗り換えてリレー式に道を急ぐのである。最もよくわかっている「王の道」で、現在の南東トルコのアダナ平原(当時のクエ)の西端から東のアッシリア中心部まで、直線距離で約七〇〇キロの道のりを、途中でユーフラテス川、ティグリス川を含むいくつかの川筋を革袋に乗って渡りながら五日間という驚くべき速さで移動できたことがわかっている。

図5-3　「王の印」印影

こうしたシステムを開発して広域支配に役立てたのはア

ッシリア帝国が初めてであり、この方法は、ヘロドトスの『歴史』の記述からよく知られているアケメネス朝ペルシアの駅伝制度などに引き継がれていった。

†バビロン文化への心酔

サルゴンの軍事遠征は、前七一六―七一一年の期間に、アッシリアの軍事進出の前線をさらに遠方に押し出していき、その矛先は北方でウラルトゥ、東方のメディア諸国、南西のシリア砂漠のアラブ諸部族に向けられた。こうした遠征により、アッシリアの固有領土の版図は各地で押し広げられ、獲得された領土は新しい行政州に再編された。

東のザグロス地域ケルマンシャー地方ではキシェシュとハルハルの二都市が征服されて、カール・ネルガル、カール・シャルキンとアッシリア風に改名されたうえで行政州都とされ、何十ものメディアの諸侯たちがアッシリアに貢納した。西方では、地中海岸のギリシア系の海賊集団を駆逐し、ペリシテ都市アシュドドの反乱を鎮圧してそれを行政州として併合、東地中海岸に影響圏を維持しつつ、エジプトと良好な関係を保った。また、アナトリアでは、ムシュキのミタ（ギリシア語文献のフリギアのミダス）と対峙して、その影響圏にあった国々をアッシリアの支配下に取り込み、中央アナトリアのタバルと南東アナトリアのマルカシ（グルグム）を併合し行政州とした。

その後、前七一〇年には、サルゴンは再度バビロニアに標的を定めた。カルデアの僭主《せんしゅ》マルドゥク・アプラ・イディナ（旧約聖書のメロダクバラダン）は一二年間バビロン王の地位にあったが、頼りにしてきたエラムとの同盟は揺らいでいた。サルゴンの攻勢を受けてマルドゥク・アプラ・イディナが逃亡すると、バビロンの市民はサルゴンを迎え入れた。サルゴンの軍勢は、マルドゥク・アプラ・イディナをその故地であるビート・ヤキン（「海の国」）の中心都市ドゥル・ヤキンまで追撃し、その町の城壁を破壊したが、マルドゥク・アプラ・イディナとその一族郎党は、エラムへと落ち延びた。こうしてバビロニアの大部分の支配を確立すると、サルゴンは、バビロニアに新たな行政秩序を構築し、北部のバビロンと南部のガンブルの二つの行政州に分けてアッシリアの行政官に支配させた（図4－2参照）。

前七一〇年から前七〇七年の期間、サルゴンは多くの時間をバビロンで過ごしている。彼は、バビロンで春の新年のアキトゥ祭に毎年参加し、ディルムン（バハレーン）やヤドナナ（キプロス）のようなペルシア湾や地中海の彼方からもたらされる貢物を受け取った。サルゴンは、バビロンの伝統文化に心酔したとみられる。サルゴンの治世末に書かれた王碑文の文面は、サルゴンがバビロニアに対して払った敬意を反映している。例えば、ドゥル・シャルキンの建築物の各所に多数埋設された樽形《たるがた》プリズム碑文は、次のような文面で

図5-4　サルゴン2世の樽形プリズム円筒碑文

始まる（図5-4）。

サルゴン、エンリル神が据えた者、ネシャック神官、アッシュル神が望む者、アヌ神とダガン神が目をかけた者、偉大なる王、強い王、世界の王、アッシリアの王、四方世界の王、偉大なる神々のお気に入り。正しい羊飼い、アッシュル神とマルドゥク神が並びなき治世を授け、その評判を高くする者。シッパル、ニップル、バビロンの免税特権を確立する者。それら（の都市）の弱き者どもの守護者。それらがこうむった被害を回復する者、中断していたバルティル（アッシュル）の特権を定め、デールの労苦を取り除く者……（RINAP 2, 43）

ここでは、アッシリアの主神アッシュルと並んでバビロンの主神マルドゥク神に同等の敬意が払われ、シッパル、ニップル、バビロンというバビロニアの主要都市の権利の保護者であることがアッシュルの特権の擁護に先駆けて強調されている。そして、この碑文は特にバビロニアの人々にアピールすべく作製されたものではなく、アッシリアの行政中心である新首都に建築記念碑として置かれたものなのである。アッシリアの王が、アッシュルと同等かそれ以上の敬意をバビロニアの神々に示すことはそれまでにはなかった。アッシュルとバビロンをどのようなバランスで統治するのかという新たな問題は、後にアッシリアの王宮にとって悩みの種となっていく。

3　新首都ドゥル・シャルキンとサルゴンの死

†遷都の理由

前七〇七年、サルゴンはバビロニアからアッシリアに戻った。翌年の前七〇六年の第二月には一二年間に及んだ新首都ドゥル・シャルキンの建設が終わり、サルゴンはドゥル・シャルキンの新王宮に入った。しかし、その翌年、サルゴンはアナトリアで戦死してしまう。後継者センナケリブは縁起の悪いドゥル・シャルキンを避けて、南方のニネヴェに都を移したため、完成した新首都は、長く王都として機能することはなかった。それにもかかわらず、それまで都市もなかった未開の地に、膨大な資材と労力を費やして、綿密な都市計画に基づいて一気に建設されたドゥル・シャルキンとはどのような都市であり、サルゴン二世のどのような意図がこの都市に込められていたのかを考えることは興味深い。そこには、サルゴンの帝国支配のイデオロギーが凝縮されて示されているからである。

ドゥル・シャルキン（*Dūr-Šarru-kīn*、「サルゴンの砦」の意）の建設が始まったのは、サルゴンの治世第五年（前七一七年）のことであり、サルゴンは即位すると間もなく、この新首都の建設を計画したと思われる。なぜサルゴンは一五〇年以上も首都として機能してきた大都市カルフから首都を移そうと考えたのだろうか。その理由は、おそらくサルゴンが即位した際の政治的環境にある。先述した通り、サルゴンは、王の系譜の傍流に属し、力によって前任者のシャルマネセル五世を退けて王位を簒奪したものと思われる。そのため、即位直後には、辺境で反乱が相次ぎ、国内の敵対者も少なくなかった。サルゴンは、そうした敵対的な勢力が、首都カルフになお残っていることを警戒したのであろう。

†ドゥル・シャルキン建設

サルゴンの多くの王碑文がドゥル・シャルキンの建設について記している。そのほとんどはドゥル・シャルキン（現在のコルサバード）で出土したものだが、ニネヴェや西方のトルコ南東部のアルスラン・テペ（マラティア）で発見された碑文にもドゥル・シャルキン建設を記録するものがある。そのうえ、カルフとニネヴェで発見された王と家臣の間で取り交わされた一〇〇〇点を超える手紙が残っており、その多くがドゥル・シャルキンの集中的建設事業に関連した労働力や建築資材の調達や割り振りをはじめとする種々の現実的問題に触れている。これらの史料は、サルゴン王が一二年間という驚くほど短い期間に完結する集中的工事の進行を常に見守り、しばしば直接指示を出していたことを示している。

ドゥル・シャルキン王宮のいくつものホールの内壁を飾る石製パネル上の碑文や、王宮やナブー神殿などシタデル（城塞）の各所から発見された樽形プリズム碑文をはじめとする文書には、ドゥル・シャルキンの建設事業が詳しく描かれている。

それによると、王はムツリ山のふもとのマガヌッバという村落を新首都建設の場所に定め、土地の所有者に銀、青銅、代替の土地を与えたという。王は、レンガを積んで基礎を作らせ、エア、シン、ニンガル、アダド、シャマシュ、ニヌルタの台座を据えた。そしてそれら神々の命に従い、象牙や黒檀《こくたん》、柏、ムスカンの木、杉、糸杉、ネズ、テレビンといった木材を用いて王宮を建て、シリア風のポルティコを王宮の門の前に設けた。そのうえで「真実と正義を守り、力なき者を導き、弱き者が傷つけられることがないようにと、神々が与えた自分の名前（シャル・キーン「王は真実である」＝サルゴン）に見合った」一万六二八〇キュビト（一キュビトは五〇—六〇センチ）の長さの市壁を築き、四つの方角を向いた市壁の一辺に二つずつ、計八つの城門を開けたという。

また、王宮をシュメル語で「並ぶものなき宮殿」を意味するエガル・ガバリ・ヌトゥクアと名付け、都市の周囲には、アマヌス山をまねた大庭園を造ったという記事も残っている。

†コルサバード発掘

カルフの北約四五キロ、ニネヴェの北東約一五キロに位置する現在のコルサバードにあるドゥル・シャルキンの遺構は、一八四三—四四年にフランスのＰ・Ｅ・ボッタが行った発掘によって、初めてその姿が明らかにされはじめた。西アジア全域を統治していたオスマン・トルコの国力が傾き始め、産業革命を果たして東方の植民地支配に乗り出していたイギリスやフランスの外交官や学者が、西アジア各地にも進出していた時代である。そうした知識人たちの中には、旧約聖書やヘロドトスの『歴史』に描かれた大国家アッシリアに関心を抱き、ニネヴェに代表されるその都市遺構を探し当てようと、大きな遺丘を次々と調査し始める者があった。

そうして、フランスとイギリスの発掘隊がイラク北部ティグリス川中流域でドゥル・シャルキン、カルフ、ニネヴェを次々に発掘し、古代アッシリアの都市遺構を突き止めた。そこで見つかった驚くべき姿の人面有翼のライオンや雄牛の彫像、戦闘・狩猟・儀礼などの場面を描いたレリーフ、碑文の彫られた石板はヨーロッパに持ち出され、パリのルーブル美術館やロンドンの大英博物館で公開されてセンセーションを巻き起こし、欧米各国によるさらなる発掘と古代文字の解読・研究がはじまった（図5-5）。

図5-5　コルサバード出土の有翼人面雄牛像（シカゴ大学古代文化研究所蔵）

こうしたメソポタミアの調査・研究の黎明期に発見された最初のアッシリアの都市遺構がドゥル・シャルキンだった。発掘を行ったボッタは当初ニネヴェを発見したと思っていたが、その後、イギリスのレヤードがカルフとニネヴェを発掘し、研究が進展するにつれて、遺跡はサルゴン二世が建てたドゥル・シャルキンであることが明らかになった。後のレヤードの叙述によれば、中世（一二―一三世紀）のアラブ人地理学者ヤクート・アル・ハマウィは、この場所がサラウーン、あるいはサラグーン（サルゴン）と呼ばれていたことを記録しており、ここがサルゴンの建てた都市であったことが当時ある程度記憶されていたことがうかがえる。

ドゥル・シャルキンは、その後一九二八―三五年にシカゴ大学東洋学研究所（現在は古代文化研究所）によって、一九五六年にはイラク考古局によって調査され、二〇一九年からはフランスとイラクの調査隊の調査が行われている。これまでの精緻な調査と研究によってドゥル・シャルキンの都市プランは相当程度明らかになっており、特に王宮と神殿が集中する城塞地区とその周辺では多くの建築遺構が確認されてきた。

それによると、市域は日干しレンガ製の厚い市壁によってほぼ正方形（正確には台形）に囲まれ、各辺はそれぞれ一七六〇メートル、一八三〇メートル、一六二〇メートル、一八五〇メートルの長さがあり、総面積は約二七五ヘクタールであった。カルフ同様に、市壁に沿って二つの小高い城塞地区が設けられ、約二〇ヘクタールの広さを持つ巨大な王宮がある主要城塞（シタデル）が市壁の北西辺に沿って築かれた。第二の城塞は、主要城塞から離れた市壁の南東辺に沿って築かれ、閲兵を行う宮殿（レヴュー・パレス）のある軍管区が設けられていた。どちらの城塞も市壁をまたぐように、その一部が市壁のラインから外にせり出した壁に囲まれたテラス上に作られ、「下の町」とははっきりと区切られていた（図5－6）。

†主要城塞の建築物

主要城塞には、王宮、諸神殿、王の兄弟で宰相を務め王に次ぐ地位にあったシン・アフ・ウツルの館を含むいくつかの公的建物が置かれていた。王宮は約二五〇メートル×一九〇メートルの大きさで城塞内で最大の壮麗な建物であり、巨大な彫像とレリーフ（浅浮彫）が施された石板で内壁が飾られた多数のホールからなっていた。王宮とそれに付属する神殿コンプレックスならびに隣接するナブー神殿は、城塞内の他の箇所よりもさらに一段高く作られたテラスの上に位置しており、王宮とともに、もっとも高いステイタスを視覚的に誇示していた。

壁に囲まれたこの城塞には、「下の町」からは二つの内門を通らなければ入ることができない仕組みで、王宮とそれに隣接する神殿コンプレックス、王の親族の宮殿は、「下の町」の居住者たちから隔離され、厳重に守られていた。この都市プランにおいて神殿の聖域は王の行政区から直接アクセスできるように配置され、王はよく防備された領域から出ることなく、祭司としての役割を果たすことができた。

サルゴンは、「軍の長」「主任献酌官」「宮内卿」「王宮報道官」といった代々続いていた

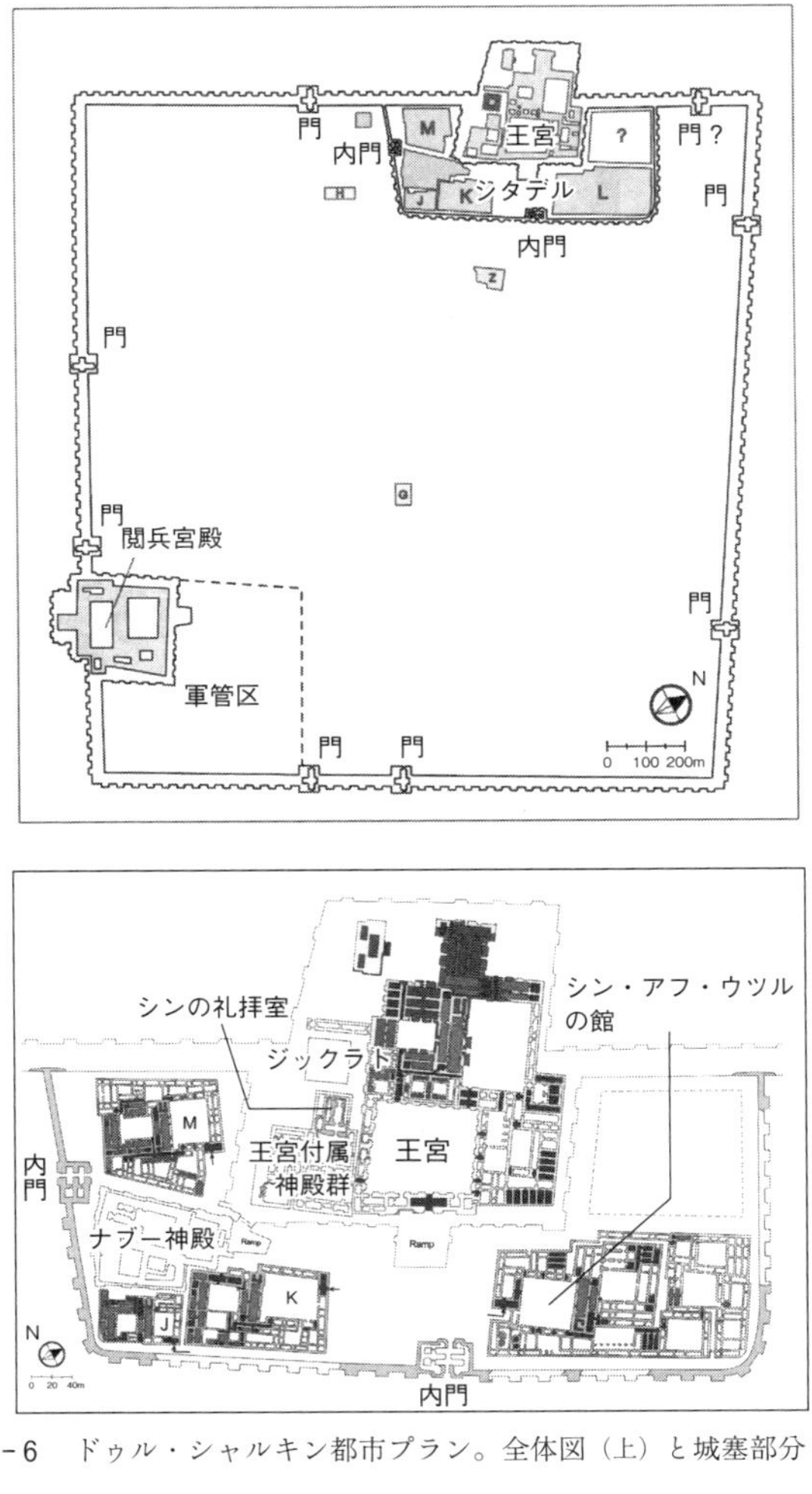

図5-6　ドゥル・シャルキン都市プラン。全体図（上）と城塞部分（下）

高級官僚職に加え、中アッシリア時代以降は長らく廃止されていた「大宰相」の職を復活させると、兄弟であるシン・アフ・ウツルをこの職に任命し、城塞内に彼の宮殿を設けて身近に置いた。さらに、皇太子のセンナケリブも行政に重用するなど、権力の中枢を親族で固めた。簒奪者として力で王位を掌握した王の権力を維持するためのこうした政策が、ドゥル・シャルキンの都市プランにも反映されている。

通常、メソポタミアの伝統都市には、その都市で古来信仰されてきた都市の守護神の大きな神殿があったが、未開の地に築かれたドゥル・シャルキンには、そうした祭儀伝統は存在しなかった。サルゴンの碑文も都市の守護神がどの神であったのかについてはほとんど何も語らない。しかし、王宮に付属する神殿コンプレックスに礼拝室をもつ神々のうち、月神シン、その夫人のニンガルと息子の太陽神シャマシュの礼拝室は特に大きくその重要性が見て取れ、シン神の礼拝室に隣接するジックラトもシンに対して作られたものと考えられる。さらに不動産売買契約文書の中には、契約締結後に異議を唱える者に対する罰則として「一〇ミナの精錬された銀と一ミナの純銀をドゥル・シャルキンに住むシン神の足元に置くように」と記されているものがあり（SAA 14, 220）、シン神がドゥル・シャルキンにおいて主神であったことを示唆している。

†城門と城壁の名前

サルゴンの複数の碑文が、ほぼ正方形の市壁の四辺に二つずつ設けられた計八つの城門と市壁の二重の壁の名前を記しており、これらの名称は、サルゴンがドゥル・シャルキンをどのような都市として構想したのかを示している。城門の名前と市壁の名前は、以下の通りである。

「山の風」の方向を向いたシャマシュ門とアダド門の名は「シャマシュ神――私の目的を達成させる者」「アダド神――その（都市の）豊かさをもたらす者」。

「真っ直ぐの風」の方向を向いたエンリル門とムッリッス門の名は「エンリル神――わが都市の礎を確立する者」「ムッリッス女神――豊かさを生み出す者」。

「アムルの風」の方向を向いたアヌ門とイシュタル門の名は「アヌ神――わが手の仕事を成功に導く者」「イシュタル女神――その（都市の）住民を繁栄させる者」。

「ストゥの風」の方向を向いたエアの門とベーレト・イリの門の名は「エア神――その深淵の泉を豊かに流れさせる者」「ベーレト・イリ女神――その（都市の）生まれる者を夥《おびただ》しくする者」。

内壁の名は「アッシュル神――その建設者たる王の治世を長くし、その軍を守る者」。
外壁の名は「ニヌルタ神――その都市の基礎を将来にわたり堅固にする者」。

それぞれの門は、「シャマシュ門」「アダド門」といった神々の名を付けられたシンプルな実名と、祭礼のときなどに使われ神の名を説明するメッセージ性の高い祭儀名で呼ばれており、二重の市壁にも祭儀名があてがわれている。ドゥル・シャルキン発掘によって市壁上に城門の跡が確認されたが、文書に言及された八つの門が、考古学的に確認された門のどれにあたるのかについての議論はまだ続いている。

ドゥル・シャルキンの市壁の四辺は、それぞれアッカド語で「山の風」「真っ直ぐの風」「アムルの風」「スートゥの風」の方向を向いていたと書かれている。気象学者J・ノイマンによれば、メソポタミアで方角を表す四つの風は、ティグリス川とユーフラテス川の川筋に沿って北西から南東に最も頻繁に吹く「真っ直ぐの風」の向きを基準に、「山の風」は北東、「真っ直ぐの風」は北西、「アムルの風」は南西、「スートゥの風」は南東を表していると考えられる。

城門と市壁の名前に注目すると、そのすべてに神々の名前が付けられていることに気づく。城門に神々の名を付けるのはメソポタミアでよくあることだが、大都市の市壁の城門の名前は、必ずしも神々の名前で統一されているわけではない。たとえば、古都アッシュルの城門には、アッシュル門、シャマシュ門、シェルア門といった神々の名前が付けられたものもあるが、鍛冶屋門、王の入場門、ジックラト門、立像の門、川の平安の門、不服従タブーの門、山の門、羊の門、人民の門など様々な名前がみられる。歴史ある都市では、都市の発展とともに市壁が作り直され、城門も長い年月の間に付け加えられたり改名されたりすることを考えれば、ある程度、不揃いなのは理解できる。それに対して、未開地に一気に作られたドゥル・シャルキンの門と市壁の名前は、見事に統一され、全体として王のイデオロギーを表現している。

四対の神々のうち、シャマシュとアダドは、卜占をつかさどる裁きを行う神と内臓占い（後述）の神々であり、その他の三対は、天空、地上界、地下の宇宙の三部分をそれぞれの領域とする男神アヌ、エンリル、エアとその対となる女神たちである。これらの神々とともに市壁の名前として名の挙がるアッシュルとニヌルタは、アッシリアの国家神とその息子の戦神である（第3章参照）。したがって、城門と市壁からなる都市の防御システムは、地上の秩序と命運をつかさどる神々による完璧な防備を象徴している。

ここで注目したいのは、アッシリアの長年のライバルでありサルゴンがその文化的伝統に傾倒したバビロニアの首都バビロンの市壁の八つの城門の名前との類似性である。バビロンの建築物の名前を網羅的に挙げて祭礼都市バビロンを賛美する文書『ティンティル＝バビロン』によると、バビロンの市壁にも八つの門があり、それは、ウラシュ門、ザババ門、マルドゥク門、イシュタル門、エンリル門、王の門、アダド門、シャマシュ門で、「王の門」を除くとすべてに神々の名が付けられていた。これらの名前は、バビロンが前二千年紀前半に南メソポタミアの中心都市になり、その主神マルドゥクがメソポタミアの神々の王として認められ天地を創造したという神話『エヌマ・エリシュ』が成立・流布した後に、バビロンの市壁の門に統一的に付けられたものであろう。

ドゥル・シャルキンの王宮に入る前、しばらくバビロンに滞在していたサルゴンは、バビロンの二重の市壁イムグル・エンリル（「エンリル神は気に入られた」）とネーメド・エンリル（「エンリル神の支え」）を再建している。サルゴンはバビロンに対して敬意を払いつつ、それを模倣し、城壁と城門に統一的に神々の名を付けて、世界の中心としてのドゥル・シャルキンを演出したのかもしれない。

†ドゥル・シャルキンにおける市民教育

サルゴンは征服した各地から連れてきた人々をドゥル・シャルキンに住民として住まわせ、それらの人々にアッシリアの臣民としての振る舞いを教えた。このことは複数の王碑文に以下のような共通の文面で記されている。

様々な外国語を話す四方世界の臣民たち、すべての主である「神々の太陽」（シャマシュ神）が司る山々や平原の住民たち、私がアッシュル神の命に従い私の王杓の力により捕囚民として連行した者ども。彼らを、私はひとまとめに統治し、そこ（ドゥル・シャルキン）に住まわせた。私は、あらゆる技に精通したアッシリアの人民を彼らの監督者、指導者として任命し、彼ら（捕囚民たち）に正しい行いを理解し、神と王を畏怖することを教えさせた。（RINAP 2, 43 ほか）

イタリアの歴史家M・リヴェラーニは、この一節を「アッシリア帝国主義のマニフェスト」と呼び、被征服民をアッシリア市民として教育することにより共通のアッシリア人としてのアイデンティティ形成がはかられたことを強調する。こうした試みは、アッシリアにおいて中心部はもちろん、あちこちの行政州で実践されたものと思われる。特に早くからアッシリアの固有領土となり、捕囚民が移住させられて数世代を経た北メソポタミアの主要都市ではこうしたアッシリア人としてのアイデンティティ形成が進行した。

多種多様な民族・言語グループを人口に取り込んだことで、アッシリアの軍隊も行政も多民族からなる優れた職業集団の能力と活力によって強化された。

一方、アッシリアは、地方の宗教的・文化的伝統も許容しており、捕囚民の本来の文化的アイデンティティを政策的に完全に消滅させようとしていたわけではなかった。アッシリア中心部から遠く離れ、併合後間もないような土地では、人民がアッシリアの政治的支配に服しながらコミュニティの伝統を維持した場合も少なくなかっただろう。

†サルゴン戦死

サルゴンは、西方では跋扈《ばっこ》するギリシア系の海賊を掃討して東地中海地域の治安を改善し、ヤドナナ（キプロス島）を影響下に置いた。また、北方ではウラルトゥ王国を封じ込め、全メソポタミアも手中に収めた。そして新首都ドゥル・シャルキンを完成させて、サルゴンの治世はその頂点に達したかに思われた。

しかし、サルゴンがドゥル・シャルキンに込めた長い太平への期待は、すぐに裏切られることになった。ドゥル・シャルキンが完成した翌年、サルゴンがアナトリアで戦死したのである。この不名誉な事件を王碑文などが記すはずもなく、この事件についてはほとんど情報がない。アッシリアの「リンム年代誌」とバビロニアに由来する『バビロニア年代誌』に残る短い断片的な記事が、この事件についてわずかな情報を提供する。

『バビロニア年代誌』は、サルゴンの治世第一七年（前七〇五年）の記事として、サルゴンが、「タバルへ［遠征した］」ことを記すが、残念ながら年代誌の粘土板は破損していて記事の続きを知ることはできない。一方「リンム年代誌」は、「アメディの行政州総督ナスフル・ベールがリンムの年（前七〇五年）、王は［タバルに…］クルンマのグルディに対して［戦い、…］王は殺され、アッシリア王の陣地は陥れ［られた…］」。アブ月一二日にセンナケリブが［アッシリアとバビロニアの王として即位した］」と記す。これらの断片的な情報から、サルゴンは中央アナトリアのタバルに自ら軍を率いて遠征し、クルンマのグルディなる人物の軍勢との闘いの中、戦死し、王の陣地は敵に攻略されたことがうかがえる。

†タバルの地とグルディ

今日のトルコ、カイセリ地方を指す中央アナトリアのタバルは山岳地域の盆地に点在する複数の新ヒッタイト系都市王権の領域からなり、それらの都市王権によってルヴィ語象形文字で書かれた石碑が各地で発見されている（図5-7）。

アッシリアは、タバルとその南のクエ（アダナ平野、西洋古典のキリキア）を挟んで、西方のムシュキのミタ（フリギアのミダス）と緊張関係にあった。クエはすでにアッシリアの行政州として併合され、タバルの都市領主たちはティグラト・ピレセル三世の治世にアッシリアの宗主権を受け入れて朝貢していたが、ムシュキはこれらの地域に影響力を行使すべくしばしば軍事進出し、アッシリアに対する反乱を教唆したため、これらの地域でのアッシリア支配は安定しなかった。

サルゴンは、タバルの領主の一人ビート・プルタシュのアンバリスを支援し、自らの娘を妻として与え、持参金代わりにその領土を大きくしてアッシリアの影響下に置こうとした。しかし、アンバリスはムシュキとウラルトゥと結んで反乱を起こし、アッシリアの領土であるクエに進攻しようとした。サルゴンは軍隊を送ってアンバリスの反乱を鎮圧し、タバルの地を行政州に再編してアッシリアに併合した。ムシュキのミタはアッシリアと和平協定を結んだものの、その後もタバルの諸侯の反乱は収まらなかった。そうした中、前七〇五年、サルゴンは自ら軍を率いてタバルでの反乱の鎮圧に乗り出し、予期せぬ戦死を遂げたのである。

図5-7　タバル地域で発見されたルヴィ語象形文字碑文（クルティスに言及するが文脈不明瞭）

サルゴンに死をもたらした敵将グルディ（Gurdi）の名は、タバル地域のルヴィ語象形文字文書から知られているクルティス（Kurtis）

にあたると考えられる。サルゴン治世下の書簡の一つ（SAA 1. 76）に王とグルディと呼ばれる人物の間で結ばれた宗主・属王条約が言及されている。また、サルゴンの後継者であるセンナケリブ治世下の前六九五年に、「タバルの国境にある都市」ティル・ガリンムでアッシリアに対して蜂起したグルディという領主がセンナケリブの王碑文（RINAP 3/1. 17）に言及されている。これらの人物の何人かあるいはすべてが同一人物である可能性がある。もしそうであるなら、サルゴンに死をもたらした「クルンマのグルディ」は、ティル・ガリンムの僭主であったかもしれない。ティル・ガリンムは、古アッシリア史料やヒッタイト史料のテガラマ、旧約聖書のトガルマと同一の場所であり、今日のエルビスタンと同定される。

†凶兆

王が死ねば即位の儀式の場でもあった古都アッシュルに葬られるのが慣習だったが、サルゴンの遺体は国に戻らなかった。このことは、上述の二つの年代誌にこそ書かれていないが、後代に書かれた教訓文学文書『サルゴンの罪』（後述）は、王が戦死してその家に戻ることがなかったと記している。この事態は、きわめて不吉なこととして、大きな衝撃をアッシリアの人々に与えたに違いない。当時の人々の理解では、不慮の死を遂げて墓に葬られない死者の霊は、地下の冥界から悪霊として地上に現れて、人々に取り憑き危害を加えるものと信じられていたからである。

当時、おそらくサルゴンの死の直後、アッシリア王室に出入りしていた最も重要な知識人でサルゴンの王碑文の編者でもあったと考えられるナブー・ズクプ・ケーヌが書写した『ギルガメシュ叙事詩』の最終書板（第一二書板）には、盟友エンキドゥがギルガメシュに冥界の様子を語るシーンが描かれている。そこでは、死者たちが冥界でどのように過ごしているか、様々な例がエンキドゥの口から語られる。その最後の例が戦場で殺され死体が荒野に置き去りにされた者であり、その霊は子孫に弔いの食べものを供えてもらえないため、通りで捨てられたパン屑《くず》をあさっていると記されている。E・フラムは、サルゴンを身近に知っていたナブー・ズプク・ケーヌは、サルゴンを思い浮かべて、この文書の写本を写し、悲嘆に暮れたに違いないと推測している。

サルゴンの死は帝国アッシリアにとっての凶兆とみられ、周囲の国々の反乱を誘発しただけでなく、後の王たちの時代になっても恐れられ、サルゴンの行いのどこが誤っていたためにそのような不遇な死に方をしたのかが真剣に問われた。この点については、後の章で触れることにしよう。

第6章 センナケリブの治世と帝都ニネヴェ

1 サルゴン戦死の反響

†センナケリブ即位

アッシリアの遠征は通常、春から初夏にかけて開始された。このことを考慮すると「リンム年代誌」に前七〇五年のアブ月一二日と記録されたセンナケリブの即位は、父王サルゴンの衝撃的な死の後まもなくであったことがわかる。センナケリブは旧約聖書のヘブライ語テクストに現れる名前であり、原語のアッカド語はシン・アッヘ・エリバ(*Sîn-aḫḫē-erība*)である。この名は「月神シンは(亡くなった)兄弟たちを償ってくれた」を意味しており、センナケリブには複数の兄がいたが彼らは幼くして亡くなり、その後に生まれた待望の男子であったことを示している。

　センナケリブはすでにサルゴンの治世中から、王をサポートして国家行政の中枢にあったことがセンナケリブからサルゴンに送られた複数の書簡から知られており、センナケリブは父の王位を継ぐ皇太子として国のエリート層に認知されていた。このため、王位継承は問題なく行われた。

　父サルゴンと密接にして円満な関係にあったにもかかわらず、センナケリブは、不吉なサルゴンの記憶から極力距離をおいた。センナケリブの数多くの王碑文は、一つとして自分がサルゴンの子であることを記さない。センナケリブが即位後に最初に行った建築事業の一つは、ニネヴェの北西にあったタルビツ（現シェリフ・カーン）にあるネルガル神殿エガル・ランメスの修復である。この建設事業は、センナケリブの即位の翌年、前七〇四年末に行われたバビロニア遠征を記録する碑文の末尾に言及されている。E・フラムが指摘するように、この建設事業が急がれたのは、サルゴンの戦死にかんがみて、冥界の主にして戦神であるネルガル神の怒りを鎮めることで厄を払おうとしたためだったと思われる。

†相次ぐ反乱とバビロニア遠征

　サルゴン戦死というアッシリアにとってこれ以上ない凶兆は、帝国の辺境各地でアッシリアに対する反乱を誘発した。センナケリブはバビロン王の地位をサルゴンから無事に継承したものの、情勢はすぐに損なわれた。治世第一年（前七〇四年）、南方のバビロニアでは、マルドゥク・ザキル・シュミ（二世）がバビロンで王位を簒奪したが、そのわずか一か月後には、往年の宿敵であるマルドゥク・アプラ・イディナが、東方の大国エラム王国を同盟者に得てバビロンの王権を奪った。そして、西方では、いくつものアッシリアの行政州と朝貢国が、税と貢物の支払いを拒否して反旗を翻した。こうした各地の反乱をひと通り鎮圧するために、センナケリブは治世の初め四年に及ぶ歳月を費やした。

治世第一年を扱う「リンム年代誌」のテクストは激しく破損しているが、わずかに残る文字列は、センナケリブが戦死した父サルゴンの仇を討つべく、臣下の将軍をサルゴンが戦死したクルンマに送ったことを記しているように見える。しかし、この戦争はセンナケリブの王碑文には記されていないため、大きな成功を収めることはできなかったのだろう。

同じ年の後半からバビロニアに対して向けられた軍事行動は二年間ほど続き、この間に、アッシリア軍は、激しく抵抗するバビロニア諸都市、エラム、アラム諸部族、カルデア諸部族、アラブ諸部族の同盟軍を苦心のうえ退けて、バビロニア支配を回復することに成功した。マルドゥク・アプラ・イディナは再び逃亡し、センナケリブは、バビロンの有力者の血を引きアッシリアの宮廷で育てられたベール・イブニをアッシリアの傀儡の王としてバビロンの王位に擁立した。

2　ユダ遠征とエルサレム包囲

†西方遠征

バビロニアの混乱を鎮めることに成功した後、前七〇二年に、東方のザグロス山地の集落を広範囲にめぐり、反アッシリア的な地方領主を屈服させて覇権を強化すると、センナケリブはその翌年（前七〇一年）には、西方諸国の反乱に対処すべく出征した。この西方遠征はセンナケリブの多くの王碑文で詳しく報告されているばかりではなく、旧約聖書にも詳細に記されており、多くの研究者の注目を集めてきた。

センナケリブの碑文は以下のような顚末を語る。アッシリア軍が地中海岸に迫ると、フェニキア海岸の有力都市シドンの王ルリは、アッシリア軍を恐れて地中海に逃れた。おそらくはキプロスに避難したものと思われる。センナケリブは、トゥバル（エトバアル）を代わりのシドン王として立て、シドンに改めて属国の義務を課した。その他のフェニキア都市アルワドとビブロス、ペリシテのアシュドド、ヨルダン川東岸のモアブ、エドムを含む多くの地中海岸の国々の王たちは、四年もの間滞納していた多くの貢物を運んでアッシリア王に平伏した。

しかし、ペリシテ都市エクロンでは、反アッシリア勢力がアッシリアに忠実な王パディーを廃位させて囚人としてユダ王国の王ヒゼキヤに引き渡し、ユダとエクロンはアッシリア軍に対抗すべく南の大国エジプトに援軍を頼んだ。この要請に応えエジプトは軍をペリシテ海岸に派遣したが、アッシリア軍はエルテケの平原でエジプトとヌビアの軍勢と会戦し、これを打ち破った。アッシリア軍は反乱したエクロンの指導者たちを捕らえ、パディーをユダ王国の首都エルサレムから解放したという。

†エルサレム包囲

ユダ王国のヒゼキヤに対しては、アッシリア軍はユダの四六の町々を攻略し、二〇万一五〇人の人々と数限りない家畜を戦利品として奪ったうえ、首都エルサレムを包囲して、ヒゼキヤを「籠の鳥のように閉じ込めた」という。エルサレムを包囲されたヒゼキヤは、首都ニネヴェに戻ったセンナケリブに、エルサレムの防備を担っていた精鋭部隊、三〇タレントの金、八〇〇タレントの銀、象牙や木製の家具、色とりどりの衣服、青銅・鉄・銅製の道具類、戦車（チャリオット）、盾、槍、剣、弓矢といった武器など大量の物品に加え、ヒゼキヤ自身の娘たち、宮廷の女たち、男女の歌手たちを使者とともに送って、服従の意を示したと記されている。

また、センナケリブは、この遠征の結果ユダを含む西方諸国から連れてきた一万人の射手と一万人の盾持ちを自らの軍隊に加え、戦利品をアッシリアの行政官や主要都市の住民に配ったとされている。

✝聖都エルサレム不滅神話

このようにセンナケリブの王碑文は、西方におけるアッシリアの軍事作戦の成功を主張しているのに対して、旧約聖書の「列王記」と「イザヤ書」は、同一の事件を異なる視点から描いている。

旧約聖書の記事（「列王記 下」一八章一三節―一九章三六節、「イザヤ書」三六章一―三七章三八節、「歴代誌 下」三二章一―二三節）は、ヒゼキヤ王がユダ王国南部の拠点ラキシュに陣取るアッシリア王に使者を送って降伏する意思を告げ、大量の金銀を貢物として差し出したと語る。それに続けて、センナケリブの王碑文にはない詳細に触れ、「アッシリア王」は、「軍の長」（タルタン）、「宦官長」（ラブ・サリス）、「主任献酌官」（ラブ・シャケ）が率いる大軍をラキシュからユダ王国の首都エルサレムに送りこれを包囲させたとして、その後のエルサレム包囲を描写する。そこでアッシリア軍を率いるラブ・シャケが、包囲されたエルサレムの城外からセンナケリブのメッセージを伝え、エジプトは「折れた葦」であり頼っても無益であること、アッシリア軍はイスラエルの神（ヤハウェ）の命によって軍事作戦を行っていること、反アッシリア主義者であるユダ王ヒゼキヤに従うことなく降伏すれば、ユダの人民は他の地域に連れてはいかれるが死ぬことはないことを、「ユダの言葉」（ヘブライ語）で語りかけて説得したという。

それに対しヒゼキヤ王は、この窮地を預言者イザヤに告げ、預言者は、神ヤハウェはエルサレムを守り、アッシリア軍はエルサレムを攻略することはないという神のお告げをヒゼキヤ王に語って聞かせた。そして、その夜、「主」（神ヤハウェ）の使いが現れて、アッシリアの陣営で一八万五〇〇〇人を殺し、センナケリブはニネヴェに帰国して礼拝中に自らの息子アドラメレクらによって殺されたという。

この聖都エルサレム不滅を主張する旧約聖書のストーリーは、センナケリブの王碑文と突き合わされて様々に議論された。現状で研究者がおおむね同意しているのは、両者は明らかに一つの事件を扱っていること、また、旧約聖書の編者たちは、ヤハウェ一神教とエルサレムの神聖性を強調するユダ王国の神学的関心に動機づけられており、多くの部分で正確に事件を描きながらも、この遠征の結果をかなり脚色して語っているということである。

一方で、旧約聖書が記す事柄には、エルサレム包囲の際のラブ・シャケのスピーチやセンナケリブのラキシュ布陣など、センナケリブの王碑文には描かれないが、その信憑性を評価すべきとされてきた部分もある。センナケリブの主要な王碑文は、アッシリア軍が攻略したユダの「四六の要塞都市」の名前を記していないが、ニネヴェのセンナケリブの王宮（南西宮）のレリーフの一つは、説明の銘文つきでラキシュの包囲と征服の様子を描いており、実際にラキシュの遺跡の発掘によって、アッシリア軍の攻撃を受けた痕跡が確認されている（図6－1、6－2）。

3　ニネヴェ再建

†つかの間の平和

センナケリブが西方の反乱を鎮圧する間に、バビロニアでは再びアッシリアに対抗する動きが出現した。アッシリア軍によってバビロニアから追われていたカルデアのビート・ヤキン族の指導者マルドゥク・アプラ・イディナが、同じくカルデア系のビート・ダック

図6－1　ラキシュ攻城図（ニネヴェ南西宮殿のレリーフ）

図6－2　ラキシュ遺跡（イスラエル南部）。主城門をのぞむ

リ族のムシェズィブ・マルドゥクと結んで、センナケリブが即位させたアッシリアの傀儡王ベール・イブニに対して反乱を起こし、王位簒奪を試みたのである。前七〇〇年、センナケリブはバビロニアに出征し、二人のカルデア系リーダーを東方のエラムへと追いやることに成功した。そして、今度は自らの長子アッシュル・ナディン・シュミをバビロニア統治の切り札としてバビロン王位につけた。アッシュル・ナディン・シュミが即位してから六年ほどの間、バビロニアの情勢はしばらく安定していた。

この比較的平穏な期間、アッシリア軍はクエ（キリキア）など南東アナトリアの国境地域でいくつかの軍事作戦を行ったが、センナケリブ自身が軍事遠征を率いることはほとんどなく、本国にとどまり、治世初期に開始した首都ニネヴェの建設事業に専心した。

†古都ニネヴェ

ニネヴェは、今日のイラク北部の主要都市モスルの中心地からみてティグリス川の対岸（東岸）に位置する。一九三〇年代に行われたイギリス隊の調査によると、メソポタミア南部で前四千年紀の後半に始まった都市化の波をうけて、ニネヴェは前四千年紀末にはすでに重要な都市になっていたとみられる。その後もニネヴェは、前二三世紀のアッカド王朝時代を皮切りに、ウル第三王朝（前二一世紀）、アムル人の王サムスィ・アッドゥ（シャムシ・アダド一世）、バビロン第一王朝のハンムラピ（前一八世紀）、ミッタニ王国などの影響下にあって、主要都市として文書史料に言及されている。

前二千年紀の半ば以降ニネヴェはアッシリアの領土に含まれ、アッシリア王たちはニネヴェのイシュタル女神に特別な敬意を払いながら、王宮を建てるなどニネヴェで盛んに建設事業を行った。そのためニネヴェのアッシリアにおける主要都市としての地位はすでに揺るぎないものとなっていた。ドゥル・シャルキンを新首都として建設したサルゴンも、ドゥル・シャルキンの王宮に入る前年にはニネヴェに居住している。

こうした歴史的背景に加え、ニネヴェはティグリス川を船で航行できる北限にあたり、アッシリアが西方に遠征する際の出発点に位置するという戦略的利点を考えると、縁起の悪いドゥル・シャルキンを敬遠したセンナケリブがニネヴェを首都に選んだことは大いに合点がいく。

未開地を選んで、まったく自由な都市プランによって建てられたドゥル・シャルキンの場合とは異なり、すでに有力都市だったニネヴェには多くの建築物があった。センナケリブは、これらの多くを大胆に改築し、市域を大きく広げて、まったく新しい帝国首都の建設を試みた（図6－3）。

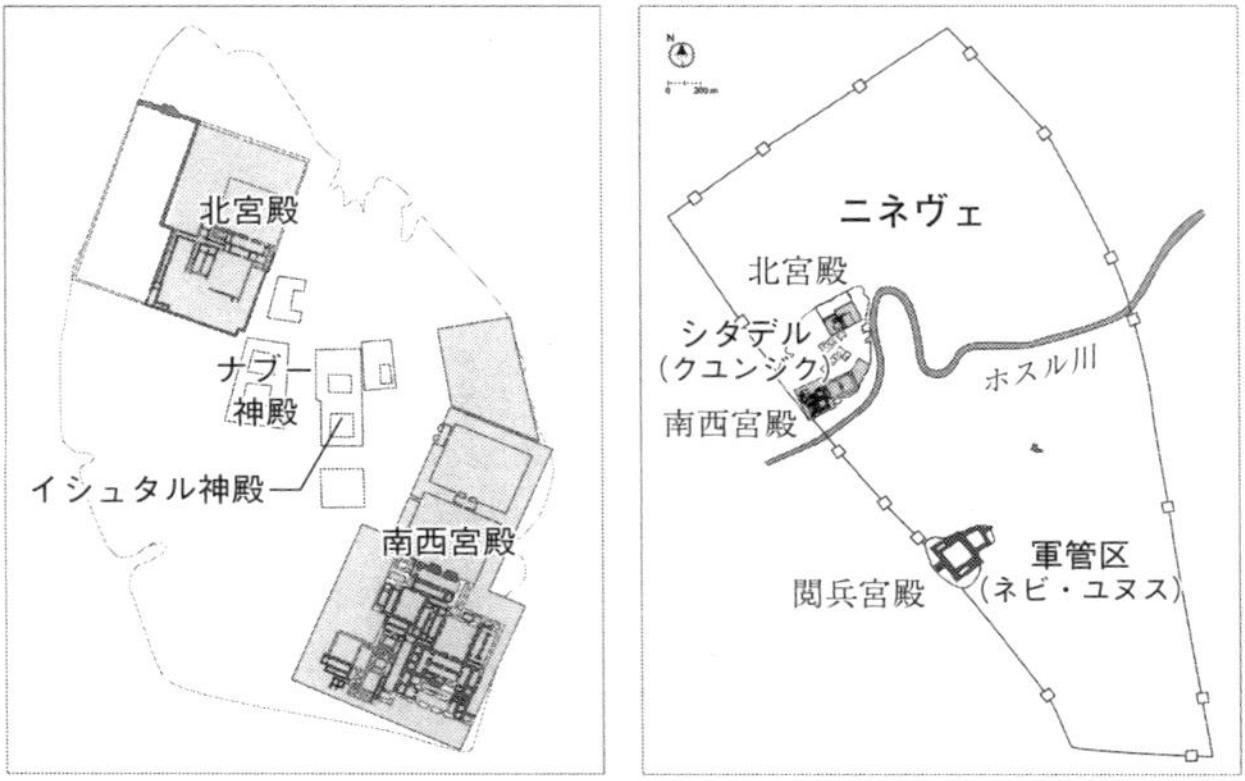

図6－3　ニネヴェ都市プラン。全体図（右）とクユンジクの城塞（シタデル）部分（左）

†建設事業に関するデータ

センナケリブが建設したニネヴェの姿は種々の異なるデータから分析されてきた。まず、センナケリブが建てた王宮や市壁など各種の建築物は、一九世紀半ばにイギリスのA・H・レヤードにより行われた「宝探し的な」発掘を嚆矢とする調査によって連綿と掘り出され、詳細が研究されてきた。また、発見されたセンナケリブの王宮のレリーフ（浅浮彫）は当時の建設過程を描いており、センナケリブの孫であるアッシュルバニパル王がセンナケリブの王宮の北に建てた王宮（北宮殿）からも、完成したニネヴェの姿を伝えるレリーフが見つかっている。

そしてニネヴェとアッシュルから大量に発

見されたセンナケリブの記念碑文は、ニネヴェの建設事業を際立って詳細に描いており、その建設の過程についても多数の建築物についても、多くの情報を提供する。なお完結していない建設事業についてすでに完成したかのように報告することもあり注意を要するとはいえ、異なる年に書かれたこれらの碑文の内容を照らし合わせれば、建設の進行過程をある程度たどることさえ可能である。

ニネヴェの市壁の中から発見された前六九四年編集の複数のセンナケリブの角柱碑文は、治世初期に始まった工事が一〇年あまりの年月を経て最終的に完結したときの様子を描いており、この文書の証言は再建後のニネヴェの姿をかなり正確に描いていると考えられる（図6－4）。

図6－4　センナケリブの角柱碑文（ニネヴェ出土）

†主要城塞、王宮、神殿

センナケリブは、旧来の市域を大きく拡張し七五〇ヘクタールの土地を囲む周囲一二キロもの長さをもつ市壁と、そこに設けられた一八の城門を建設した。この市域の面積は、カルフのほぼ二倍、ドゥル・シャルキンのほぼ三倍に及ぶ。市壁の南西側のラインに沿って、小高く盛り上がった大小の城塞地区（シタデル）があり、北の大きいほうの城塞（クユンジク）には大王宮が築かれ、南の小さいほうの城塞（ネビ・ユヌス）には軍管区が築かれた。これらの城塞はそれぞれ城壁に囲まれ、ドゥル・シャルキンの場合と同様に、城塞外の「下の町」とは分け隔てられ、許可なく部外者が出入りすることを許さなかった。

クユンジクの城塞地区で最大の建物である王宮は、西方にティグリス川とホスル川の合流地点が眺められる城塞地区の南西端にあり、発掘者によって「南西宮殿」と名付けられた。王碑文によると、センナケリブは古くからあった王宮の建物を取り壊して、近くを流れるテビィルティ川の流れを東に移動させて広い建設用地を確保すると、そこに日干しレンガと石を積んで巨大な基礎を築いてレンガ一九〇層分の高さのテラスを作り、その上に王宮を建設した。王宮の入り口に立てられた有翼雄牛像の碑文によると、王宮は約四五〇メートル×二〇〇メートルの大きさがあった。これはドゥル・シャルキンにサルゴンが建てた王宮の二倍以上のサイズである。発掘によって出土しているのは王宮の南側の半分ほどであり、そこからは王の玉座の間、二つの巨大な内庭、行政執務室だったであろうホール、王妃タシュメトゥ・シャッラトの部屋を含む居住区などが発見された。

センナケリブの碑文によると、王宮は様々な木材、石材、金属を用いて装飾され、ホールの内壁にはレバノン山とシララ山から運ばれた杉や糸杉が張られ、ホールの出入り口には、金属製の帯のついたドアが取り付けられた。いくつかのホールは釉薬《ゆうやく》をかけたレンガによって装飾も施された。センナケリブは、主要なホールの出入り口に多数の魔除けのための彫像を取り付け、内壁に戦争、建設事業、儀礼など様々な場面をレリーフで描いた石板を張り巡らした。これらの彫像や石板レリーフは一九世紀半ばからの発掘によって発見され、その多くは大英博物館に運び込まれた。

王碑文は、革新的技術を用いて青銅や銅を鋳型に流して巨大な像や門の扉を鋳造したことも記している。この豪奢な大宮殿をセンナケリブは、サルゴンの宮殿エガル・ガバリ・ヌトゥクアと同様「並ぶもののなき宮殿」を意味するエガル・ザグディ・ヌトゥクアというシュメル語名で呼んだ。

センナケリブは、他のアッシリアの王たちに比べて神々への信仰心に薄い人物と評価されることもあるが、城塞（シタデル）内で、月神シンとその配偶女神ニンガル、太陽神シャマシュとその配偶女神アヤ、そして「ニネヴェの貴婦人」と呼ばれるニネヴェのイシュタル女神などの神殿を建設あるいは再建している。ニネヴェの伝統的守護神であるニネヴェのイシュタル女神以外の神々が、月神シンとその子である太陽神シャマシュを中心とする天空神およびその配偶神である点は、ドゥル・シャルキンのシタデルにおいてサルゴン

図6－5　ニネヴェの市壁を描いた王宮のレリーフ

の王宮に付属する神殿コンプレックスに礼拝室を持つ神々がシンやシャマシュとその妃神であったことと共通しており、ここでも「サルゴン朝」の家族神ともいうべき月神シンの重要性が確認できる。

†市壁と城門

センナケリブの碑文によれば、ニネヴェの旧来の周囲は九三〇〇キュビト（約五キロ）で二重の城壁は存在しなかったという。センナケリブは市域を拡大し、市壁の周囲を総計二万一八一五キュビト（約一二キロ）にし、それを二重の城壁で囲んだ。石灰岩の基礎の上に高さレンガ一八〇層分、幅レンガ四〇個分の内壁を作り、その内壁をシュメル語でバド・ニガルビ・ルクラ・シュシュ（「その輝きが敵を圧倒する壁」）、石造りの外壁をバド・ニグエリム・フルハ（「邪悪なものを畏怖させる壁」）と名付けたのである。

この二重城壁の姿は王宮のレリーフにも描かれており、現在もその痕跡が盛り上がって見えている。その一部はイラク考古局により調査、復元され、市壁の二つの門の近辺で行われた発掘によると、内壁の幅は約一五―一六メートルあった。これに基づいて計算すると内壁の高さは約二五メートルだったことになる。石づくりの外壁も幅が約一一メートル、高さは約四・五メートルであったことがわかっている（図6－5、6－6）。

図6－6　復元されたニネヴェの市壁（外壁）と城門（マシュキ門）

センナケリブの治世初期の碑文は市壁の一四の門の名を列挙するが、門の数は、建設の進行過程を反映して、碑文が新しくなるほど増え、最終的には一八になっている。すべての城門には、ドゥル・シャルキン同様、実名と祭儀名が示されている。門の名前は神名にちなむものが多いが、ドゥル・シャルキンとは異なり、一つのパターンで統一されてはおらず、様々な名称が入り乱れている。これは、ニネヴェが前三千年紀から長い時間をかけて再建を重ねてきた伝統都市であり、おそらく古くからあった門の名前も一部の門の名称に反映されたからであろう。

†庭園と水利事業

センナケリブは王宮の近くに「アマヌス山のレプリカ」であるという巨大な庭園を造り、そこに種々の樹木を植えた。また、市壁外の北部の近郊でも新たに耕した土地にいくつかの庭園や公園を作り、シリアやカルデアを含む各地の木々を植えて、ニネヴェの市民に提供したという。こうした庭園や公園の造園と維持には多くの水が必要であり、センナケリブはこれらの地域に水路を掘り、多くの労働力を費やして水を供給する設備を整えた。

治世初期の前七〇二―六九九年頃、センナケリブは最初の大規模な治水工事に着手し、増水期ニネヴェの一五キロほど北のキスィル市近くのホスル川から水を引いた。そして、この地域の大量の水流を制御して余計な水を排水するために市壁の東側に沼地を作った。この地域にはバビロニアの草花が植えられ動物が放たれ、鳥、イノシシ、ノロジカなどの動物が群れていたという。

その後、ニネヴェの建設事業の進展とともに、より多くの水資源が必要とされ、前七〇〇―六九四年の時期に、さらに大規模な水利事業が行われる。ニネヴェの北東、ムツリ山ならびにドゥル・イシュタル、シバニバ、スルの町々の一帯にある複数の泉から三つの運河によってホスル川に水が引き込まれ、水量を増したホスル川の水はニネヴェの上下流の土地を潤した。センナケリブは、その後も大規模な治水工事を継続し、少なくとも一六の運河を建設し、ニネヴェに豊かな水資源を提供した。

　こうした事業の一環として作られた巨大な石灰岩ブロックの石列によって構成される大規模な水路が、ニネヴェの北五〇キロほどにある現在のイラク・ドホーク県のヒニス（ジェルワン）で発見されている。水路の石列には数種類のセンナケリブの銘文が彫られている。この驚くべきスケールの構築物は、一九三三年にシカゴ大学東洋学研究所のT・ヤコブセンとS・ロイドによって研究されたが、近年、ドホーク県を調査するイタリアのウディネ大学の「ニネヴェの地プロジェクト」が、あらたにこの地域で調査を進めている（図6-7）。

図6-7　ジェルワンに残るセンナケリブの導水路跡

†軍管区

　主要城塞（シタデル）における王宮建設の後、センナケリブは、南の第二城塞の軍管区（ネビ・ユヌス）に数年を費やして軍の閲兵を行う閲兵宮殿（レヴュー・パレス）を建設した。アッシリア帝国が拡大していく過程で最大のターゲットになった西方地域への遠征に際して、ティグリス川に沿って最も北に位置していたニネヴェは、早くから西方遠征の起点となっており、カルフやドゥル・シャルキンと同様に閲兵宮殿のある軍管区を備えていた。

碑文によると、センナケリブは手狭になっていた古い宮殿を取り壊し、より広い建設用地を確保すると、レンガ製のテラスの上に新しい閲兵宮殿を建てた。この宮殿は二つのウイングと大きな内庭で構成され、一つのウイングはシリア風に、もう一つのウイングはアッシリア風に作られ、王宮同様、各所が彫像で飾られていたという。

「預言者ヨナ」を意味するネビ・ユヌスの遺丘の頂上には、イスラーム教徒によって建てられた預言者ヨナの廟があることから、これまでほとんど調査されてこなかった。しかし、二〇一四年に「イスラーム国」(ISIL)がこの場所を背教者によって汚された場所として破壊し、その後「イスラーム国」が地域から駆逐された後の二〇一七年にその地下に掘られた坑道が調査され、アッシリアのレリーフ石板が発見されている。

†「王の道」

センナケリブの碑文は、ニネヴェの市街地の広場や通りを広げて整備したことを誇っており、五二キュビト（二五メートル程度）幅の道路を建設したという。「下の町」の調査はほとんど行われていないが、シタデルとそのすぐ北に位置するネルガル門の間の一画で石を用いて舗装した道路の痕跡が確認されている。また、クユンジクとネビ・ユヌスの遺丘の近くから、王の姿と神々のエンブレムと碑文を記した高さ一〜一・二メートルの複数の石碑が発見されている。

石碑は、いずれも上部を半円形に成形された同型の石板に同文の碑文が刻まれている。碑文は、王の通り道であるニネヴェの道幅を広くしたことを記した後、次のように結ぶ。「何時であれ、この都市の住民の誰であれ、もし古い家を壊して新しい家を建てる際に、その家の基礎が王の道にはみ出すなら、その者はその家の上に立てた杭に吊るされる」（RINAP 3/1, 38）。この道路は、おそらく市壁の南の端からネビ・ユヌスとクユンジクの二つのシタデルの近くを通って、市域を南北に縦断して北端まで続いていたものと思われる（図6-8）。

図6-8　「王の道」石碑

4　バビロニア問題

†問題の発端

王宮が完成し、ニネヴェの建設事業が一段落した前六九四年、センナケリブはしばしの沈黙を破って軍事遠征に乗り出す。センナケリブの攻撃を逃れて海路でエラムの地に定着していたビート・ヤキン族を追討することを決意すると、敵の背後を突くために、ペルシア湾の海路を経てエラムに攻め込む計画を立てた。ニネヴェで艦船が建造され、航海技術に優れたフェニキア人やギリシア人の船乗りが船を操って、アッシリア軍を乗せた船団はティグリス川を下っていった。アッシリア軍は、ペルシア湾から海路を経てビート・ヤキン族の一派が逃げ延びたエラムの諸都市を攻略した。この作戦は成功したかに見えたが、その後、センナケリブの予想に反して、エラムとバビロニアの諸勢力が入り乱れる複雑な戦いに発展した（図6-9）。

アッシリア軍がエラムに進攻した隙をついて、エラムの王ハッルシュ（ハッルタシュ・インシュシナク）は内陸を北上し、センナケリブの軍隊を南に置き去りにして、ディヤラ

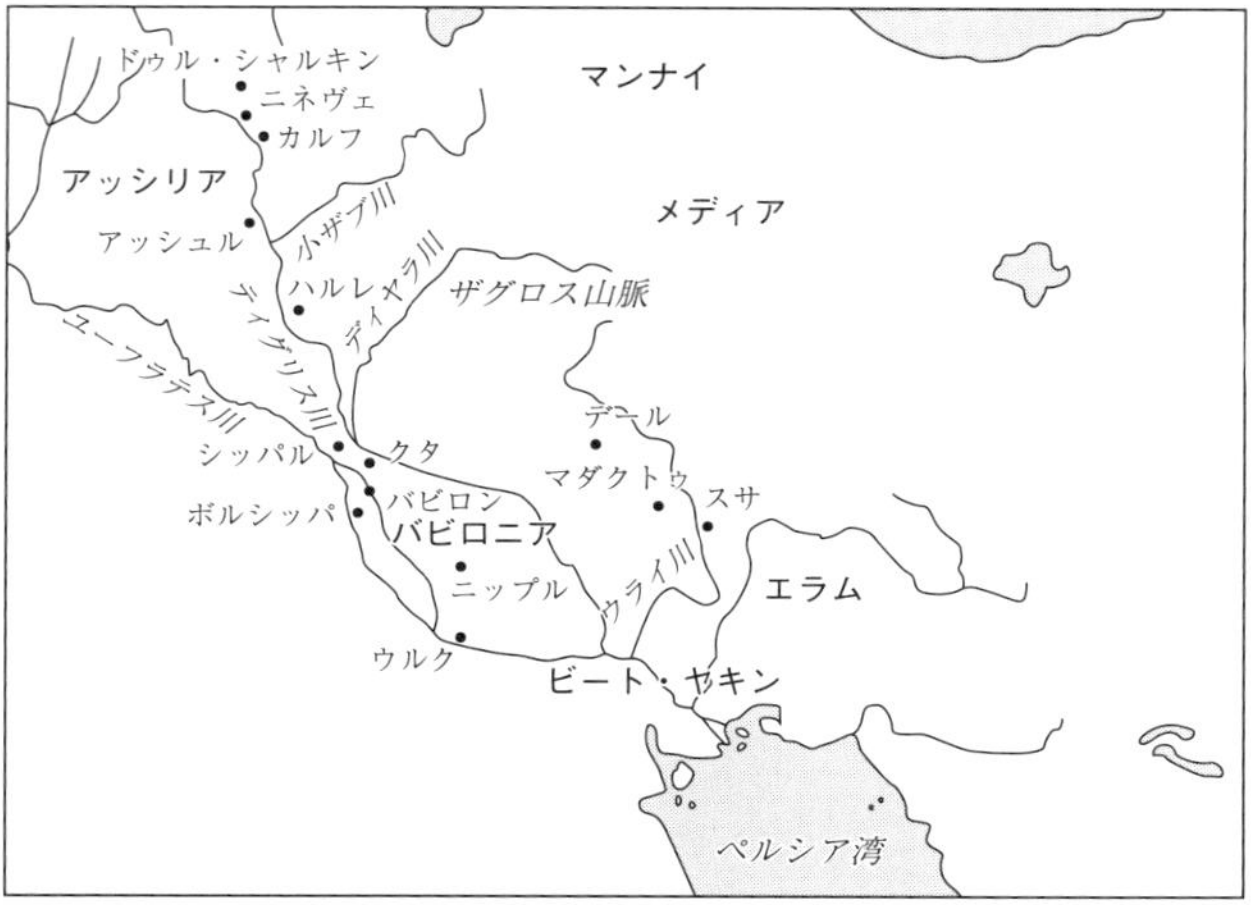

図6－9　前一千年紀のバビロニア・エラム・メディア

川沿いにバビロニア北部に侵入した。エラム軍が、バビロンの北に位置する主要都市シッパルを占拠すると、バビロニアの人々はハッルシュと協定を結び、バビロン王であったセンナケリブの子アッシュル・ナディン・シュミをエラム軍に引き渡し、エラムの傀儡であるバビロニアの名家出身のネルガル・ウシェズィブがバビロンの王位についた。アッシュル・ナディン・シュミはエラムに連れ去られ、おそらくは殺されたものと思われる。

完全に裏をかかれたセンナケリブのアッシリア軍は、エラムから陸路を北上してバビロニアでの戦いを継続した。戦いは翌年も続き、センナケリブはニップルにおける戦いで何とかネルガル・ウシェズィブに打ち勝ち、これを捕らえてニネヴェに凱旋した。しかし、アッシリア側はバビロンの王位を回復することができず、前六九三年、積年の敵であるカルデア人ムシェズィブ・マルドゥクがエラムの支持を得てバビロンの王位を掌握し、センナケリブの再度のバビロニア侵攻に備えて同盟軍を組織した。

†バビロン攻略

前六九二年、殺された息子アッシュル・ナディン・シュミの仇を討つべく、センナケリブはバビロニアでの戦いを継続した。エラムでクーデターが起こり、ハッルシュが排除されクドゥル・ナフンテがエラムの王位に就くと、センナケリブはエラムに対して戦いを挑み、エラムの国境地域を攻撃して王都マダクトゥに迫ったが、落城を果たすことなく冬を迎えて帰還した。

翌年の前六九一年、センナケリブの軍はバビロニアに再度進軍する。ムシェズィブ・マルドゥクとカルデア系諸部族、アラム系諸部族、エラムからなる同盟軍と今日のサマッラに近いハルレで戦いを交えた。センナケリブの碑文は、この激しい戦いをアッシリア軍の勝利であるかのように描くが、『バビロニア年代誌』はアッシリア軍の退却を記録している。いずれにせよ、ムシェズィブ・マルドゥクがバビロンの王位にとどまったことが示す通り、アッシリアは決定的勝利を収めることはできなかった。

しかし、一時的な退却の後、アッシリア軍は再度の攻勢をかけ、前六九〇年の半ばまでにはバビロンを包囲した。バビロンは一五か月ほどもの長い包囲に耐えた末、前六八九年のキスリム月一日についに陥落した。

センナケリブは、ムシェズィブ・マルドゥクをその家族とともにアッシリアに連行した。アッシリア軍は、バビロンの財宝を略奪し、神々の像を破壊した。町は焼き払われ、町の中心まで運河が掘られて、それを通して運ばれた水で洪水に遭ったようになり、町や神殿の場所さえわからないようになったと、ニネヴェ北方のヒニスの崖に彫られたセンナケリブの石碑（バヴィアン碑文）は記している。

†バビロン破壊の反響

長く苦々しい闘争の果てにセンナケリブはバビロンを徹底的に破壊した。これは、息子を殺した敵に対する激しい怒りに駆られての判断でもあったろうが、父サルゴンの非業の死がサルゴンの過剰なバビロニアびいきの罪の因果であると考えたことが、この厳しい行動を促した可能性もある。それでもなお、バビロンの徹底的破壊は破天荒な暴挙であり、何らかの弁明や対応を必要とする出来事だった。

バビロンはメソポタミア都市文明の故地バビロニアの数ある有力都市の中でも際立った存在だった。当時メソポタミアで流布していた創世神話『エヌマ・エリシュ』において、神々の王となったマルドゥクがこの世を創造したとき、世界の中心として作った都市がマルドゥクの神殿エサギルを擁するバビロンであり、アッシリアはバビロンから多くの文学、宗教文化、科学を輸入・受容していた。バビロンは、メソポタミアの宗教文化の「中心」として認められ、敬意を払われてしかるべき都市だったのである。

アッシリアの知的エリートたちは、バビロンの破壊はバビロニア住民の不実ゆえにマルドゥク神がバビロンを捨てた結果であると理解しようとした。また、一部の人々は奇妙な注釈書を書いて、バビロニアのアキトゥ祭は、マルドゥク神が混沌を制圧したことを記念、祝福するという本来の目的ではなく、マルドゥク神を犯罪者として裁き投獄したことを祝すものであるという過激な論争的解釈『マルドゥク審判』をぶち上げた。

さらに別の試みは、バビロニア創世神話『エヌマ・エリシュ』を改訂し、神話中に現れるマルドゥクの名をアッシュルに置き換え、マルドゥクではなくアッシュルこそ神々の王であり天地の創造者であることを示そうとした。そして、これを儀礼的にも実践すべく、センナケリブはアッシュル市の西側の市壁の外にアキトゥ祭のための新たな小神殿を築かせ、アッシュルの祭儀空間をバビロンのそれにならって再構築さえした。この神殿はシュメル語で「海がそこで殺された家」を意味する「エ・アッバ・ウッガ」と名付けられた。これは、マルドゥクが敵であるティアマト（海）を殺し、その遺骸を用いて世界を創造したという『エヌマ・エリシュ』のストーリーに基づきつつ、この創造の業をなした神はアッシュル神に他ならないことを主張するものであった。

この後もアッシリアとバビロニアの宗教文化的・政治的緊張関係は、アッシリア帝国のその後の歩みに大きな反響を残した。

5　王位継承問題とセンナケリブ暗殺

†「アッシリアの平和」の陰で

アッシリア帝国の安定期である前七〇〇年から前六三〇／二〇年くらいの期間を指して「ローマの平和」（パクス・ロマーナ）になぞらえて「アッシリアの平和」（パクス・アッシリアカ）と呼ぶことがある。センナケリブによるバビロン破壊から八年ほどは『バビロニア年代誌』が「王のない時代」と呼ぶ時代がバビロニアで続いたが、この間、アッシリア帝国の領土内では大きな戦乱は起こらなかった。しかし宮廷では、不穏な権力闘争の兆しが芽生えていた。

センナケリブは、当初自分の後継者として長子ウルドゥ・ムリッスを考えていたが、おそらく前六八三年頃に翻意して、年少の息子エサルハドン（アッカド語で *Aššur-aha-iddina*）を皇太子に任命した。王宮のハレムには多くの女性がおり、王の寵愛を争っていたが、ウルドゥ・ムリッスとエサルハドンはそれぞれ別の女性から生まれたセンナケリブの子であったと思われる。当初の王の思惑を覆してエサルハドンが皇太子に選ばれたのは、この時期に宮廷内で次第に力を強めていったエサルハドンの母ナキヤの影響があったようである。

†エサルハドン碑文の「証言」

世継ぎの変更に期待を裏切られたウルドゥ・ムリッスと彼の支持者たちが憤慨し、王の意思を覆そうとしたことは想像に難くない。センナケリブはそれでも決定を翻そうとしなかったようだが、エサルハドンには不満を持つグループからの危険が迫ったとみられ、エサルハドンは本国から退いて西方に疎開しなければならなかった。このときの経緯について、エサルハドンが即位後かなりの時を経た前六七二年に書かせた王碑文は次のように記す。

私は年長の兄弟たちの中では小さかったが、アッシュル、シン、シャマシュ、ベール、ナブー、ニネヴェのイシュタル、アルベラのイシュタルの命により、私を生んだ父は私を兄弟たちの中で高い地位に確かに引き上げ、「これが私を継ぐ息子である」と告げた。王（センナケリブ）はシャマシュとアダドの信託を仰いで、神々の肯定の答えを確認した。託宣は「彼がお前の跡継ぎである」というものだった。彼（センナケリブ）は、神々の重い言葉に敬意を払い、アッシュルに人民たち、老いも若きも、私の兄弟たち、私の父の家の血をひく親族を集めた。

アッシュル、シン、シャマシュ、ナブー、マルドゥク、アッシリアの神々、天地に住む神々の御前で、彼（父王）は私の王位継承の定めを守るべく、彼らに厳粛な誓いを立てさせた。吉月吉日に、彼ら（神々）の崇高なる命に従って、私は王権（掌握）の運命が定められた畏怖すべき王位継承者の館に歓喜に満ちて入った。

迫害と嫉妬の気持ちが私の兄弟たちの心を満たし、彼らは神々（の決定）を忘れた。彼らは彼らの傲慢な行為を信じ、悪だくみをした。彼らは私に対する邪悪な噂、悪口、中傷を神々のご意思に反して流し、根も葉もない嘘、敵対的な事柄を私の背後で語り続けた。彼らは、神々のご意思に反して、父の好意を私から遠ざけたが、彼（父王）

は心の底でいつも私を思いやり、彼の眼は常に私が王権を行使する計画を見据えていた。(RINAP 4, 1)

これに続いて碑文は、ニネヴェで兄弟たちが「神々と人民を不快にさせるあらゆることを行い、悪事を謀って彼らの剣を抜き、王権を行使すべく子ヤギのように角を突き合わせて争った」と記し、その後、西方のハニガルバトに逃れていたエサルハドンは、ニネヴェでの異常な出来事を耳にするや否やニネヴェに進軍し、反乱者を逃亡させて、無事に即位したという顚末を雄弁に語っている。

†下手人探し

引用したエサルハドンの碑文の一節は、ニネヴェで起こった謀反によって、センナケリブが暗殺されたことを暗示している。一方『バビロニア年代誌』は、次のように淡々とセンナケリブ暗殺を記録する。

(前六八一年)テベトゥ月の二〇日、反乱のなか、アッシリア王センナケリブをその子どもが殺害した。

この事件がアッシリア帝国とその辺境で衝撃をもって受け止められたことは想像に難くない。『バビロニア年代誌』の淡々とした記述とは対照的に、旧約聖書（「列王記 下」一九章三七節、「イザヤ書」三七章三八節）は、センナケリブの死を聖都エルサレムを包囲した不遜に対する罰として描いており、センナケリブはニネヴェのニスロクの神殿で礼拝中に二人の息子アドラメレクとサルエツェルによって剣で殺害され、暗殺者たちはアララトの地へ逃れたと語る。

この旧約聖書の記事に現れるセンナケリブの息子たちの名（特に第一の名）は不正確で混乱しており、これらの暗殺者をアッシリアの文書史料中に特定することは長らくできなかった。研究者の中には、暗殺者は実はエサルハドンであり、エサルハドンの王碑文での主張は、自分が簒奪者であることを隠蔽しようとする虚偽の物語ではないかと考える者もいた。

しかし、一九七九年にコペンハーゲンで行われた国際アッシリア学会で発表されたヘルシンキ大学のS・パルポラの研究（一九八〇年出版）はこの閉塞状況を打破してみせた。パルポラは、ニネヴェ出土の書簡の断片に、センナケリブに対する陰謀の計画を仲間と約束して誓いを立て、反乱を企てようとするウルドゥ・ムリッスの様子を描いた一節を読み取ったうえで、ウルドゥ・ムリッスの名がどのようにアドラメレクと誤って記されたかを論証した。以来、エサルハドンの碑文と旧約聖書の碑文が共通して示すように、殺害者はエサルハドンの兄たちとその支持者であり、エサルハドンの碑文での主張は正しいであろうことがおおむね認められるようになっている。

第7章 エサルハドンの偉功と苦悩

1 バビロン再建

†反乱鎮圧とエサルハドンの即位

エサルハドンの治世は、多数の王碑文に加えて、卜占神託文書、書簡、契約文書など多くのアッシリアの文書史料に恵まれている。そのうえ、『バビロニア年代誌』と『エサルハドン年代誌』という二つの編年史料が、事件史の精密な再構成に貢献する。『バビロニア年代誌』のほうは、エサルハドンの即位の経緯について、先に引用したセンナケリブ暗殺の記録に続いて「アッシリアにおける反乱はテベトゥ月二〇日からアダル月二日まで続き、その月の二八日（あるいは一八日、破損のため不明瞭）にエサルハドンがアッシリアで即位した」と記す。

エサルハドンは兄弟たちの陰謀を察知し、西方に逃れていたが、センナケリブの暗殺を知ると急遽軍《きゅうきょ》を率いてニネヴェに取って返した。そして四〇日ほどで反乱を鎮圧すると、まもなく正式な王位継承者として即位した。エサルハドンは、バビロンがまだ荒廃しているなか、バビロンの王として即位することなく、「アッシリアの王、バビロンの総督（*šakkanak Bābili*）、シュメルとアッカドの王」と称した。

†『サルゴンの罪』

祖父サルゴンが戦場での不吉な戦死を遂げたのに続いて、父センナケリブがショッキングな暗殺の憂き目にあったことを、エサルハドンは祖父と父がともになんらかの誤りを犯したために神罰を受けたのだと考えた。エサルハドン時代に書かれた『サルゴンの罪』と研究者たちが名付けた教訓文学的作品では、亡くなったセンナケリブの霊が現れて語る。センナケリブの霊は、サルゴンの死の原因を卜占によって明らかにしようとしながら、自らはバビロニアの神々を軽んじたために殺されたことを悔い、後継者（エサルハドン）にアッシリアの神々とバビロニアの神々の双方、とりわけアッシュルとマルドゥクの双方に十分に配慮するよう助言する。

『サルゴンの罪』が暗示するように、サルゴンの死はバビロニアの神々を熱心に礼拝しすぎたために起こり、センナケリブの死はマルドゥクを軽んじてその聖地であるバビロンを破壊したためにもたらされたと、エサルハドンとその周辺のエリートたちは思案したものと思われる。祖父たちの誤りを繰り返すことのないように、エサルハドンは注意深く計画し、アッシュル神殿の再建工事に取り組みながら、激しく破壊されたバビロンの復興を行った。

†再建と復興

バビロン再建の詳細を記録するエサルハドンの複数の碑文は、バビロンの破壊者としてセンナケリブの名前に直接言及することを回避しつつ、「前の王の治世中」バビロンでの儀礼を人々が正しく行わず、神殿の財産をエラムに売り渡すような不実の行為が行われたため、バビロンの神マルドゥクが激しい怒りを発して、その地と住民を破壊するように運命を定めたのだとして、バビロン破壊の原因を説明している。そして、その結果としてアラフトゥ川の水が洪水のように襲いかかり、バビロンの町を廃墟に変え、神々は鳥のように飛び去り、住民は他の場所に隠されたという。

続く一節では、「(破壊されたバビロンの) 放置の期間を七〇年と定めていたにもかかわらず、情け深いマルドゥク神はその心をなだめ、「上下に数字を逆転させて」一一年目の再建を命じられた」という。70は楔形文字で60を示す縦の楔と10を表すブーメラン状の楔（ヴィンケル・ハーケン）を並べて「60＋10」（𒁹𒌋）と書く。しかし60を表す縦の楔は、配列によっては60でなく1を表す。そこで、二つの楔形文字の順を入れ替えると「10＋1」で11（𒌋𒁹）になるのである。こうした神秘的な方法で、マルドゥク神はバビロンの再建を当初の予定より五九年も早めて行うように命じてくれたとして、町の破壊を決定づけた怒れるマルドゥク神が、意外なほど早く再建を命じた理由を説明している。

　エサルハドンは、マルドゥクの神殿エサギルとそのジックラトであるエ・テメン・アンキ、バビロンの二重の市壁イムグル・エンリルとネーメド・エンリルを再建した。また戦乱の中アッシリアとエラムに持ち去られていた神々の像をそれぞれ本来の居所であるデール、シッパル、ラルサ、ウルクなどバビロニアの諸都市に戻し、バビロニア各地の復興を助けた。同時にバビロン市民に付与されていた免税特権を回復し、外地に散らされていた人々をバビロンの市民として帰還させて都市の再建を促した。エサルハドンが知事としてバビロンに据えた行政官からの書簡によれば、バビロンの市民はエサルハドンが派遣した行政官を好意的に受け入れ、バビロニアの各地からエサルハドンを称賛する声が聞かれたという。

アッシリア本国の市民と神々の期待を裏切ることがないように、エサルハドンはアッシュル、ニネヴェ、アルベラといったアッシリア中心部の主要都市においても神殿の修復事業に力を注いでバランスをとった。そして行政中心であるカルフやニネヴェにおいてそれぞれの第二城塞の軍管区に閲兵宮殿（レヴュー・パレス）を再建し、アッシュルとタルビツでも王宮の建設事業を行った。

2　エジプト遠征と王の病

†エサルハドンの軍事遠征

エサルハドンは病気がちで常に健康を気にしていたが、それにもかかわらずいくつもの軍事遠征を企てた。将軍に軍を指揮させて軍事作戦を行うこともあったが、しばしば自らも軍を率いて出征した。西方ではキリキアのクンディとスィスの王サンドゥアリ（現地語ルヴィ語のアザティワザ）が起こした動乱を鎮圧して、国境を脅かしていたキンメリア人の勢力を駆逐した。

またフェニキア海岸の有力都市シドンの反乱に対して懲罰遠征を行い、海に逃れたシド

図7－1　エサルハドンの戦勝碑文（トルコ南東部ジンジルリ出土）

ン王アブディ・ミルクティを捕らえシドンを破壊した。その領土の一部はアッシリアの行政州として再編され、近郊に新しいアッシリア都市カール・アッシュル・アフ・イディナ（「エサルハドンの港」の意）が建てられた（図7－1）。

北方では、父センナケリブを殺害した下手人たちの逃亡先だったシュブリアの小王国への遠征も行っている。さらに、東方のザグロス山岳地帯に分け入ってメディアに向かった際には、軍を率いて前任者の誰も到達したことのない遠方にある今日のダシュテ・カビールと同定される「塩の砂漠」まで達している。エサルハドンが行ったこうした遠征の中で最も際立っているのは、エジプトに対する遠征である。

†メンフィス攻略

エサルハドンは三度エジプトに出征したが、前六七四年に行った最初の遠征は失敗に終わった。この事件についてエサルハドンの碑文は、失敗を隠蔽して沈黙しているが、『バビロニア年代誌』は簡潔だが断定的に「（エサルハドンの）第七年（前六七四年）アダル月五日にアッシリア軍がエジプトで敗北した」と記す。しかし、三年後の前六七一年に行われた二度目のエジプト遠征はアッシリアにとって良い結果をもたらした。

エサルハドンは、ペリシテ海岸からエジプトに入る通常ルートである海岸沿いのルート（いわゆる「海の道」）を避け、あえて水場の少ない困難なシナイ砂漠のルートを選んで、現地の道に通じたアラブ系住民に案内させながら進軍し、エジプト軍の不意を突いた。エジプト第二五王朝（ヌビア王朝）のタハルカの軍勢との三度の激しい会戦の末、タハルカを南方の上エジプトへと敗走させ、エサルハドンの軍勢はナイル・デルタにあったエジプトの首都メンフィスを陥落させた。

エサルハドンは、ナイル・デルタの一二人の地方領主たちをアッシリアの守護とみなしてそのまま残し、アッシリアの監督官を置いて彼らの行動を監視させた。この方法でエジプトを統治しうることを期待して、エサルハドンは、大量の戦利品と工人や占い師を含む多くのエジプト人を連行してアッシリアに凱旋した。この遠征により、アッシリアは未踏の地だったエジプトを支配下に置き、アッシリア帝国の支配領域はそれまでで最大になった。

しかし、その後しばらくするとエジプトでは反乱が起こり、エサルハドンは治世末期に再度のエジプト遠征に乗り出すことになる。これについては後述する。

†病気がちの王

輝かしい成功の陰で、エサルハドンの日常は、悩み多きものだったように見える。エサルハドンの治世には、王の事業の遂行を助け、安全と健康を維持すべく種々の情報や意見をもたらす知識人、祭司、官吏たちと王との間のやり取りを記した書簡が数多く知られている。こうした書簡群のおかげで、エサルハドンについては、アッシリア帝国のどの王にもまして、その身辺に起こった事件を知ることができる。

成功した前六七一年のエジプト遠征の少し前に、エサルハドンの健康状態は悪化しはじめていた。以来、エサルハドンは頻繁に何らかの病にかかっており、食事もろくに取れずに横になって、ひとを遠ざけることもあった。また、最愛の妻エシャラ・ハンマトが前六七二年に亡くなり、さらに愛息を幼くして失うとエサルハドンは悲しみに暮れ、激しく落胆したと思われ、王の憂鬱を示唆する書簡がいくつも残っている。また、医師たちの手紙は、王の病気の状態にしばしば触れており、嘔吐、発熱、鼻血、耳の痛み、下痢などに悩まされ気分がすぐれなかったうえ、皮膚も荒れてひどく侵されていたようだ。当時の理解では、病気は神々や悪霊によりもたらされるものであり、王の病気は、神の加護が王から離れていると理解される恐れがあった。そのため、王の病気は外部に知られぬように一部の近親者以外には厳しく隠されていたものと思われる。

†複数の反乱

こうした王の心身の不調を知ってのことであろうか、前六七一年のエジプト遠征と前後して、エサルハドンに対する反乱が帝国内の各地で起こった。複数の書簡がそうした謀反について王に報告している。

首都ニネヴェでは、宦官長（*rab ša-rēši*）が王位を簒奪しようと謀略を企てた。また西方の主要都市ハランでは、女預言者が「センナケリブの名と種を破壊せよ」とのお告げを発してサスィなる人物の王位簒奪を支持した。さらに聖都アッシュルではアッシュル市の行政官が、子どもが墓の中から現れて王権の象徴である杖を自分に渡す夢を見たと申し立てて、エサルハドンに謀反を企てた。しかし、反乱はことごとく摘発され反乱者は処刑されたことが『バビロニア年代誌』の短い記事からわかる。それによれば、「（エサルハドンの）治世第一一年（前六七〇年）、アッシリアにおいて、王が大勢の高官たちを剣で殺した」という。

内乱を未然に防いだのは、多くの書簡が示すように、各地に張り巡らされた監視網である。帝国各地には王に対して忠誠を誓った臣下が多数存在し、彼らは些細なことであっても王に対する中傷や反逆の試みを聞いたり目撃したりすれば、それを必ず王に知らせるように誓いを立て、ためらわず告発するように奨励されており、それを怠ることは死を意味する厳格な定めを負わされていた。こうした監視、諜報、通報のシステムは、政治、外交、卜占、医療、儀礼など王のあらゆる関心事に及んでいた。後にヘロドトスやプルタルコスといった古代ギリシアの歴史家たちが「王の眼、王の耳」と呼んだアケメネス朝ペルシアの諜報システムの先例となる組織的情報ネットワークが、王を謀反から守ったのである。

3　卜占と厄除け

†吉凶の予兆

不吉な事件の兆候をいち早く発見し、それを未然に防ぐ方法は、現実世界での諜報活動にとどまらなかった。エサルハドンを取り巻く当時の知的エリートは、この世の命運を支配する神々の領域に踏み込んで、身辺に多くの不安を抱えた王の安全と間違いのない成功を実現するために働いていた。

古代メソポタミアの人々は、身の回りに起こるあらゆる現象に、近い将来起こる出来事の予兆を見ることができると信じていた。これは、現在、星占いやおみくじを通して近い将来を予見しようとするのと同種の確信であり、厄除けや縁起担ぎなどで降りかかる厄災を遠ざけ、縁起が悪く危険な状況を脱するために厄払いをすることは、今でもかなり広く行われている。古代メソポタミアの人々は、神々によって明かされる様々な予兆の意味をきわめて真剣に受け止め、それが凶兆であれば、これに対して対策を練り、身を守ろうとした。

卜占とその結果を受けた対策は、アッシリア王の身辺ではことさら念入りに行われた。エサルハドンとその子アッシュルバニパルの治世に王宮と連絡していた呪術、医術、卜占、儀礼、祈禱などに通じた「学者」たちから王に送られた多数の手紙は、呪術的・医術的手段を尽くして王を守護しようとする一連の活動の実態について多くのデータを提供している。

†厄払い

遠征や建築工事をはじめ王の様々な事業の開始や節目には、縁起が良いとされる月や吉日が選ばれ、祈禱が行われ、成功が祈願された。太陽、月、惑星などの天体の動きや見え方など天空で観察される事象や、都市、耕作地、川とその周辺に見られる地形、事件、鳥・家畜・野獣などの動物や人間の行動、そして夢で見た事柄などは、将来起こることの予兆と判断され、行動する前に縁起の良し悪しが問題とされた。明快に理解されるような予兆がいつも都合よく現れるとは限らないなか、予兆の意味を確認したり、積極的に縁起の良し悪しを確かめたりする必要がある場合には、人間界のほうから神々に判断を仰いだ。

なかでも頻繁に行われたものに内臓占いがある。これは、あらかじめ「……が起こるか否かについて、是か非かで答えてください」といった問いをしたためた文書を提示して、卜占の神々であるシャマシュ神とアダド神にうかがいを立て、家畜の内臓（特に肝臓）を取り出してその状態を調べ、検分したことを解釈し、神々の答えがイエスかノーかを知ろうとするものである。そうした神々への問いを記した粘土板文書が、エサルハドンとアッシュルバニパルの治世から三五〇点ほど知られている。内臓占い以外にも、水に垂らした油の様子、まかれた粉の広がり方、煙の立ち上り方、鳥の飛び方など、様々な手段で人間のほうから積極的に神々の計画を知ろうと奮闘した。

凶兆が現れた場合には、それをただ運命として受け入れるのではなく、予兆に示された邪悪なものを取り除くために厄払いの儀礼が行われた。エサルハドンの子アッシュルバニパルの「図書館」には、少なくとも一三七点の粘土板からなるナンブルビ（シュメル語で「それを解消すること」の意）と呼ばれる厄払い儀礼のマニュアルが知られており、この種の儀礼が実際に盛んに行われた。

この儀礼では、まずは運命の審判を司る裁判官である太陽神シャマシュなどの神々に祈りを捧げて、悪い決定の変更と悪しき者からの解放を求め、邪悪なものが取り憑こうとする者に対して、知恵・呪術・儀礼の神々であるエアとアサッルヒの助けを借りて、水、植物、たいまつ、焚香《ふんこう》などによって清めの儀礼を行った。そして、邪悪なものを粘土などの小像に呪術的に移してそれを燃やしたり、水に投げ込んだりすることで、厄を払おうとした。

†「身代わり王」の儀礼

最もセンセーショナルな厄払いの儀礼として知られているのは、エサルハドンとその子アッシュルバニパルの治世中の前六八〇年から前六六六年の間に起こった八回の日蝕・月蝕のたびに行われた「身代わり王」の儀礼である。最大の天体として夜と昼の天空を移動する月と太陽にみられる様相は、最も注目を集める予兆の源であったが、これらの天体が欠けて暗くなる月蝕と日蝕は、最も深刻な凶兆であり、アッシリアとバビロニアの王の死を予見する徴と理解された。

こうした最悪の凶兆に対しては、もはや粘土の小像に厄を移すだけでは危険を回避するに十分ではないと考えられ、凶兆が暗示する邪悪なものを王の代わりに引き受ける人間の身代わりが必要とされた。身代わりとなる人物には、戦争捕虜、死刑囚、王の敵対者などが選ばれ、王の装備品をひと通り持たされて、身代わり王妃に付き添われ、玉座に座らされた。天体蝕の程度によって、厄払いに必要とされた最長一〇〇日の期間、本物の王は、公の場から退き、「王」の称号を使うことを控え、「農夫（*ikkaru*）」と自称して一介の農夫を装った。「身代わり王」は、もちろん実際の王権を行使することはなく、王宮を退いて仮小屋に住む「農夫」が行政の実権を握っていた。

天体に現れる凶兆は粘土板に記されて「身代わり王」の衣服に取り付けられ、「身代わり王」は凶兆をまとって定められた期間を「王」として過ごした。エサルハドンの治世中（おそらく前六七九年か前六七四年）に王の最側近である主任書記から王に宛てられた手紙は次のように記している。

わが主である「農夫」へ。あなたの僕ナブー・ゼール・レーシ。わが主が健康であらせられますように。ナブー神とマルドゥク神がわが主を多くの年月にわたって祝福されますように。私は天地に起こる（予兆で）あろうと、（動物）の異常な出産（の予兆）であろうと、シャマシュ神の前で（その神託を読み上げられた）ことであろうと、あらゆることをあなたに書き送っています。彼ら（身代わり王とその妃）はワインを与えられ、水で洗われ、油を塗られて、丁重に扱われています。私は指定された鳥を調理させ、彼らに食事をさせました。アッカドの地の身代わり王は予兆を自分で引き受けています……（SAA 10, 2）

蝕が天体のどの部分に起こるかによって、帝国各地のどの部分に凶兆の影響が及ぶのかが決まっていた。エサルハドンは、アッシリアとバビロニアの双方の王権を掌握していたが、この手紙が問題にする蝕の影響はバビロニア（「アッカドの地」）にだけ及ぶことがわかったため、バビロンに身代わり王が立てられたのである。

天体蝕が終わって定められた期間が過ぎると、身代わり王とその妃は殺され、凶兆は彼らとともに冥界に消え去った。身代わり王と妃は、王と王妃のように扱われて埋葬され、彼が座っていた玉座と持っていた王権の象徴具は燃やされ、呪術師たちが種々の厄払いと清めの儀式を王宮と王その人に対して行って儀礼は終了した。

4　エサルハドンの死

✝皇太子候補者

　エサルハドンの懸念は現世における自己の命運にとどまらなかった。父センナケリブによって皇太子に任命されながら、それを不服とする兄たちによって父が暗殺され、反乱を鎮圧し危機を乗り切って即位した経験から、エサルハドンは、王位継承がしばしば内乱をも招きかねない警戒すべき課題であることを知っていた。そのうえ、病気がちで健康に不安を抱えていたエサルハドンは、自分の死後、王位が混乱なく自分が定めた息子に継承される方策を早くから考えていた。

　書簡に見られる情報から、前六七四年には長子シン・ナディン・アプリを皇太子に任命したことがわかるが、この人物はどうやら早く死去してしまったようだ。エサルハドンは少なくとも一二人に及ぶ男女の子どもに恵まれたが、そのうちの何人かは幼くして亡くなっている。最も年長で王位継承候補者だったシン・ナディン・アプリがいなくなると、エサルハドンは、息子の一人アッシュルバニパルにアッシリア王位を、彼より年長の息子シヤマシュ・シュム・ウキンにバビロニア王位を相続させることを決断した。アッシュルバニパルとシャマシュ・シュム・ウキンは、両者ともに、『バビロニア年代誌』にその死（前六七二／六七一年、アダル月）が記録されているエサルハドンの妻エシャラ・ハンマトの子であった可能性がある。あるいは、二人は異母兄弟で、アッシュルバニパルだけがエシャラ・ハンマトの子であったかもしれない。

ともあれ、エサルハドンが一手に握っていたアッシリアとバビロニアの統治権を二つに分けたうえで、帝国支配者としてのアッシリア王の地位をより若いアッシュルバニパルに与え、兄のシャマシュ・シュム・ウキンには、アッシリア帝国の王の下位にあるバビロニアの王位をあてがったことは、周囲に多少とも驚きをもって迎えられたものと思われる。エサルハドンに最も親密に寄り添い、信頼の厚かった呪術師アダド・シュマ・ウツルは、多少の当惑をほのめかしながら、王の決定を称賛する次のようなメッセージ（手紙）を送っている。

天空で起こったこともないことを、わが主である王は地上で行い、私たちに見せてくださいました。あなたは、ご子息の一人の頭に（皇太子の印である）ピトゥートゥ布を結び付けて彼にアッシリアの王権を任せ、あなたの年長のご子息のほうをバビロニアの王権（を行使する地位に）につけたのですから。あなたは、第一の者をあなたの右に、第二の者をあなたの左に据えられた！　私たちはこれを見て、わが主である王を祝福し、私たちの心は喜びに満たされました。アッシュル神、シャマシュ神、ナ［ブー神、マルドゥク神］と天地の大神たちが［わが主である王］のために、彼ら（王子たち）のご成功をお恵みくださいますように。アッシュル神、アダド神とシャマシュ神が、それぞれ一〇回ずつ幸［運］を［わが主である］王とそのご子息たちにお定めになりますように……（SAA 10, 185）

†王位継承の誓約儀式

前六七二年、この王位継承の取り決めが自分の死後速やかに行われるように、エサルハドンは、帝国各地から要人をニネヴェに集めて、誓約の儀式を執り行った。この儀式の様子は、後に即位したアッシュルバニパルの王碑文に次のように描かれている。

私の父、生みの親、アッシリア王エサルハドンは、私が王権を行使すべきであるというアッシュル神とムリッス女神の命に注意を払った。アヤル月、人類の主であるエア神の月の一二日の吉日、グラ神にパンを捧げる日、アッシュル神、ムリッス女神、シン神、シャマシュ神、アダド神、ベール神、ナブー神、ニネヴェのイシュタル女神、アルベラのイシュタル女神、ニヌルタ神、ネルガル神、ヌスカ神の崇高なる命によって、彼は、アッシリアの人々、大も小も、上の海から下の海までを召集し、神々の名による誓約（アデー）を誓わせ、私のアッシリアにおける皇太子権と後の王権の行使を守護するため神々の名による誓い（アデー）の実施を彼らに宣言させ、堅い契約を結ばせた。（RINAP 5/1, 11）

†誓約文書

このエサルハドンの王位継承の誓約文書の写本（粘土板）は、一九五〇年代にカルフから八つの写本、それにアッシュルから一点の断片が発見されていたが、二〇〇九年には、西方の辺境地域であるトルコ南東部のシリア国境に近いテル・タイナトで、あらたにもう一つの写本の断片が発見された（図7-2）。テル・タイナトは、当時アッシリアの行政州都であったクナリア（あるいはクラニア）と同定される。

これら誓約文書は、その冒頭で「アッシリア王エサルハドンが、（何某）と結ぶ、アッシリア王エサルハドンの子にして、大いなる皇太子アッシュルバニパルについて彼（アッシュルバニパル）のために設定する誓約（アデー）」と規定される。いずれの写本も約四〇

図7-2　エサルハドンの王位継承誓約文書（ニムルド版）

センチ×三〇センチという大ぶりな粘土板に六六〇行前後の長さのテクストが書かれ、アッシュル神の三つの印で捺印されていた。

通常の粘土板は、左から右へ書かれる行を上から下に書き進め、それが粘土板の下辺に達すると、その後、文書は粘土板の横軸（下辺軸）に沿って上下をひっくり返すようにして、「表→下辺→裏」と書き進む。これに対してエサルハドン誓約文書は、今日の書籍のページのように表面に書かれた後、縦軸に沿って裏返されて裏面に書き進められていた。また、この誓約文書の粘土板はかなりの厚みがあり、神殿の祭壇近くに神々のシンボルや神像とともに立てて安置され、その周りをまわって読むことができたと考えられる。

テル・タイナト版が発見される前は、保存状態が比較的良いカルフのナブー神殿（エ・ズィダ）出土の少なくとも八つの写本が主たる研究対象だったが、そこには誓約者として東方のメディアの地方領主（「都市の主」）たちの名前が書かれていた。そのため、これら誓約の粘土板は、特にアッシリアの中心地域において皇太子の守護を務めたメディア人グループに対して作成されたのではないかという学説が提出された。しかし、後から発見されたテル・タイナトの写本には、「クナリアの行政州長官」を筆頭に、「次官、家令、書記たち、戦車の御者たち、村長たち、近衛隊長たち、部隊指揮官たち、騎兵隊長たち、学者たち、盾持ちたち、工人たち、（行政官の管轄下にある）すべての人々、大も小も、また契約後に生まれてくる人々も含め、アッシリア王エサルハドンが王権と主権を行使する者すべて」と書かれており、行政州クナリアの長とその宮廷に出入りする人々が、誓約書の対象とされていた。

このことは、アッシュルバニパルの王碑文が示唆するように、帝国内の行政州に対しても、属国に対しても、アッシリア宮廷に対しても、あらゆる人々を誓約者として想定して、契約者それぞれに合わせて宛て名を変え、大量のコピーが作成されたことを示唆する。ニネヴェでの誓約の儀式の後、誓約の粘土板は、誓約者の持ち場である帝国各地に持ち帰られ聖所などに置かれて保管されたのだろう。ウディネ大学のF・M・ファレスは、こうして作成されたであろう誓約文書のコピーは二〇〇点程度だったと推定する。

この誓約文書においては、アッシュルバニパルをアッシリアの王位につけ、シャマシュ・シュム・ウキンをバビロニアの王位につける決定が宣言され、この取り決めを守るために、すべきこととしてはならないことが延々と述べられている。文書には、アッシリアの皇太子アッシュルバニパルを注意深く守護し、エサルハドン没後に速やかに二人の王子をアッシリアとバビロニアの王位につけることを定め、あらゆる不穏な事態を想定して、謀略に乗らずにそれを防ぎ、裏切り者を告発してそれを倒し、誓約を遵守するように厳しく求めている。そして、その後には、誓約を守らなかった場合に違反者とその関係者に対して降りかかる多数の神々の恐ろしい呪いが長々と書かれている。

ニネヴェに召集された人々は、儀式においてこの文書の一部を自ら読み上げ、その他は読み聞かされ、タブーを犯すと降りかかる呪いを象徴的な儀礼で視覚的に見せつけられて念を押されたうえで、誓約の粘土板を自らの国へと持ち帰り、聖所に安置したのであろう。

メディアの諸侯に対して振り出された写本の場合は、カルフから細かく砕かれた状態で発見されている。これはアッシリア帝国末期に、メディアの軍勢がアッシリアの主要都市を攻略した際に、わざわざメディアからカルフに持ち込まれて、誓約破棄を宣言するかのようにナブー神殿において破壊されたものと思われる。

エサルハドンの王位継承誓約文書は、旧約聖書「申命記」の契約神学や呪詛を想起させる内容や文言を含んでおり、アッシリアと政治外交的、宗教文化的に接触のあった古代イスラエル・ユダ王国の人々を通じて、旧約聖書の神学に影響を与えた可能性も議論されてきた。アッシリアの神々と王への忠誠を求めるアッシリアのイデオロギーに基づく誓約を踏み台として、民族の神ヤハウェとの契約の神学が生み出されたのではないかという説も提出された。

†遠征途上の死

王位継承の儀礼（前六七二年）とエジプト遠征（前六七一年）の後、おそらくは変則的な王位継承への不満や王の健康不安を背景とする一連の内乱の動き（先述）を未然に防いだエサルハドンだったが、それから間もない前六六九年、三度目のエジプト遠征の途上、病に倒れ死亡した。この遠征は、二年前の前六七一年にアッシリア軍に追われて、ナイル・デルタから南方に一度は敗走したエジプト王タハルカが、アッシリアの支配を振り払おうとデルタ地域で引き起こした反乱を鎮圧することが目的だった。エサルハドンが遠征途上で亡くなった後すぐに即位したアッシュルバニパルが、この事態に対処しようとアッシリア軍を派遣したのは、二年後の前六六七年のことである。

『バビロニア年代誌』と『エサルハドン年代誌』は、エサルハドンの死について、次のように淡々と記録している。「(エサルハドンの) 治世第一二年 (前六六九年)、アッシリア王はエジプトに向かった。彼は、その途上で病気になり、アラフサムナ月一〇日に死亡した。エサルハドンは一二年間アッシリアを統治した」。

第8章 アッシュルバニパルとアッシリアの繁栄

1 皇太子アッシュルバニパルの教育と即位

†皇太子の英才教育

エサルハドンの生前から王位を継ぐことが宿命づけられていたアッシュルバニパル（原語で *Aššur-bāni-apli*）は、皇太子時代に様々な英才教育を施された。このことは、アッシュルバニパルが治世初期にバビロンのマルドゥク神の神殿エサギルに奉献しようとした記念碑の草稿にうかがえる（図8－1）。文書そのものが英才教育の内容を雄弁に語っているので、以下に長めに訳出してお読みいただこう。

……神々の父たるアッシュル神は、私がまだ母の胎内にいるときに、王となる運命を私に定められた。偉大なる母神ムリッスは、この地と人民を統治するために私を召命された。エア神とベーレト・イリ女神は、私の姿を主権者にふさわしく創造された。清らかなシン神は、私が王権を行使することについて縁起のよい印を示された。「シャマシュ神とアダド神」は、占い師の業、変わることなき技術を私に授けられた。神々のなかの知恵者マルドゥク神は、広い知恵とはるかなる知識を私に与えられた。すべての書記術の神ナブーは、その知恵の習得を私への贈り物とされた。ニヌルタ神とネルガル神は、力、男らしさ、比類なき強さを私に授与された。

私は、聖人アダパの業、秘密として隠された知識、書記のあらゆる技術を習得した。私は天地の予兆を検分することができ、それを学者たちの集まりの中で議論することができる。技ある占い師たちと「もし肝臓が空のように見えたら」（集成）についで考えをめぐらすことができる。私は、一見答えもないような複雑な割り算、掛け算を解き、難しいシュメル語・アッカド語で巧みに書かれた難解な文書を読み解いてきた。私は、大洪水の前（の太古）に石に書かれ、その意味は封印され、詰まっていて、混乱した碑文を注意深く研究した。

りすぐりの連中とともに、私が過ごした日々はこうである。私は駿馬《しゅんめ》を駆り、走ろうとしない荒馬を乗りこなした。弓を持ち、戦士のように矢を飛ばした。震える槍をあたかも矢のように投げた。御者のように（馬の）手綱を握り戦車を引き回した。アリートゥ盾とカバーブ盾を工人のように作り上げた。私は、あらゆる専門家の技術に通じている。

合わせて、私は正しい君主としての振る舞いを学び、王権の振るい方に慣れ親しんだ。私を生んだ王の前にいつも立ち、長官たちに指令を出した。私なしにはどんな行政官も任命されず、どんな監督官も私の同意なく据えられることはなかった。

（RINAP 5/2, 220）

図8-1　アッシュルバニパルの教育について記された粘土板、表面と裏面

この後、文書には、前六七二年アヤル月にニネヴェで王位継承の取り決めを遵守させるべくエサルハドンが執り行った誓約の儀式のことが記されている。おそらくは、この儀礼と前後して、アッシリアの王位に就く皇

太子アッシュルバニパルは、文武両道の帝王学を学び始めたのだろう。

†知識人としての王

メソポタミアの言語シュメル語とアッカド語を書くための楔形文字の文字システムは、六〇〇程度の文字を使用し、日本語（あるいは万葉仮名）の文字システムに似て同字異音、同音異字も多く、複雑であることから、識字率は低く、王といえども読み書きができる者は少なかったと考えられてきた。前二〇〇〇年頃まで南メソポタミアで話されていたシュメル語は、話し言葉としては死語になって久しかったが、前二千年紀の高等書記教育においては、伝統的にシュメル語で書かれた宗教文学文書を読むための学習が行われ、その後も欧米世界のラテン語や東アジアにおける漢語のように、文化言語としての役割を維持した。

アッカド語は、シュメル語が死語になって後、前二千年紀半ばにはメソポタミアはもちろん西アジア全体で国際標準語となった言語である。前一千年紀に入るとアッカド語は、西アジア地域での国際標準語としての地位を次第にアラム語に譲っていくことになるが、アッシリア帝国期のメソポタミアとその周辺においては、なお最重要の言語であった。

古代メソポタミアの王たちの中で、文人として高い教育を受け、読み書きができたことをはっきりと誇示しているのは、アッシュルバニパル以外には、前二一世紀のウル第三王朝のシュルギと前二〇世紀のイシン王朝のイシュメ・ダガンくらいしか見あたらない。両者とも自らを賛美する王賛歌を作成させ、そこで、読み書きができ、教養があり、賢いことを自慢している。しかし近年、種々の状況証拠に照らして、前二千年紀以降のメソポタミアでは、王、官僚、高官、有力な商人などは、程度の差こそあれ、ある程度読み書きができたのではないかという見方が検討されてきている。

神々に仕える敬虔《けいけん》な君主であり、国土と人民の擁護者であるという古代メソポタミアに共通する王のイメージに加え、アッシリア王は、武人として自ら軍を率い、国土を広げる強い王の姿を王碑文において特に強調した。こうした伝統に照らして、アッシュルバニパルが、難解な文書を自在に読むことのできる文人としての一面を強調するのは、アッシリア王碑文の伝統においては、かなり特殊といえる。後述するように「アッシュルバニパルの図書館」と言われる大規模な文書収集を行うような王であったアッシュルバニパルは、優れた文学的要素を盛り込んだ巧みな語りの手法で書かれた王碑文を数多くつくらせている。アッシュルバニパルの書記たちが、シュルギやイシュメ・ダガンのようなはるか昔のメソポタミアの先人たちが書かせた王賛歌を参照して、王碑文にその要素を取り込んでいたとしても驚くことではない。

†アッシュルバニパル即位

前六六九年アラフサムナ月一〇日にエサルハドンがエジプト遠征の途上で病死すると、『エサルハドン年代誌』が記録するように、翌月のキスリム月にアッシュルバニパルがアッシリア王として即位した。アッシュルバニパルの即位式が行われる時点で、エサルハドンの母（アッシュルバニパルの祖母）ナキヤ（アッカド語名ザクートゥ）はなお存命で、宮廷において王母としての影響力を維持していた。

ナキヤは、シャマシュ・シュム・ウキンを含むアッシュルバニパルの兄弟たち、王族、高官、官吏を集め、アッシュルバニパルの地位を脅かすことなく、それを守護するように、彼らに誓約（アデー）を結ばせ、王位継承の誓約の念を押した。『ザクートゥ契約』と呼ばれるその誓約文書（粘土板）がニネヴェから発見されている。

『エサルハドン年代誌』によると、アッシュルバニパルがアッシリア王として即位した翌年の前六六八年にシャマシュ・シュム・ウキンがバビロニア王として即位し、センナケリブによってバビロンから奪われアッシュルに置かれていたマルドゥク像は、アヤル月にほぼ二〇年ぶりにバビロンに戻された。マルドゥク像のバビロンへの返還は、バビロン再建を推進したエサルハドンが目指した事業であったが、その死後に息子たちによって成就したことになる。

2　エジプト遠征

†アッシュルバニパル治世に関する史料

アッシリア帝国最盛期の最後の大王アッシュルバニパルの治世は、他のどの王よりも数多くの多様な王碑文に加え、王室書簡、卜占文書、預言、行政文書、法文書など多くの文書史料に恵まれている。しかし、前九世紀後半から遠征先や大きな事件を記録してきたアッシリアの編年史料「リンム年代誌」のアッシュルバニパル治世に該当する部分は、ほとんど残っておらず、『バビロニア年代誌』も前六六七年以後の記録は知られていない。こうした編年史料の不足は、角柱（プリズム）に書かれたアッシュルバニパルの主要な王碑文が、事件を年代順ではなく地域ごとにまとめて報告していることと相まって、治世下の出来事を歴史的に正確に理解することを難しくしている。また、多くのことが知られている治世前半とは対照的に、治世後半についてはほとんど情報がないことにも注意しておく必要がある。

以下では、複数の軍事遠征とその関連の事件を読み応え（聴き応え）のあるストーリーとして、地域ごとにまとめて語るアッシュルバニパルの王碑文の語り方にある程度沿いながら、アッシュルバニパル治世下のアッシリアの軍事遠征と関連する出来事について見ていきたい。

†エジプト遠征の始まり

アッシュルバニパル治世初期の最重要の軍事標的はエジプトだった。前六六九年にエサルハドンがエジプトに向かう遠征の途上に病没したことは、ナイル・デルタをアッシリア支配から解放することを目指していたヌビア王朝のタハルカにとっては、願ってもない出来事だった。アッシュルバニパルの王碑文によると、タハルカの軍勢はエサルハドンが任命した地方領主や行政官を退けてメンフィスに入城し、アッシリアの支配を壊滅させた。この報告がニネヴェにもたらされると、アッシュルバニパルは精鋭部隊をエジプトに派遣した。

進軍の途上で、エサルハドン治世中に朝貢国となっていた東地中海岸地域の二二の王国の軍勢を合流させ、アッシリア軍は陸路と海路からエジプトに攻め入った。アッシリア軍は、ナイル・デルタのカール・バニートゥでエジプト軍と会戦し、これを打ち負かした。

この知らせを聞いてタハルカはナイル中流域のテーベに逃れたが、アッシリア軍はテーベを掌握し、あらためてアッシリアに忠誠を誓ったエジプトの諸侯たちをナイル・デルタからテーベまでの諸都市に再配置して彼らと協定を結び、エジプトに対するアッシリアの主権を回復した。

その後、タハルカと結んでさらなる反抗を企てたエジプトの諸侯たちの試みがアッシリア軍によって鎮圧されると、反乱者たちは捕らえられてニネヴェに連行された。しかし、反乱者のなかで、メンフィスとサイスの君主であったネコだけは罪を許され、新たな協定を結ばされたうえでエジプト支配の要《かなめ》としてサイスの君主の地位に復帰し、アッシリアの宦官たちが行政官としてこれを監視した。

†テーベ略奪

その後、タハルカが死亡すると、その親戚筋にあったシャバコの子タヌタモンがファラオであることを宣言し、ヌビアから進軍してテーベとヘリオポリスを掌握、さらにアッシリア軍のいるメンフィスへと進軍してこれを包囲した。アッシュルバニパルはニネヴェで事件の一報を受けると、速やかにアッシリア軍をエジプトに派遣した。

タヌタモンは、アッシリア軍のエジプト入りを察知して、戦いを避けてメンフィスから撤退しテーベに戻った。アッシリア軍はタヌタモンを追い出してテーベを占領し、王宮から戦利品を奪い、人民を連行してニネヴェに凱旋した。戦利品の中には、金銀財宝とともに二五〇〇タレント（約七五トン）の重さの二つの巨大なオベリスクが含まれていたという。その後、タヌタモンがデルタに侵入したときシリアに逃れたネコの子プサメティコスがナイル・デルタに戻り、アッシリアと宗主属王関係を結んでサイスとメンフィスを統治した。

3　フェニキア、アナトリア、ザグロス諸国

†テュロス

東地中海の海洋交易により繁栄していたアルワド、ビブロス、テュロスなどのフェニキア人の都市国家は、アッシュルバニパル治世初期には朝貢国としてアッシリアの宗主権を受け入れていた。しかし、これら都市国家の後背地を支配し、交易に関税をかけて貢物を要求するアッシリアに対する不満は、反抗の火種となってくすぶり続けた。

当時のフェニキア海岸で最も有力な商業都市だったテュロスの王バアルは、エサルハド

ンの治世中にアッシリアと宗主・属王条約を結んでいたが、その条約の粘土板によると、テュロスの王宮にはアッシリアの監察官が置かれ、テュロスに届くすべての書簡をチェックすることで外交関係が監視された。また、テュロスの船舶が使用する東地中海海岸の港湾の多くがアッシリアの管理下に置かれていたこともわかっている。自前の商業船団を持たず海洋交易を自ら行うことのないアッシリアは、その固有領土の外側に広がる海洋を舞台とする交易活動で利益を上げるテュロスのような商業国家に対して、東地中海の港湾とそこを通過する交易品に課税することで利益を得ようとした。

アッシリアのくびきを振り払いたいテュロス王バアルは、アッシュルバニパル治世初期にエジプトで起こった反アッシリア的蜂起に呼応して反乱を企てた。これに対して、アッシリアは島国テュロスの対岸の大陸側の後背地に複数の駐屯地をつくってテュロスを包囲してバアルを屈服させた。バアルは自分の息子と娘たちをニネヴェに差し出して恭順の意を示し、再びアッシリアの支配に服した。

†リュディアのギュゲス

ヘロドトスの『歴史』に知られているアナトリア西部のリュディア王国の王ギュゲス（アッカド語でググ、リュディア語でクカス）に関しては、アッシュルバニパルの王碑文の一つ（角柱碑文A）に以下のような読み応えのある長いエピソードが残っている。

海の向こう岸にある地、遠い場所、私の祖先の王たちの誰もその名を聞いたことがない国ルッディ（リュディア）の王ググ（ギュゲス）。私を創造した神アッシュルは、彼に夢を見させ、私の名を知らせて「アッシリア王アッシュルバニパルの足にすがって、彼の名をもってあなたの敵を制圧しなさい」と告げた。その日、彼はこの夢を見て、騎乗した使者を私に送り、私の平安を尋ねさせた。その使者を通して、彼は夢のことを私に報告してきた。

彼が私の王権にすがったその日以来、彼は、彼の国の人民を混乱に陥れ、私の祖先の王たちを恐れず、私の王権の足元に屈することもなかったキンメリア人どもを制圧した。私の主であるアッシュル神とイシュタル女神に依り頼むことで、ギュゲスはキンメリア人の諸都市を征服し、その支配者たちのうちの二人を捕らえ足枷《あしかせ》と鉄の手錠・手枷をはめて、多くの謁見の貢物とともに、私のもとに送ってきた。

（ところが後になって）彼は、私の平安を訪ねるために定期的に送っていた騎乗使者を送ってくるのを止めた。彼は、私を創造したアッシュル神の言葉に敬意を払わず、自らの力に依り頼み、傲慢にふるまった。彼は、私の主権のくびきを投げ捨てたエジプト王プサメティコス（一世）のために援軍を送った。私はこの知らせを聞き、アッシュル神とイシュタル女神に訴えた。「彼の死体が彼の敵の前に投げ出されますように、そして（敵が）彼の骨を持ち去りますように！」。私がアッシュル神に訴えるやいなや、それは現実に起こり、彼の死体はその軍勢の前で投げ倒され、（敵が）彼の骨を運び去った。

ギュゲスが、私の名によって、踏み倒していたキンメリア人たちは、（今度は）彼の国の全地に逆襲をしかけて破壊しつくした。その後、彼（ギュゲス）の息子が王位についた。私の願いによって、私が依り頼む神々が、彼の生みの親に対して悪い出来事を引き起こしたので、彼は使者を使わして私の足元にすがって言った。「あなたは神がお認めになる王です。あなたが私の父を呪うと、厄災が私の父に降りかかりました。あなたを敬う下僕である私のためにお祈りください。私にあなたのくびきを引かせてください」。（RINAP 5/1, 11）

一方、ヘロドトスの『歴史』は、ギュゲスが王カンダウレスを殺し、その妃を娶って、みずから王になった顛末を物語風に叙述しているが、リュディアとアッシリアの関係については何も記さない。アッシュルバニパルの碑文に書かれた出来事がいつ起こったことなのか、正確にはわからないが、種々の状況証拠にかんがみると、前六六五年頃から六四五年頃までの二〇年ほどの期間の出来事がここにまとめて語られていることがわかる。まず、ギュゲスがアッシリアに使者を送ったのは、アッシュルバニパルの即位後間もない前六六八―六六五年頃、その後のギュゲスのキンメリアに対する勝利を挟んで、アッシリアに離反してエジプトのプサメティコスと同盟を結んだのが前六五〇年代半ば、そしてギュゲスの死、キンメリアのリュディア侵攻、ギュゲスの子の即位はおそらく前六四五年頃のことであった。

ギュゲスを殺したのはギリシア語史料に言及されるキンメリア人の指導者リュグダミスの軍勢と思われるが、この人物は、アッシュルバニパル碑文にトゥグダンメの名で言及されており、タバルの領主と同盟して、アナトリア地域でアッシリアに反抗した軍事指導者として描かれている。アッシュルバニパルの碑文は、ギュゲスを死に至らしめた直接的原因に触れずに、これを都合よくアッシュルバニパルの呪いによるものとしているところが面白い。

アッシュルバニパル以前のアッシリア王碑文は、一つ一つの遠征を詳しく報告したり、数多くの征服地の名を羅列したりして、戦争の詳細、領土の征服、戦利品や貢物の獲得など現実の出来事を具体的に記述することが多く、このように二〇年にも及ぶ長期間に起こった様々な事柄を、実際のアッシリアの軍事行動にも外交にも直接的に言及せず、占い、呪い、奇跡と神々の意思といった神秘的な要素をちりばめて、一つの文学的エピソードに仕上げるということはほとんどなかった。ヘロドトスの叙述を思い起こさせるようなこうした物語的歴史叙述は、アッシュルバニパルの王碑文にみられる新しい叙述スタイルであり、ギリシアの歴史叙述に先行する「語りの歴史」の誕生を感じさせる（図8－2）。

†マンナイとその周辺

アッシリアの北東と北の国境の支配は比較的安定していたが、この地域についても、いくつかの軍事行動がアッシュルバニパルの碑文に記されている。アッシュルバニパルの治世が始まるのに先立って、マンナイ王国は、ザグロス山地のアッシリアの領土に侵入し、いくつかの都市を制圧していたことが、エサルハドンがマンナイへの外征の是非を太陽神シャマシュに問うた卜占神託文書からわかる。こうしたマンナイの軍事侵攻に対抗すべく、アッシュルバニパルは

図8－2　アッシュルバニパルの「角柱碑文A」

現在のイラク・クルド地区のスレイマニア近辺に軍営を設け、それに対してマンナイの軍が夜襲をかけたことで本格的な戦いが始まった。アッシリア軍はマンナイ軍を討ち破って山岳地を北方へ進軍し、マンナイの領土深く侵攻して多くの集落を略奪した。人民、馬、牛、羊、ヤギが戦利品として獲得され、失われた領土はアッシリアに回復された。

マンナイの攻勢と呼応して、メディアやウラルトゥでも属国や行政州でアッシリアに対する反乱が起こったが、これらは大きな問題なく鎮圧された。そうした比較的小さな騒乱を除けば、かつてアッシリアの強敵であった北方のウラルトゥ王国の王たち(ルサとサルドゥリ)は、アッシリアに対して使節を送り平和のメッセージを伝え、贈り物を差し出して、アッシュルバニパルと良好な関係を維持していた。このウラルトゥとアッシリアの結束の背景には、新たな勢力としてウラルトゥを脅かす遊牧民集団キンメリア人とスキティア人の勢力の台頭があったと思われる。

4　エラム王国との抗争と「兄弟戦争」

祖父センナケリブの時代と同様に、アッシュルバニパルの治世においても、エラム王国はアッシリア帝国に頑強に対抗する勢力として際立っていた。アッシュルバニパルは、エラムの政治に介入し、親アッシリア勢力をエラムに維持しようと試みたが、長期的な友好関係は保たれず、結局は何度も軍事的に対決することになった。

アッシュルバニパルの即位当初、エサルハドンがエラム王ウルタクとの間に締結した友好条約に基づいて、エラムで飢饉が起こった折にはアッシリアから穀物が送られ、エラムの難民がアッシリアで受け入れられた。しかし、その後ウルタクは、バビロニアとエラムの反アッシリア主義者の意見に同調して、アッシリアの影響下にあったバビロニアに進軍しバビロンを包囲した。しかし、これに対して、アッシュルバニパルがバビロニアに軍隊を派遣すると、ウルタクは対決を避けエラムに帰還した。

その後まもなくウルタクが死亡すると、新しいエラム王として即位したテウマンは、前王ウルタクの親族を根絶やしにしようとしたため、ウルタクの息子たち（ウンマニガシュ、ウンマナパ、タンマリトゥ）は親族や廷臣とともにニネヴェに亡命してアッシュルバニパルに助けを求めた。この状況をうけて、エラムとアッシリアの関係は急速に悪化した。

†ティル・トゥーバの戦い

エラム王テウマンはアッシュルバニパルに亡命者たちの返還を求め、アッシュルバニパルがこれを拒否すると、前六五三年頃、テウマンはついに派兵し、エラム軍はニネヴェに向けて進軍した。これに対してアッシリア軍は、エラム軍とすれ違うように南進してデールに向かい、この動きを察知して本国を守ろうと引き返すエラム軍とスサ近郊のウライ川(今日のケルカ川)河畔のティル・トゥーバで会戦した。激しい戦いの中、テウマンはアッシリア兵によって首を落とされ、エラム軍は敗北した。

アッシリア軍は、エラムとともに反逆したバビロニア南部のガンブルの領主ドゥナヌをその家族もろとも捕らえ、ガンブルの首都シャ・ピー・ベールに駐留していたエラムの将軍マッスィラを殺害してシャ・ピー・ベールを破壊した。ニネヴェにおいてアッシュルバニパルは、エラム王テウマンの生首を、連行したガンブルの領主ドゥナヌの首に掛けて楽隊が音楽を奏でるなか行進させ、テウマンの首はニネヴェのシタデルの門にさらされた。

ティル・トゥーバの戦いとアッシリア軍のニネヴェ凱旋の場面は、ニネヴェの南西王宮の内壁に張られた一連の石板のレリーフに描かれている(図8-3)。現在大英博物館に展示されているこのレリーフには、ティル・トゥーバでの激しい戦闘で、アッシリア軍がエラム軍を圧倒し、ウライ川に追い込んでいく過程が絵巻物風に描かれている。

そこでは、アッシュルバニパルに敵対したエラム王テウマンの運命にスポットが当てられ、その姿が時間の経過を追って何度も描かれる。テウマンが傷を負い息子のタンマリトゥに連れられて逃亡しようとする場面、テウマンが追い詰められた末に首をはねられる場面、テウマンの生首をアッシリアの軍人が掲げている場面、その後、テウマンの首が戦車

図８−３　ティル・トゥーバの戦いを描いた王宮浮彫（ニネヴェ出土）

図8－4　カウチに寝そべるアッシュルバニパルを描いた浮彫（ニネヴェ出土）。場面左側の木に吊り下がっているのがエラム王テウマンの首

に乗るアッシリアの軍人たちによってニネヴェに運ばれる場面などが次々と現れる。そして最後には、ニネヴェでアッシュルバニパルが、テウマンの首が吊り下げられた木のそばで、ブドウの葉が陰を作る寝台に横になって、妃に付き添われながらワインの杯を持っている場面が描かれている（図8－4）。これらのレリーフの要所には、描かれている内容を解説する説明文が付けられた。

アッシュルバニパルは、自ら軍を率いて危険な戦場に赴くことはほとんどなかったが、神々によって付与された自らの力の恐ろしさを、碑文と浮彫芸術の中にふんだんに描かれるサディスティックな描写を通して強調した。その文章と絵画の双方において、その文学性と芸術性は当時としては最高峰の洗練されたものに昇華された。そこに描かれた残酷な描写は、現代の人権擁護の観点から見れば眉を顰《ひそ》めるような忌まわしいものであろうが、当時、それを見聞きするに人々に、王に対する畏怖の念をいだかせ、反抗を断念させるような宣伝効果をもっていただろう。

†「兄弟戦争」の始まり

その後、アッシュルバニパルは、亡命者として身柄を預かっていたかつてのエラム王ウルタクの息子ウンマニガシュとタンマリトゥにエラム王国の統治をゆだねたが、アッシリアとエラムの良好な関係は長続きしなかった。

バビロニア王シャマシュ・シュム・ウキンは、即位から一五年ほどの間、弟であるアッシリア王アッシュルバニパルからの様々な政治的干渉に辟易《へきえき》としていたが、ついにアッシリアに対して蜂起すべく、密かに隣国の支持を集めて大規模な反アッシリア同盟を組織した。この同盟には、バビロニアの諸都市、カルデア系・アラム系諸部族に加え、エラム王国、ザグロス山地やレヴァント地方の諸勢力も加わった。この動きに対して、アッシュルバニパルは、バビロン市民をはじめバビロニアの諸勢力に書簡を送り、彼らを懐柔しようとした。しかし外交努力もむなしく、前六五二年の末、シャマシュ・シュム・ウキン率いる反アッシリア同盟とアッシリア軍の間で戦いがはじまった。

†バビロン落城

兄弟間の戦いは、ほぼ四年にわたって続いた。戦いはバビロニア各地で行われ、戦況は混沌とし、各勢力の内部で密約や裏切りが相次いだ。しかし前六五〇年頃から情勢はアッシリアの有利に傾き、アッシュルバニパルは、バビロンとその他のバビロニアの主要都市ボルシッパ、クタ、シッパルを包囲した。これらの都市は二年間包囲に耐えたが、水と食料の不足に苦しみ、疫病も発生する中、アッシュルバニパルの碑文によれば、食料不足で人肉をあさる者が出るほどの苦境に陥った。

そしてついに、シャマシュ・シュム・ウキンの死によって、この戦いに終止符が打たれた。アッシュルバニパルの碑文は、「神々がシャマシュ・シュム・ウキンを燃え盛る炎の中に投げ込み、彼の命を奪った」と記す。前六四八年の半ば頃には、バビロンとボルシッパはアッシリア軍に開城し、アッシリアの勝利が確定した。反乱したバビロニア王の支持者たちは厳しく罰せられて、王権の象徴である王冠、王杓、王印を含むシャマシュ・シュム・ウキンの財産は、戦利品としてニネヴェに持ち去られ、この様子は、ニネヴェの王宮の石板レリーフに描かれた。アッシュルバニパルの碑文によれば、バビロニアには新たに行政官や役人が任命された。

以来、前六四七年から前六二七年まで、バビロニアで大きな反乱が起こった証拠はない。戦乱による荒廃にもかかわらず、バビロニアの諸都市では経済活動がまもなく正常化したことが、各地から出土する行政文書・経済文書からわかっている。アッシリアの影響下に置かれたバビロニアの情勢は二〇年ほどの間、安定していた。

†謎の「バビロンの王」カンダラヌ

アッシュルバニパルの碑文は沈黙しているものの、シャマシュ・シュム・ウキン没後、バビロニアにはカンダラヌという人物が王として立てられたことが、アッシリアとバビロニアに由来する二つの王名表、『アッシリア・バビロニア対照王名表』と『バビロニア王名表A』から明らかである。これらの文書によれば、カンダラヌは、シャマシュ・シュム・ウキンに続いてバビロニア王になり、二一年間（前六四七—六二七年）バビロンを統治している。カンダラヌの名は、バビロン出土の経済文書の日付に「バビロンの王」のタイトルとともに記される。カンダラヌがアッシリアの傀儡であったことに疑いの余地はないが、この人物がどのような出自をもち、どのような政治的役割を担ったのか詳細は不明である。

バビロニア各地から出土する経済文書の日付がカンダラヌの治世年によって示されてい

ることは、この人物が、シャマシュ・シュム・ウキンと同様に、バビロニアのほぼ全土の行政の代表者であったことを示している。ただし、例外的にニップルからは、「諸国の王」(*šar mātāti*)、「アッシリア王」(*šar māt Aššur*)、「世界の王」(*šar kiššati*)のタイトルを持つアッシュルバニパルの治世年によって日付が付けられた文書が出土している。これは、「兄弟戦争」のさなかに反アッシリア同盟の拠点となったニップルが、征服後はアッシリアによる直接統治地域とされ、戦後もアッシュルバニパルによる厳格な直接支配が続いたことを示している。

バビロニア王カンダラヌには建設事業などの公的活動の証拠がなく、バビロニアでのすべての建築事業はアッシュルバニパルの名で行われたことが、バビロニア諸都市から出土した建築記念碑文からわかる。また、アッシュルバニパルとカンダラヌの治世が同時に終わっている可能性も完全には排除できないことから、カンダラヌはアッシュルバニパルがバビロニアで使用した名であり、実は二人は同一人物であるとする学説も提出された。この学説を完全に退ける直接的証拠はないものの、アッシリア王が異なる名前でアッシリアとバビロニアを統治した前例はなく、バビロニア諸都市の行政・経済文書は、例外なくアッシュルバニパルの名ではなく、カンダラヌの名によって年代が記録されていることから、カンダラヌはアッシュルバニパルとは別の人物であったと考えるのが妥当だろう。アッシュルバニパルは、父エサルハドンがアッシリアとバビロニアを分けて二人の息子に統治させた伝統を踏襲し、傀儡の王をバビロニアに個別に立てることで、アッシリアとバビロニアの王権の分離独立の形式を維持したものと思われる。

†エラムへの再度の遠征

「兄弟戦争」終結から間もない前六四七年頃、エラムで新しい王ウンマンアルダシュ（フンバン・ハルタシュ三世）が即位すると、アッシリアとエラムの戦いは再燃した。アッシュルバニパルが送った軍隊は、デールを経てエラムに侵入し、エラムからバビロニアに入る拠点であったビート・インビを占領してさらに東に進軍すると、ウンマンアルダシュは首都マダクトゥを捨て山地に逃れた。その後、アッシュルバニパルは傀儡の王を即位させてエラムを支配しようと試みたが、この方策が失敗すると、ウンマンアルダシュはエラムの王位に復帰した。

アッシュルバニパルは、バビロニア南部の「海の国」のリーダーで反アッシリア同盟の形成に中心的役割を果たし、エラムに亡命していた（マルドゥク・アプラ・イディナの孫）ナブー・ベール・シュマーテを引き渡すようにエラム王に迫り、さもなくばエラムを攻撃する旨通告したことが、アッシュルバニパルの書簡（BM 132980）からわかる。この通告をエラム王が受け入れなかったため、アッシュルバニパルはエラムに対して最終的な戦いを挑んだ。

アッシリア軍は、エラムの王都マダクトゥや聖都スサをはじめとする多くの都市や要塞をことごとく破壊し、大量の金銀財宝、神像、王像、種々の彫像、財産、軍人、官吏、兵士、工人を含む人民、家畜を奪取しアッシリアに持ち去った。そのうえ、積年の恨みを晴らすため代々のエラム王たちの墓を打ち壊してその骸を白日の下にさらし、塩と植物に有害なカラシナを耕作地に撒くなど、ひと月かけて、エラムの地を徹底的に破壊させたという。

アシュルバニパルの碑文によれば、「海の国」のナブー・ベール・シュマーテは抵抗をあきらめて自害し、恐れをなしたエラム王ウンマンアルダシュは、自害したナブー・ベール・シュマーテの遺体を塩漬けにして、アッシュルバニパルの使者に引き渡した。しかし、アッシュルバニパルはその死体を葬ることを許さず、死体の首を落とし、彼とともにエラムをアッシュルバニパルに敵対するように仕向けた罪人であるシャマシュ・シュム・ウキンの家来ナブー・カーティ・ツァバトの首に掛けたという。この戦争の後、エラムは、もはやアッシリアに対抗する力をもたなかった。

†アラブ諸部族との闘い

シリア・アラビア砂漠の外縁のオアシスを起点に活動する遊牧集団が「アラブ」の名で文書史料に登場するのは、アッシュルバニパルの治世を二世紀ほどさかのぼる前八五三年頃のカルカルの戦いを描いたシャルマネセル三世の王碑文が初めてである。この戦いは北シリアのオロンテス河畔でダマスカス、ハマテ、北イスラエルが率いる反アッシリア同盟がアッシリア軍を迎え撃ったものであるが、ここにはラクダ部隊で武装するアラブの首長ギンディブの軍勢が反アッシリア同盟に加わったことが記されている。

図8－5　アラブとの戦いを描いた浮彫（ニネヴェ出土）

「アラブ」は、以来、ラクダを家畜として駆使して砂漠の交易路を行き交い、砂漠地域から次第にユーフラテス中流域やメソポタミアにも活動範囲を広げていく集団として、メソポタミアの文書に言及されるようになる。サルゴン朝の王たちは、移動性が高く特定の場所を支配することが難しいアラブ系遊牧民と条約を結び、良好な関係を築こうと努力した（図8－5）。

「兄弟戦争」に先立ち、アッシュルバニパルは、宗主権条約を破ったアラブのケダル族の首長たちに対して懲罰遠征を行っている。アッシュルバニパルは、反乱者を退けてアビヤテをケダル人のリーダーに擁立したが、アッシュルバニパルとシャマシュ・シュム・ウキンの「兄弟戦争」が始まると、アビヤテはアッシリアとの条約を破棄して、シャマシュ・シュム・ウキンに援軍を送った。

アビヤテとその一派は戦いのなか、シャマシュ・シュム・ウキンとともにバビロンに包囲された末逃亡するが、捕らえられてアッシュルバニパルの前に引き出された。アッシュルバニパルはこのときはアビヤテを許したが、「兄弟戦争」後もアビヤテとその弟アヤ・アンムはアッシリアに反抗し、ケダル人のウアイテ、ナバテア人のナトヌ等と共闘して、国境の交易ルートを脅かした。アッシリア軍は、水に乏しい砂漠地域に分け入ってアラブ系諸部族を打ち破ると、反乱の首謀者たちをニネヴェに連行して処刑した。この事件が、アラブ系諸部族とアッシリアの抗争に終止符を打つものであったかどうかは、アッシュルバニパル治世後半の記録が乏しく定かでない。

5　アッシュルバニパルのライオン狩り

†アッシュルバニパルの北王宮

帝国各地から発見される数多くの王碑文は、王を名前、称号、副号、形容句とともに紹介し、王の軍事行動について詳しく叙述した後、新しく行われた建築事業についての記述によって締めくくられる。そうした王碑文にみる建築事業の情報と建築遺構の考古学的調査の結果から、アッシリア中心地域においてはニネヴェ、アッシュル、アルベラ、ミルキア、タルビツで、バビロニアにおいてはバビロン、ボルシッパ、ニップル、シッパル、クタ、デール、ドゥル・クリガルズ、アガデ、ウルク、メー・トゥランで、そして西方領域ではハランで、アッシュルバニパルによる建築事業が行われたことがわかる。

首都ニネヴェでは、センナケリブが主要な城塞であるクユンジクに建てた王宮（南西宮殿）と、エサルハドンが第二城塞の軍管区に建てた閲兵宮殿（レヴュー・パレス）が再建された。これらの工事に加え、「兄弟戦争」とそれに続く騒乱に決着を付けた後の前六四六―六四三年頃に、従来の主王宮（南西宮殿）の北に第二の王宮（北宮殿）が建設された

（図6－3参照）。この王宮は一九世紀半ばに発掘され、王宮の複数のホールから一連の王のライオン狩りの場面を描くレリーフが彫られた多くの巨大な石板が発見された。

宮殿ホールの内壁を飾っていたこれらの石板は、ロンドンの大英博物館に運び込まれ、そこに展示されている。大英博物館の多くの展示品の中でも屈指の見どころとされるこれらの浮彫芸術は、アッシリアに由来する美術品のうちでも、最高傑作との呼び声が高い。そこには、アッシュルバニパルが草原で行ったライオン狩りの様子と、ニネヴェの都市域で、武装した兵士たちが取り囲んで作ったスペースで儀礼として行われたライオン狩りの場面が描かれている。

†アッシリアにおけるライオン狩り

狩猟は本来的には食料を得るための重要な手段であったが、古代メソポタミアの王たちにとっては、一種のスポーツとして雄々しい武芸の修練の手段とされたほか、猛獣の狩猟は平和を脅かす恐ろしい敵を制圧する強く正しい王の力を顕示する儀礼として行われた。

たとえば、前二一世紀のウル第三王朝の王シュルギは自らを賛美する王賛歌の中で、象、ライオン、雄牛、ロバ、イノシシ、ヤギなどの野生獣を様々な武器を用いて狩り、獰猛《どうもう》な動物を駆逐して羊飼いを安心させたと記させている。また前一三世紀のヒッタイト王ハットゥシリは、即位したばかりの若いバビロニア王カダシュマン・エンリル二世（治世前一二六三—一二五五年）に送った書簡で「私は、わが兄弟（カダシュマン・エンリル二世）は成長され、よく狩りに出ておられると聞きました」と述べていて、狩りが成熟した王の習わしであったことを示唆している。さらに、中アッシリア時代（前一二世紀）のアッシュルの王宮跡から、動物飼育係にかかわる一〇〇枚ほどの粘土板が入った壺が出土しており、そのうちの二九点に、「ライオンのための羊」の支給・消費が記録されている。これらのライオンは当時のアッシリア首都で飼育され、おそらくは市民に披露《ひろう》され、儀礼的狩猟の獲物にされたと考えられる。

アッシリアの王碑文では、ティグラト・ピレセル一世（治世前一一一四—一〇七六年）の年代記を嚆矢として、戦争記録の後に、王が狩りに出て多くのライオン、雄牛、象、ダチョウ、鹿、ガゼルなどを殺したり捕らえたりしたことが自慢げに書かれている。また、こうした狩りの場面を王宮の浮彫に描くことも、すでに前九世紀にアッシュルナツィルパル二世がカルフに建てた北西宮殿において実践されている。しかし、前九世紀半ば以降は、アッシリア王碑文の形式や主題が変化し、王の狩猟を記事として取り上げることはなくなった。アッシュルバニパルは、このひとたび廃れた伝統を、特にライオン狩りに焦点をあてて新しいかたちで復活させた。

図8-6　アッシュルバニパルのライオン狩りを描いた浮彫（次ページも）

アッシュルバニパルの王碑文に狩猟が記録されることは多くはないが、森林で繁殖して数が増え、街道をふさぎ、家畜を襲うライオンを、アッシュルバニパルが退治し、人々と野の動物を安心させたというストーリーを記した粘土板が知られている。この粘土板は、おそらく何らかの記念碑に刻まれたテクストの草稿だったと考えられている。そして、新築した北王宮の複数のホールの内壁のスペースをふんだんに使って、それまでにない写実的でストーリー性のある王のライオン狩りの場面を（石板上にレリーフとして）描かせたのである。

†アッシュルバニパルのライオン狩り

北王宮のS室と呼ばれる部屋のレリーフの

一つは断片的にしか残っていないが、アッシュルバニパルが戦車を駆って荒野に出て、自らの戦車とその乗組員だけで多くの野生のライオンを倒した様子が、説明の碑文とともに描かれている。そこでは、一緒に狩りに出た亡命者であるエラムの王子（ウルタクの子）ウンマナパが、怖がってアッシュルバニパルに助けを求めたと説明されている。

S室の多数の石板に彫られた保存状態の良いレリーフには、王宮近くで儀礼として行われたライオン狩りの場面が描かれている（図8-6）。この有名なレリーフでは、檻の中からライオンが放たれ、襲い掛かるライオンを王が捕まえて剣を突き刺したり、耳をつかんで槍で突いたり、尾をつかんで棍棒で頭をたたき割ったりして次々と殺す場面や、殺した複数のライオンにワインを注ぎ、ニネヴェのイシュタル女神に捧げる儀礼を執り行う場面が、それぞれの場面のそばに設けられた四角いスペースに彫り込まれた説明文とともに描かれる。

また別の部屋（C室）には、御者と盾持ちとともに戦車に乗った王が、檻から放たれたライオンに次々と矢を射る場面が迫力満点に描かれている。そこにみられる狩られたライオンの数は、奇しくもニネヴェの城門の数と同じ一八であり、これは一八の城門を通って城内に侵入しようとする外敵をことごとく打倒して都市の平安を維持する王の姿を象徴しているのではないかと想像力を掻き立てられる。

6 「アッシュルバニパルの図書館」とメソポタミアの知の伝統

†王の図書館

ライオン狩りに象徴される武人の顔とは別に、難解な科学文書や宗教文学書を読みこなしたアッシュルバニパルの文人としての姿が書簡史料や王碑文の記述からうかがえる。そうした文人としての王の事業として特筆すべきものが、「アッシュルバニパルの図書館」と呼ばれてきたニネヴェでの文書収集事業である。

先に紹介したアッシュルバニパルの皇太子時代の教育について叙述するテクストのように、諸文書に通じた自分の教養を雄弁にアピールしたアッシリアの為政者はほかにないが、アッシュルバニパル以前にも、王による文書の収集は行われていた。

サルゴン朝以前のアッシリア王たちは、メソポタミアに伝わる伝統的知識としての卜占、暦、呪術、祈禱、儀礼、医学、科学、文学、歴史、文字・書字法などに関する文書の収集をほとんど神殿組織と知識人個人にゆだねていたが、サルゴン二世以降の王たちは、次第にこの知的資産を王個人が掌握することに関心を示し始めた。これらの知識を学びつくすことで、王と王国の命運をより良いものにできると考えたからである。

すでに述べたように、当時の人々はこの世界の命運は神々が決定していると信じていた。そして、その神々の計画を事前に知り、さらには不都合な計画を変更させるための知識と技術をもつことで、王は自らの安全を確保し、権力を維持し、事業で成功を収めることができると考えた。

アッシュルバニパルの曽祖父サルゴンは、予兆としての天体の運行に強い関心を示していることが複数の書簡に見てとれるし、それに続くサルゴン朝の王たちも種々の予兆について察知し、それに対処しようと、多くの占い師や呪術師と密に連絡していた。エサルハドンのために、日時の縁起についての「果実（月神シン）、月の主」（*inbu bēl arhi*）という集成が特別に作成されたことが書簡からわかる。また、サルゴン朝時代のニネヴェからは、天体の動きを記録する合わせて一〇〇〇点近い手紙と天体観測記録が発見されている。

観察された予兆に対処するためには、その予兆の意味を突き止めるマニュアルが必要だったし、凶兆を克服して邪悪なものを退けるには呪術、祈禱の知識を集積した文書が参照された。こうした分野を中心に、神々の世界、宇宙の創造と構造、過去の出来事、医術、文学、言語・文字、科学など、あらゆる知識への渇望から、メソポタミアの伝統的知識を研究してきたバビロニアの知識人がアッシリアの王宮に招かれ、王宮主導でバビロニアの文書が収集された。その集大成が「アッシュルバニパルの図書館」だった。

†「図書館」はどこか？

現在アッシュルバニパルの「図書館」の蔵書とみなされている文書群は、実際には「図書館」という通り名に反して、一つの「館」で発見されたわけではない。文書群を掘り当てた一九世紀半ばの発掘は、しばしばその出土地域を正確に記録していないが、文書はクユンジクの南西宮殿、北宮殿とそれら二つの王宮の間に位置するナブー神殿およびイシュタル神殿から出土したことがわかっている。研究の結果、イシュタル神殿には前二千年紀に由来する古い粘土板が含まれ、ナブー神殿には前一千年紀前期にアッシュルバニパル治世に先立って書かれた文書も収められていたが、二つの王宮には、主としてアッシュルバニパルの名とタイトルが記され王の所有物である奥付が付けられた粘土板が所蔵されていたことが明らかになった。

神殿の図書館はニネヴェに古くからあったものであり、王宮の文書は、アッシリアの字体で書かれたものとバビロニアの字体で書かれたものを含むが、どちらもその多くはアッシュルバニパルの治世に新しく手写されたもので、王宮の蔵書はアッシュルバニパルの治世に収集されたことがわかる。そこには、サルゴン二世に始まる先代の王たちに仕えた王の主任書記であるナブー・ズクプ・ケーヌやその子孫たちが収集した文書も取り込まれた。

†アッシュルバニパルの文書収集

アッシュルバニパルは、バビロニア王であった兄シャマシュ・シュム・ウキンとの関係がまだ良好だった時期（前六五三年以前）に、バビロニアの知識人たちに書簡を送り、動物の異常出産の予兆、地上の予兆、呪術、哀歌、祭儀歌などを含む「あらゆる書記術の文書群、エア神（知恵の神）とアサッルヒ（呪術の神）の技術」、「マルドゥク神の所有する書記の［知識］」をことごとく書き写してアッシリアに送るように依頼した。バビロニアの主神マルドゥクの神殿エサギルの図書館には、メソポタミアの知の体系を代表する文書の集積があったのであろう。

また、マルドゥク神の子であり書記の神であるナブーの主神殿があり、バビロンと祭儀的にも密な関係にあったボルシッパにも同様の要請がなされたとみられ、以下のようなボルシッパ市民からアッシュルバニパル宛の書簡（粘土板）が知られている。

アッシュルバニパル、偉大な王、強き王へ。……ボルシッパの忠実な市民は、われらが主人である王のために、以下の命令を実行しています。「（命令）ナブー神の所有に属するすべての書記の知識を書き出して、私に送れ。完全に命令を実行せよ！」……私たちは、われらが主人である王の命令を実行して、昼夜を問わず努力奮闘しています。私たちはシッソノキ（紫檀《したん》）の「書板」（ライティング・ボード）に書き写しています。すぐにお求めにお応えします。また、王のおっしゃるシュメル語（文書）の「書板」、語彙表については、（バビロンの）エサギル神殿のものしかございません。質問状を作らせますので、バビロン市民にご依頼ください……（Frame/George 2005, 268f.）

ここで言及されている「書板」（ワックス・ライティング・ボード、アッカド語で *lē'u*）とは、通常、木で作られた枠組みに蠟を流して作られた二、三葉の縦長の書板を蝶番《ちょうつがい》で蛇腹状につないで折りたためるように仕上げたものであり、多くの情報を収録して保存・運搬するのにすぐれた機能を発揮した。木製品であるため実物が残存しにくいが、前二千年紀のメソポタミアとその周辺に始まりローマ時代の地中海世界に至るまで広く用いられた（図8-7）。アッシリアでは、カルフから象牙製のライティング・ボードが出土しており、その一つはサルゴン二世の所有物で天体に関する予兆集『エヌマ・アヌ・エンリル』が書かれていた。

上述の書簡からもわかるように、アッシュルバニパルは当初、バビロニアの重要な文書をワックス・ライティング・ボードに書き写させて輸入し、それをもとに粘土板にコピーを作らせたものと思われる。しかし、前六五二年にシャマシュ・シュム・ウキンの反乱を鎮圧しバビロンを掌握した後は、バビロニアの粘土板の実物も収集した。

図8-7　カルフ（ニムルド）出土のライティング・ボード

ニネヴェで発見された「図書館」に保存された粘土板とライティング・ボードの目録が複数知られているが、そこにはアッシリアとバビロニアの知識人から集められた一五〇〇点近い粘土板と一三七点のライティング・ボードが含まれている。朽ちたり焼失しやすいライティング・ボードはニネヴェから一点も出土していないが、そこに書かれていた文書はアッシリアの書記たちによって粘土板にコピーが作られており、そのかなりの部分は出土して知られているものと考えられる。

†蔵書の量・内訳とその価値

ニネヴェから発見された楔形文字文書とその断片の総数は三万一〇〇〇点ほどとされて

きた。このうちの多くが断片として発見されているが、他の断片と接合されたものが六〇〇〇点ほどあるので、接合済みのものを一点と数えると粘土板と断片の数は、現状で二万五〇〇〇点程度である。そのうち王室書簡と行政文書の三五〇〇点ほどを差し引くと、「図書館」に所蔵された粘土板とその断片は、二万一五〇〇点程度となる。断片がすべて接合されたとして、本来、所蔵されていた図書館の蔵書は、五〇〇〇点程度と推定される。

文書の内訳としては、卜占文書が約三五パーセント、その他の宗教文書（祈禱、呪術、哀歌、縁起、儀礼などの関係各書）が約三五パーセント、残りが医学書、叙事詩、神話、歴史書、語彙表、辞書、数学文書などである。この文書集成には、当時メソポタミアで伝承されてきた知識のほとんどすべてが含まれていると思われ、実際、前一千年紀のメソポタミアから知られている「図書館」文書のほとんどが、少なくとも一つの写本として、しばしば複数の写本として含まれている。

アッシュルバニパルがニネヴェで行った文書集成は、従来のあらゆる図書館の規模を凌《しの》ぐ世界初の国立図書館と呼びうるものだった。アッシュルバニパルが収集した「図書館」文書は、前六一二年にニネヴェが陥落した折に地中に埋もれてしまったが、他の後代の大規模な文書集成の多くが火災で焼失したのとは対照的に、粘土板は焼失することも朽ちることもなく地中に保存され、二五〇〇年近い時を経て一九世紀に発見されて、メソポタミアの知の体系を私たちに伝える最大の情報の宝庫として今なお研究されている。

第9章　帝国の落日

1　アッシュルバニパルの治世末期と後継者たち

†不透明な終焉

アッシュルバニパルがバビロニアを再び支配下に置き、エラムを最終的に打ち破ると、もはやアッシリア帝国の存在を脅かす勢力は周囲にほとんどないように思われた。しかし、アッシリア帝国の繁栄はアッシュルバニパルの治世中に少しずつ損なわれていったように見える。

シャマシュ・シュム・ウキンとの「兄弟戦争」が勃発した前六五二年に何年か先立って、エジプトでは、ナイル・デルタのサイスでアッシリアが擁立したプサメティコスが反乱を企てた。プサメティコスは、先述したアナトリア西部リュディアのギュゲスの援軍を得て、アッシリアの勢力をデルタから駆逐して、エジプト第二六王朝（サイス王朝）を創始した。アラビア半島の砂漠地帯で移動性の高いとらえがたい敵であるアラブ諸部族との戦いもアッシリアを疲弊させただろう。そして、アッシリア軍との長年月の戦いを経験したバビロニアの諸勢力の中には、敵意をもって報復の機会を待っている者があった。

しかし、不都合なことに、前六三八年頃に書かれたと考えられるいくつかの碑文を最後に、アッシュルバニパルの王碑文はまったく知られていない。前六三七年以降に新しく書かれた碑文が埋まっている場所に、たまたま考古学の鋤が届いていないだけかもしれないが、それまで大量に作成されていた王碑文がアッシュルバニパル治世末にまったく見られないということは、何らかの混乱が王の建設事業と記念碑文作成を難しくした可能性も考えられる。

さらに不幸なことに、「リンム表」も前六四九年以降は残っておらず、編年史料は皆無である。そのため、アッシュルバニパルの治世末期に何が起こり、アッシュルバニパルがどのように死亡したのかは不明である。アッシュルバニパルは長い治世の末、高齢になっていたはずだが、その終わりがいつであったのかさえ確定されておらず、前六三一年から前六二七年まで、アッシュルバニパルの没年については諸説が対立している。

†史料の不足

アッシュルバニパル治世末期から没後にかけての時期については編年史料『バビロニア年代誌』の記事は断絶しており、アッシュルバニパル治世末期の前六三七年から前六一七年までの状況はきわめて不明瞭である。

この時期の歴史を明らかにするための史料は、アッシリアとバビロニアの王名や統治年数を断片的に記す複数の王名表と後代（新バビロニア時代）の王碑文に残る伝承、ならびにアッシリアやバビロニアの諸都市から出土する行政経済文書である。行政経済文書の日付は、バビロニアでは王の治世年によって示されることから、それらの都市を誰がどのくらいの期間統治したかを追跡することができる。

アッシリアの支配領域では、リンムによって年代が示されるが、「リンム表」に基づいて年代順にリンムを並べて年代を特定することができるのは前六四九年までであり、その後のリンムの総数はアッシリアが滅亡した前六〇九年までの四〇人よりも一〇人程度多く知られている。これは、アッシリア帝国内で政治的統一が崩れ、複数の行政地域で同じ年に別々のリンムが立てられた可能性を示唆している。アッシュルバニパル時代末期やそれに続く時代の戦乱ないし政治的混乱が考えられるが、こうした推定を裏付ける歴史的事実についてはデータがない。
史料が決定的に不足しているなか、断片的データをパズルのように組み合わせて歴史的再構成が試みられてきたが、異なる仮説が林立しており、誰がいつ何年間アッシリアとバビロニアを統治したのかについて意見の一致を見ていない。ここでは、複雑な議論の詳細を叙述することは断念し、説得力のあるテュービンゲン大学のA・フックスの見解に沿ってその後の経過を素描する。

†宦官の優遇

アッシリア帝国で、在地の有力家族の権力を削いで王に権力を集中する方策として、宦官が宮廷官吏や高位の行政官として重用されたことはすでに述べた。王への権力集中を支えていた宦官が特に優遇されたことは、アッシュルバニパル時代に、宦官に対して広大な土地と免税特権を贈与する勅令が多く知られていることからもわかる。ニネヴェ出土のそれらの勅令では、王を支える貴重な人材に対する手厚い配慮のほどが、次のような共通の文言で示されている。

（何某、役職）、親切と好意に値する者、王位継承以来、王権の行使のためにその主人に献身する者、私の前に忠実を尽くし、平安のうちに歩んだ者、私の宮殿においてよい評判のうちに成長し、私の王権を守護した者。私の心からの望みと自発的な判断に基づき、私は彼に良いことをすると計画し、彼に対して贈り物をする。

そして、贈与した土地（と労働者）に対する免税を定めた後、以下のように続けている。

将来、わが子たち、王たちの中からアッシュル神が（王に）任命する君主のうちの誰であろうと、彼ら（宦官）とその跡継ぎ（養子）に良きことをし、好意を施すべし。彼らはその主人である王の友であり、寵愛を受ける者である。そして、もし彼らの一人が主人である王に対して罪を犯すか、神に対してその手を上げるようなら、敵対的な通報者の言葉に迷わされることなく調査を行い、その訴えが真実であるか確認すべし。（勅令文書に押された王の）印章をないがしろにして行動することなく、その者には彼の罪にあった罰を与えるべし。（何某、役職）がよい評判を得て私の宮殿で命を全うしたなら、彼が書き記した場所に葬り、彼は望んだところに横たわるべし。彼が横たわる場所を乱してはならないし、悪意を持って彼に手を上げてはならない。彼は主人である王の親切と寵愛に値するものであるからである。
　誰であれ彼を乱し、彼が横たわる場所から取り除く者に対しては、彼の主である王が彼のために怒り、情け容赦することのないように。その者が神殿や王宮に出入りすることを禁じ、神と王の怒りにより血の剣が彼を待ち受けるように。彼の死体は葬られず、犬どもがそれを引き裂くように……（SAA 12, 25-34）

†宦官長シン・シュム・リシルと若年の王アッシュル・エテル・イラニ

　アッシュルバニパルの後を継いで王となったアッシュル・エテル・イラニ（在位前六三〇?—六二七?年）は年少で、王宮の宦官たちのトップである宦官長シン・シュム・リシルがその後見になった。この状況は、王アッシュル・エテル・イラニがシン・シュム・リシルの近衛隊長二名に下賜《かし》した耕作地、果樹園、建物、労働者について免税特権を定めた勅令を記したニネヴェ出土の粘土板文書に見て取れる。そこでは、免税特権付与の背景として、王の教育と即位に尽力したシン・シュム・リシルとその軍隊に関する以下のような謝辞が述べられている。

　私の生みの親である父王（アッシュルバニパル）が逝去した後、私を育て翼の広げ方を教えてくれる父も、私の面倒を見て教育してくれる生みの母もなかった。シン・シュム・リシル、わが生みの親である父にとって良きものであった者、常に父のように私を導き、私を無事に私の父の玉座につけ、アッシリアの人民、大も小も［を私に］仕えさせ、私が幼いときに私の王権を守護し、［私の王権］を敬った者。後に、反乱を起こしたナブー・レフトゥ・ウツル［…］……（SAA 12, 35-36）

文書の続きは、訳出するには断片的に過ぎるが、反乱者に対して宦官長シン・シュム・リシルとその軍隊の助けを得て王が内乱を鎮圧したことを叙述し、さらに、それに感謝して下賜した耕作地、果樹園、労働者に対して免税特権を授けることを宣言している。この文書から、幼くして即位したアッシュル・エテル・イラニは、即位からしばらくして内乱を経験し、宦官長シン・シュム・リシルの助けを得て、これを鎮圧したことがわかる。若いアッシュル・エテル・イラニの王権は、宦官長の傀儡のようなものだったろう。

アッシュル・エテル・イラニの治世は四年程度で潰《つい》えており、何が起こったかは不明だが、おそらくアッシュル・エテル・イラニに代わって王位を掌握しようとする者の野心の犠牲になって殺害されたのであろう。王位をめぐる争いには、宦官長シン・シュム・リシルと、アッシュルバニパルの子（アッシュル・エテル・イラニの兄弟）シン・シャル・イシユクンが何らかのかたちで関わっていたと思われる。複数の勢力がしのぎを削るなか、次の王位に就いたのは、宦官長のシン・シュム・リシルだった。

アッシリアの王権は、前二千年紀半ばから一貫して王族の中で相続されてきた。それを宦官が掌握するのは、常識を逸脱した驚くべき事態であり、その後もアッシリアではなお王権をめぐる騒乱が続いたように見える。

2 バビロニアおよびメディアの反乱とアッシリアの滅亡

†ナボポラサルのバビロン即位

アッシュル・エテル・イラニとバビロニア王として擁立されていたアッシリアの傀儡カンダラヌの治世は、前六二七年頃にほぼ同時に終わったが、その後もアッシリアで続いた王位継承をめぐる争いはさらなる大きな混乱を誘発する。バビロニア由来の編年史料『アキトゥ年代誌』は、簡潔だが断定的にこの混乱の始まりを記録している。「カンダラヌ（の死）の後……アッシリアとバビロニアで反乱があった。（複数の）対立が発生し、戦闘が続いた」。

アッシリアでの内乱を機に、バビロニア南部ウルクの守護を務めていたカルデア出身のナボポラサルが、アッシリアのバビロニア支配を覆そうと蜂起した。ナボポラサルの父のクドゥッルもかつてウルクの守護を務めた人物で、ナボポラサルはこの役職を父から引き継いでおり、アッシリアのバビロニア支配の一翼を担ってきた南バビロニアの在地有力者であった。

ナボポラサルの蜂起以降の軍事行動とそれによる支配領域拡大の過程は『バビロニア年代誌』とバビロニア各地の行政経済文書、同時代に書かれた歴史文学『ナボポラサル叙事詩』などから追跡できる。

ナボポラサルはウルクで王として即位してアッシリアからの独立を宣言した。そして反乱を鎮圧しようとバビロニアに侵入してきたアッシリアのシン・シャル・イシュクン率いる軍勢を退けてバビロン掌握を目指したが、その後アッシリア軍に撃退されて、ひとたびはウルクに退却した。しかし、その数か月後、ナボポラサルは、ウルクとバビロンでアッシリア軍と戦ってこれを敗走させた。

バビロニアでのナボポラサルの勝利とその後のバビロン王としての即位の様子を描く『ナボポラサル叙事詩』には、即位に先立ってバビロンに近い都市クタで行われた戦いで、ナボポラサル軍がクタの宮殿の屋上で命乞いするアッシリアの「大権力者の宦官長」を討ち取る場面が描かれており、これは宦官長シン・シュム・リシルがアッシリア王としての短い治世を終えた場面とみることができる。

一連の戦いの結果、前六二六年のアラフサムナ月二六日、ナボポラサルはついにバビロンを掌握し、バビロニアの王として即位した。即位して間もなく行われたバビロンの城壁再建を記念する円筒碑文において、ナボポラサルは次のようにバビロニアの解放を宣言する。

> 遠い昔よりすべての人民を支配し、重いくびきを課して、この地の人々を抑圧してきたアッシリア人ども。力なく弱い者に過ぎず、常に主人たちの中の主人（マルドゥク神）を求めるこの私は、わが主人であるナブー神とマルドゥク神の強い力によって、彼らをアッカドの地（バビロニア）から追い払い、（人々を）彼らのくびきから解き放った。（Da Riva 2008, C12）

†シン・シャル・イシュクン治世の始まりとバビロニアの攻勢

アッシリアでは宦官長シン・シュム・リシルの死後、内乱に終止符が打たれ、アッシュルバニパルの子シン・シャル・イシュクンが即位した。どのような経緯で王位に就いたのか詳細は不明だが、この人物が前六一二年の首都ニネヴェ陥落まで、反アッシリア勢力によって次第に追い詰められていくアッシリアを統治することになる。

シン・シャル・イシュクンは、バビロニア支配を回復しようと軍事作戦を継続し、前六二五年から前六二〇年までの期間、バビロニア諸都市に対して攻勢をかけた。多くの経済文書に、「市の城門が閉じられた」あるいは「国には複数の争いがあった」といったメモが残っており、戦乱によって各地の都市で社会が混乱したことがうかがえる。経済文書の日付が示すように、この間、バビロンに加えバビロニアの中心都市であるニップルとウルクにおいてもナボポラサルによる支配は揺るぎなかった。

前六一六年（ナボポラサル治世第一〇年）、バビロニア支配を確立したナボポラサルの軍は、スフとヒンダヌの地を勢力下に収めるべくユーフラテス中流域に進軍し、さらに西進してバリフ川のラインまでの各地を略奪した。バビロニア軍の西方への進出を見て、かつてアッシリアからエジプトを解放したサイス王朝のプサメティコス一世は、レヴァント進出の野心を隠しつつ、アッシリアによるユーフラテス上流地域の支配を支持して援軍を送ったが、バビロニア軍を打ち破るのは難しかった。

もう一つの前線であるティグリス川東岸地域でもバビロニアの軍事行動はその範囲を北へと広げており、アラプハ（現在のキルクーク）近郊でアッシリア軍と会戦し、これを打ち破った。こうして戦いはメソポタミアの外の勢力を巻き込んで、国際的規模に拡大していった。

翌年の前六一五年、前年の実績を踏み台に、バビロニア軍はティグリス川沿いに北進してアッシリアの古都アッシュルに迫ったが、アッシリア軍はこれをティクリータイン（現ティクリート）まで押し返した。軍事的膠着《こうちゃく》は、新たな勢力が戦いに参入したことで大きく動き出す。ザグロス山地からメディアの軍勢が南下して反アッシリアの陣営に加わることで、アッシリアは滅亡の急坂に追い落とされていく。

†メディアの台頭

メディアは、ザグロス山地中央部、今日のハマダン周辺を拠点とするイラン系部族集団であり、アッシリアの文書では、前九世紀のシャルマネセル三世の碑文に初めて軍事標的として言及される。半遊牧的生活形態をもつ多数の小さな部族からなり、次第に小都市を拠点とするいくつもの集団に分かれて各地に定着した。サルゴン二世の時代にアッシリアの行政支配はこの地域に及び、拠点都市を築いてメディアの諸集団を統治した。

サルゴン二世の複数の王碑文は、アッシリアの拠点都市カール・シャルキン周辺のメディアの地の支配を強化するために防備を固め、「メディアの三四の地区を征服してアッシリアの領土に加え、毎年、年貢として馬を納めるように定めた」と記している。このカール・シャルキンの現地名はハルハルで、西洋古典史料のエクバタナ、今日のハマダンである。アッシリアは、多数のメディアの諸侯と個別に宗主権条約を結び、軍馬や軍事力を提供させた。ギリシアの著作家ヘロドトスの『歴史』は、メディアが早くから巨大な帝国を形成していたかのように描くが、これは考古学的にも文献学的にも根拠が乏しい。

分裂していたメディア諸部族は、前七世紀末に一転して急速に統合され、アッシリアを脅かした。メディアの多数の部族・氏族を大きな連合国家にまとめ上げたリーダーは、西洋古典史料でキャクサレス、『バビロニア年代誌』では、アッカド語でウマキシュタルの名で言及されている。メディア連合国家の形成過程の詳細は知られていないが、背後には、アッシリアがメディアを政治的に束ねて統治し、ザグロス山脈を越えて中央アジアに抜けるホラサン・ルートを介する東方交易の窓口としてひとまとめに管理したことが、皮肉にもメディア諸侯の結束を助けた可能性がある。いわば、メディアに対するアッシリアの政策が、自らにとどめを刺す強大な敵を作り上げたともいえる。

†アッシュル陥落

『バビロニア年代誌』の前六一五年の記録は、メディアがアラプハに下っていったことを記して、その後破損しているが、メディア軍がアッシリアの行政州であった同地域を破壊したことを記していたのだろう。そして、翌前六一四年の夏には、メディア軍は首都ニネヴェの方向に進軍し、ニネヴェ近郊のタルビツを陥落させ、その後、ティグリス川に沿って南下して古都アッシュルを包囲、攻撃した。年代誌は、メディア軍がアッシュルの人々を打ち破り、町を略奪したことを叙述する。アッシュルの市域全体からは、激しい破壊と火災の跡を示す考古学的証拠が発見されている。

アッシュルの喪失は、アッシリアにとって取り返しのつかない国家の核の消失を意味した。アッシュルはもはや行政首都ではなかったが、宗教的中心として国家にとって不可欠の重要性をもっていた。アッシュルは、主神アッシュルの神殿をいただく国家の故地であり、アッシリア王が即位し、葬られる場所だった。こうした国家の宗教文化的・精神的中心が無残に破壊されたことは、国家を担っていたエリートたちに大きな衝撃を与えただろう。

『バビロニア年代誌』は、ナボポラサル率いるバビロニア軍が、メディア軍を援助すべくアッシュルに向かったが、戦いに間に合わなかったと記している。アッシュルの包囲と破壊がそれほど速やかに達成されようとは、ナボポラサルも予想していなかったのかもしれない。年代誌は、ナボポラサルとキャクサレスが陥落したアッシュルの前で出会って協定を結び、それぞれ故国に凱旋したと記している。協定の内容は記されていないが、むろんアッシリアの首都ニネヴェを協力して攻撃し、陥落させることを当面の目標とする軍事同盟の確認であったに違いない。

†ニネヴェ陥落

アッシュル陥落の翌年の前六一三年には、ナボポラサルはユーフラテス中流域でいまだにバビロニアに従わないスフの地に進軍し、ラヒル、アナトといった都市を攻略した。こうしてニネヴェ攻撃への環境を整えた後、前六一二年、ナボポラサルのバビロニア軍とキャクサレスのメディア軍は、ティグリス河畔で合流し、ニネヴェへと進軍、これを包囲した。灼熱《しゃくねつ》の夏、スィマヌ月からアブ月の三か月間包囲に耐えた後、ニネヴェの防備はバビロニア・メディア連合軍によって破られ、アッシリアの首都は落城し、激しい略奪を受けた。アッシリア王シン・シャル・イシュクンはニネヴェで命を絶たれたことが記録されているが、その経緯は明らかでない。

『バビロニア年代誌』によれば、ニネヴェ攻略を果たした後、メディア軍は翌月にザグロス山地に引き上げたが、ナボポラサルはさらにアッシリアの西方領土を制圧するためにバビロニアの軍勢を送り出した（図9－1）。バビロニア軍は、ナツィビナ（現在のヌサイビ

図９－１　ニネヴェ陥落を記録する『バビロニア年代誌』粘土板

ン）とルツァパ（ラツァパ）を攻撃し、略奪と人民の捕囚を行い、アッシリアの影響下にあった地方をバビロニアの支配下に取り込むべく精力的に働いた。

『バビロニア年代誌』は沈黙しているが、前六一四年から前六一二年の間に、他のアッシリアの中心都市も反アッシリア勢力の手に落ちたことは疑う余地がない。前九世紀から前八世紀末まで長きにわたりアッシリアの首都であったカルフでは、多数の建築物に激しい火災の跡がみられ、破壊の痕跡を示している。

ナブー神殿の床上からは、先述した通り、かつてメディアの諸侯たちと結ばれたエサルハドンの王位継承の誓約文書の多数の写本（粘土板）が明らかに意図的に破壊されて小さな破片になって発見された。メディアの軍勢が、かつて結ばれたアッシリアとの屈辱的関係を象徴する誓約文書をあえてこの場所で砕いてみせた痕跡だろう。また、北西宮殿の内庭の井戸からは、手に鉄の枷をはめられて処刑された多数の遺体が発見されており、敗者の厳しい運命をうかがわせる。

†再起をかけて

ニネヴェ陥落にもかかわらず、アッシリアの残党は、西方に残るアッシリアの領土に逃れてさらなる抵抗を試みた。『バビロニア年代誌』は、ニネヴェが落城した後まもなくして、アッシュル・ウバリト（二世）が西方の拠点都市ハラン（今日のトルコ南東部のシャンウルファ近郊）で「アッシリアの王権を行使するために即位した」と記す。

この人物は、アッシリア行政圏にとどまった西方領域のドゥル・カトリンム（テル・シェイフ・ハマド）とグザナ（テル・ハラフ）から出土するアッシリアの文書中で「王子」（*mār šarri*）と呼ばれている者と同一人物と思われ、シン・シャル・イシュクンの子であったと考えられる。

即位名として名乗られた「アッシュル・ウバリト」は、「アッシュル神は生かしてくださった」を意味しており、この名には追い詰められたアッシリアの生き残りへの希望が託されていたようにも見える。また、この王名は、前一四世紀にアッシリアを地域大国の地位に押し上げた王の名でもあり、大国への復活を期して選ばれた名前でもあったろう。

興味深いのは、ハランで即位した後も、この人物が「王」ではなく「王子（皇太子）」と呼ばれている点である。K・ラドナーが指摘するように、アッシリアの王はアッシュルにおいて即位式を行って初めて正式にアッシリア王として認知される伝統があった。そのため、アッシリアのリーダーとして即位名アッシュル・ウバリトを名乗って即位したにもかかわらず、アッシリアにおけるその正式な称号は「王子（皇太子）」にとどまったのであろう。

本国を追い出されたアッシリア人たちの新たな拠点となったハランは、おそらくサルゴン朝とゆかりの深い月神信仰の中心であり、サルゴン二世、エサルハドン、アッシュルバニパルが、ハランの月神シンの神殿エフルフルを再建するなどして、この祭儀中心の繁栄に心を砕いてきた場所でもあった。

†ハラン陥落

アッシュル・ウバリト二世の希望を打ち砕くべく、バビロニア王はなお手つかずのアッシリアの支配領域に対して矢継ぎ早に軍事作戦を展開した。『バビロニア年代誌』によると、前六一一年、ナボポラサルはバビロニア軍を率いて、ティグリス上流のアッシリアの行政州都トゥシュハン（現ズィヤラト・テペ）を占領した後、ユーフラテス川の大湾曲部にも進軍して、前九世紀の半ばからアッシリアが支配していた都市ルグリトゥを陥落させた。

トゥシュハンから出土した書簡の一点には、市の行政を担っていたマンヌ・キ・リッバーリから、アッシリアの「宮内卿」に宛てた悲痛なメッセージがしたためられている。マンヌ・キ・リッバーリは、馬も、書記も、軍の指揮官たちも、官吏たちも、工人たちも、もはや町にはおらず、「死が迫っていて、誰も［逃れられない］。もう私もおしまいだ！」と手紙を結んでいる。この手紙は送り出されることなく、バビロニア軍にこの都市が攻略された際に、そのままトゥシュハンに残されたのであろう。

翌年（前六一〇年）、ナボポラサルの軍はアッシリア領内を堂々と進軍し、晩秋のアラフサムナ月にはメディア軍の援軍と合流して、アッシリアの拠点ハランに迫った。ニネヴェ陥落後も変わらずアッシリアを支持し続けるエジプトは、アッシュル・ウバリト二世を支援すべくハランに軍を駐留させていたが、バビロニア・メディア連合軍の攻勢を前に、アッシュル・ウバリト二世の軍隊もろともにハランを放棄して、ユーフラテス川を渡って退却した。バビロニア・メディア連合軍はハランを掌握してその神殿を荒らし、多くの戦利品を略奪した後、それぞれバビロンとメディアに戻った。

『バビロニア年代誌』によれば、翌年の前六〇九年初夏、ドゥウズ（ドゥムジ）月に、アッシュル・ウバリトの軍はハランの奪還に向かった。この進軍は、父プサメティコス一世の政策を継いでシリアに進出し、アッシリアに加勢してバビロニアのシリア進出を食い止めようとしていたエジプトの王ネコ二世の大軍によって支援されていた。旧約聖書（「列王記 下」二三章）は、ネコ二世がハランを目指して地中海沿いの「海の道」を進軍する途上、メギドで行く手をはばむユダ王国の軍と交戦し、ユダ王ヨシヤがこの戦いで戦死したことを記している。

『バビロニア年代誌』によると、アッシュル・ウバリト二世はエジプト軍の支援を得て、ナボポラサルがハランに置いた守備隊を打ち破ることに一度は成功した。しかし、バビロニア軍との一か月以上続く戦いの末、アッシリア軍はハランを奪還するには至らなかった。ナボポラサルはバビロニアからハラン近郊の自軍の支援に駆け付け、ハラン北方のイザッラからウラルトゥ地域に至るまでの山岳地域の町々を攻撃し、バビロニアの西方支配をさらに確実なものにした。アッシュル・ウバリト二世についての情報は以後絶えてしまう。アッシリアの王統はついにここに潰えて、王国アッシリアの歴史もここに終焉する。

†バビロニアとエジプトの戦い

アッシリア帝国が雲散霧消した後には、シリアの領土をめぐって、バビロニアとエジプトが覇権を競うことになった。またしても『バビロニア年代誌』によれば、前六〇五年、ナボポラサルの子ネブカドネザル二世が皇太子としてバビロニア軍を率いエジプト軍との雌雄を決するためにシリアに進軍し、ユーフラテス河畔のカルケミシュで決定的な勝利を収めると、エジプト軍の残党を南方のハマテまで追撃して殲滅《せんめつ》した。翌年の前六〇四年、逝去した父に代わりバビロニア王になったネブカドネザル二世は、その後も毎年の遠征を続け、エジプトの勢力をレヴァントから駆逐して、西アジアの広域にまたがるかつてのアッシリア帝国の領土に支配を確立していった。こうして西アジアの情勢は新バビロニア帝国の時代へと転じていく。

多くのアッシリアの都市は戦争によって略奪と破壊を受けたが、シリア北東部のハブル川下流域のドゥル・カトリンムは激しい破壊を免れた。ここからは、バビロニア王ネブカドネザルの治世年による日付が記され、アッシリアの書式と字体によって書かれた契約文書が多数出土している。このことは、このアッシリアの主要都市の住民がバビロニアの支配を受け入れることで市民生活を継続したことを示している。

また、ティグリス上流域のトゥル・アブディン、現在のトルコ南東部のハッサンケイフ近郊で近年発見された新アッシリアの書式と字体で書かれたグザナ行政州イリハ市近郊の畑と果樹園の売買を扱った契約文書には、「メディアのウバキステリ、シャバトゥ月一〇日、主任献酌官（*rab šāqê*）ラバシの九年」という日付が残っている。このウバキステリは『バビロニア年代誌』でウマキシュタル（キャクサレス）と呼ばれるメディア王と同定される。アッシリアの高官であったラバシはメディアの主権を認めたうえで、攻撃されにくい山岳地に自らが統治する小国を確保し、そこで発行される契約文書に領主である自らの名で「ラバシの何年」という日付をつけさせたことになる。こうした数少ない例が示すように、アッシリアの西方領域では、アッシリア帝国が消滅した後もバビロニアやメディアの主権を認めて生き残ったアッシリアのコミュニティがあった。

アッシリア滅亡後、生き残ったアッシリア住民がどのように激動の時代を乗り越えていったのか、その詳細をたどる史料は多くはない。しかし、後述するように、彼らの子孫たちは各地でコミュニティを作ったり、現地の社会に同化したりして生きながらえていったはずである。

3　アッシリア帝国滅亡の原因

†なぜ亡びたのか

アッシリア帝国の滅亡に至る戦いは、バビロニア、メディア、エジプトといった大国はもちろんのこと、ウラルトゥ、マンナイ、エラムなども含めて、メソポタミアを中心に西はエジプト、アナトリアから東はイランまでの西アジア全域を巻き込んだ一五年に及ぶ世界大戦ともいうべき規模のものだった。こうした戦闘のなか、直接的には、バビロニアとメディアの軍事的攻勢の前にアッシリア帝国はとどめを刺されたわけだが、そうした状況にアッシリアが追い込まれた背後には、どのような原因があっただろうか。

バビロニア王碑文や叙事詩、旧約聖書の「イザヤ書」や「ナホム書」などの預言書などほぼ同時代の古代西アジアの文書では、アッシリアの滅亡は、その傲慢にして不遜な振舞いが神々の怒りを招いた結果として説明される。しかし、現代の研究者たちは、より合理的な原因を探して、アッシリアの政治・行政・経済の破綻をアッシリアの滅亡の背景として議論してきた。

✝不安定な政治と実行力の欠如

滅亡の原因として、まずは、王宮の政治と行政における実行力の低下が疑われてきた。すでに見てきたように、アッシリア帝国期の王位継承には多くのトラブルが生じた。シャルマネセル五世はクーデターで身内に殺され、サルゴンは戦死、センナケリブは息子に暗殺されている。アッシュルバニパルの死後は、宦官であるシン・シュム・リシルが王権を掌握するという異常事態が生じ、王が頻繁に交代するなど王位継承は不安定であった。そうした中で求心力を失った為政者がうまく危機に対処することができなかったのかもしれない。

帝国最盛期の書簡や預言文書などを見ると、王は国の中枢で反乱や背信行為が起こることを相当に警戒していたことがわかる。また、あらゆる不測の事態の予兆を知るために、王たちは太陽や月、惑星をはじめとする天体の運行、種々の天変地異や川の水位の変化など天地の現象の観察に基づいた卜占を重視し、凶兆に対しては呪術や祈禱で念入りに対策を施した。

それ自体は、古代西アジアで古くから普通に行われてきたことだが、特に帝国最盛期のサルゴン朝の王たちは、卜占や呪術に長けた知識人たちの意見を頻繁に求めた。その一方で、政治や軍事に優れた有能な在地エリートを政権内部から排除して、その代わりに王権に無批判で忠実な宦官を重用した。その結果、政治と行政にすぐれた手腕を振るい、有効な軍事作戦を実行する能力が削がれていった可能性も考えられる。

†「拡大する国家」の行き詰まり

もう一つの論点は、「常に拡大する国家」アッシリアの国家経営の行き詰まりである。拡大期のアッシリアは毎年のように軍事遠征を行い、被征服国に蓄えられていた財宝を収奪して財源を作り、征服地から連れてきた捕囚民を労働力として投入して、アッシリア中央での建設事業を推進した。しかし、エジプトを影響下に置き、アナトリア高原中央部までを支配圏に入れ、ザグロス地域のメディアを服属させると、軍事作戦の前線が遠のき、それ以上の拡大は容易でなかった。ひとたび拡大が止まるとアッシリアの行財政は収奪の対象を失い、支配地域に導入された複雑な税制では財政を賄うことが難しかった可能性もある。

また、略奪によって得られた富はアッシリアの中央部や都市に集中的に投資されたため、それ以外の地方では十分な財政的・社会的なケアが受けられない人々が多くいた。富の配分に大きな格差のある構造の中で、メディアやバビロニアが戦争を起こしたとき、アッシリアを底辺から下支えしてくれるような人民層は地方では育っていなかったと思われる。帝国期の膨張とともに帝国に包摂されていった人々の多くが「帝国臣民」としての自覚をもたず「支配者が誰でも構わない」という状態にあったこともアッシリア滅亡に一役買ったのではなかろうか。

†人口動態と気候変動

アッシリア帝国期の遺跡はその中核地域や周辺に数多くあり、新アッシリア時代には特に多くの中堅都市が築かれていたことがわかる。人口が集中する都市では大量の食料が必要とされ、その食料は、周囲の多数の村落や遠方の耕作地から運び込まれた。そのため飢饉が起きた場合、アッシリア中央部の都市に十分に食料が調達できなくなるリスクがあったと考えられる。

古環境研究の研究者たちは、前六七五―五五〇年頃の一二五年間は降雨が少なかったとのデータを得ており、この時期には干魃《かんばつ》が続いた可能性を指摘する。灌漑《かんがい》農業が行われていたメソポタミア南部にくらべ、天水農耕が行われていた北メソポタミアのアッシリア中心地域では干魃の影響を受けやすく、その結果飢饉が起こり、アッシリア帝国を食料経済の点で追い詰めた可能性が論じられている。

†外敵の攻撃によるとどめ

バビロニアとメディアという外敵による攻撃は、アッシリアにとどめを刺したまぎれもない直接的・決定的要因だった。アッシリアのくびきを振り払って積年の屈辱をはらし、ついにはアッシリア帝国そのものを打倒すべく結束した動きを見せる外敵に、アッシリアは追い詰められていった。

バビロニアとメディア以外に、アッシリアの滅亡に寄与した可能性が論じられてきたのは、ヘロドトスの『歴史』が、レヴァント地方を混乱に陥れたとするスキタイ人の騎馬隊であり、これがアッシリアのレヴァント支配を崩壊させたと考える研究者もある。ただし、スキタイ人集団については、同時代史料の裏付けが皆無であり、ヘロドトスの記述に信憑性があるかどうかは不明である。

いずれにせよアッシリアの滅亡は、おそらく、政治と行政の混乱、国家体制の動揺、経済的困難、外敵による攻撃といった要因が、複合的に作用したことで起こったと考えるべきだろう。

終章　アッシリアの記憶

†残されたコミュニティ

国家としてのアッシリアの消滅は、それまでアッシリアの臣民・人民であった人々が残らず消滅したということを意味しない。その末裔は、政治的にアッシリアに帰属することを止めても各地で生き残った。先述したように、ハブル川下流域やティグリス川上流域には、帝国滅亡後も、バビロニアやメディアの主権を受け入れて生き延びたアッシリア人コミュニティがあった。アッシリアの中心地域はおおむね荒廃されたまま放置されたが、それでもニネヴェでは、破壊を受けた後もヘレニズム時代に至るまで、その一画で暮らしていた人々がいたことが、考古学的に確認されている。バビロニア各地で、アッシリア人が生き残っていたことは、ニネヴェ陥落後のバビロニア出土文書にアッシリア人のものであることが確実である人名がみられることからわかるし、ウルク市でアッシュル神に捧げられた聖所が設けられ礼拝が行われていたことも判明している。

また、アケメネス朝ペルシアのキュロス二世の円筒碑文は、バビロンに入城して新バビロニア王国を滅ぼしたキュロス二世が各地に神像を返還したことを記しているが、そこにはアッシュルが含まれている。アッシュルでは、かつてのアッシュル神殿の近くに建てられた聖所（「神殿A」）から、古アッシリア時代のエリシュム一世からシン・シャル・イシュクンに至るまでのアッシリア王たちの一〇〇点を超える王碑文が床や壁にはめ込まれた状態で発見されている。これらの碑文は、アッシリア王国の記憶をとどめるべく隣接する破壊された神殿遺構から集められ、新しい聖所の各所に配置されたものと考えられる。アッシリア王国滅亡後しばらくして、その記憶を偲《しの》び、おそらくはアッシュル神の礼拝を行った人々がいたことを示唆している。

さらに時を経たパルティア時代（前一世紀から後三世紀）のハトラ（イラク北部、ニネヴェ県）のアラム語碑文にみられる人名には、「アッシュル」を要素として含むものがかなりある。このことは、当時北メソポタミアでなおアッシュル神を信仰するアッシリアの末裔がいたことを示唆している。

†帝国の記憶

アッシリアの記憶は、すでに述べてきたように旧約聖書と西洋古典に書き残され、現代まで伝承されている。旧約聖書は、アッシリアによる北イスラエル王国の滅亡とユダ王国の首都エルサレムの包囲、そしてその後のアッシリアの滅亡について記しており、ティグラト・ピレセル（三世）、シャルマネセル（五世）、サルゴン（二世）、センナケリブ、エサルハドンといった王たちに言及している。西洋古典の著作では、ヘロドトスが、ペルシア帝国に先立ち繁栄した帝国としてアッシリアについて叙述し、クテシアスは、ニノス、サルダナパロスといった現実には存在しない王たちの名前を挙げ、王妃サムラマトを女王セミラミスに仕立てて、奔放に創作された伝説を記している。セミラミスについてはすでに述べた通りだが、ニノスは都市名ニネヴェに由来しており、サルダナパロスはアッシュルバニパルをモデルにした人物と考えられる。

また、「アッシリア」は地域名として「シリア」と関係があるのではないかと考えられてきた。多くの間接的証拠に基づいて論じられてきたこの学説には反対者もあるが、トルコ南東部のアダナ近郊で一九九七年に発見されたチネキョイ二言語碑文（紀元前八世紀）において、フェニキア語の「アッシュル／アッシリア人」（ʾaš̆r/ʾaš̆rym）がルヴィ語象形文字で「スリウィ」(su+ra/i-wa/i-)と書かれていることは、「アッシリア」=「シリア」説の信憑性をさらに高めたといえる(図10-1)。そうであるなら、「アッシリア/シリア」の名は、アッシリア帝国の西方領域を指す語として今もなお生き残っていることになる。

図10-1　チネキョイ石碑

現代の「アッシリア人」

現在のシリア、イラクをはじめとする中東各地と欧米に居住し、アラム語を母語とするキリスト教シリア教会諸派の人々は「アッシリア人」と呼ばれている。これら現在の「アッシリア人」たちは長らく「アラム人」あるいは「シリア人」を自称していたが、一九世紀にニネヴェなど古代アッシリアの都市遺構が発掘され、アッシリア帝国が考古学的に再発見されるのと同時に、民族主義の潮流に呼応して「アッシリア人」としての民族的アイデンティティを主張してコミュニティの結束をはかってきた。

トルコ南東部やイラン西部に居住していたこれらのキリスト教徒は、第一次世界大戦以来、幾多の紛争の中でマイノリティとして居住地域を追われ、中東(おもにイラク北部、シリア北東部、トルコ南東部、イラン北西部）やヨーロッパ、北米の各地に離散したが、そうした環境にあって古代アッシリアの記憶に回帰する民族的アイデンティティを主張している。

中世アラブの記録は、古代のニネヴェの遺構のあるモスルやニネヴェと並んでアッシリアの中心都市だったアルベラ（エルビル）などの都市住民が、アラム語で「アッシリア人」を表す「アソラーヤ」（'ātōrāya）と呼ばれていた事実を記録しており、こうした人々の間で保存されていた古代アッシリアとの関係についての記憶が、民族主義の時流に乗って、復興されたわけである。現代アッシリア人の古代からの時間の隔たりと放浪の歴史を考えると、そこには様々なルーツを含む人々が混在している可能性が高いとはいえ、彼らの中にアッシリア帝国時代の北メソポタミアの住民の末裔が数多く含まれていても不思議ではない。

現代のアッシリア人コミュニティでは古代アッシリアに由来する文化の復興・実践が行われている。子どもたちに付けられる名前には、聖書にちなんだ名前やアラビア語・ペルシア語・トルコ語の名前など様々なものがあるが、アッシュル、イシュタル、センナケリブ、サルゴンといった名も見られる。アッシリア人の民族旗には、白地に太陽を中心に配し、赤白青の三色で故地の流れであるティグリス川、ユーフラテス川、大ザブ川の流れと、アッシュル神の有翼円盤が描かれている（図10－2）。

また、新年祭としてアキトゥ祭が祝われ、古代の服をまとった人々がそこに参加している。米国のサンフランシスコ市民センター近くには、右腕でライオンを抱え、左手に粘土板をもった四・六メートルの高さのアッシュルバニパルの像が立っているが、これはカリフォルニア州にコミュニティを持つアッシリア人たちによって寄贈されたものである（図10－3）。

図10－2　アッシリア民族旗

図10－3　サンフランシスコのアッシュルバニパル王像

おわりに

前八世紀から前七世紀のアッシリア帝国によるイスラエル・ユダ王国への侵攻の衝撃は旧約聖書の歴史書と預言書に記され、当時のアッシリア帝国の圧倒的国力、その中心都市の威容、英雄的指導者の人物像は、怪しい伝説的語りとして西洋古典の著作に書き留められた。これらの叙述は、アッシリア帝国の軍事行動や帝国支配の一側面を伝え、その摩訶不思議で屈折したイメージを興味深く語っている。しかし、それは、アッシリアという現象のほんのわずかな一片であり、その一部は面白おかしく創作された奇談に過ぎない。

アッシリア帝国は、紀元前三〇〇〇年頃から栄えたメソポタミアの楔形文字文明の「終焉の始まり」に生まれた空前の歴史的現象であり、成熟を遂げたメソポタミア都市文明とその後の時代をつなぐ歴史と文化の架け橋でもある。アッシリアの国家としての発生と変容やその文化の詳細は、一九世紀半ば以降アッシリアの中心地域が考古学的に調査され、都市遺構や楔形文字文書が出土し、アッシリア帝国そのものが残した遺物や文書が研究されたことで、しだいに解明され、再発見された古代の事実である。

この発見と研究のプロセスはやむことなく続き、アッシリアの中心地域のみならず、その広大な版図に含まれていた各地からアッシリアの痕跡が発見され続けている。建築遺構、金属器、土器、装身具、道具類、人骨、動物骨、植物遺存体、そして朽ちることなく残るユニークな文書である粘土板や石材に書かれた文書といった夥しいデータが研究されたことで、アッシリアの歴史と文化が解明されてきた。

現在、イラクでの政治情勢が比較的安定してきたことを受けて、ニネヴェ、アッシュル、アルベラ、ドゥル・シャルキン、カルフやその周辺の遺跡の調査が進められている。また、アッシリア帝国の辺境地域であったイラン、シリア、トルコ、レヴァント地方など各地で、アッシリアに由来する文書や遺物の発見は途切れることなく続いている。研究は着実に進歩し、二〇年後にはさらに詳細にして鮮明にアッシリアという国家のイメージをつかむことができるだろう。もし、アッシュル神がお望みになるならば。

あとがき

書店やミュージアム・ショップに行くと古代エジプトを扱った本がたくさんならんでいる。それに比べて古代メソポタミアを扱う本が少ないことを寂しく思ってきたし、「アッシリア」について日本語で書かれたモノグラフがないことには不足を感じていた。アッシリアは、「栄光ある」西洋文明の曙に先立って「まちがって」帝国に成り上がった野蛮で学ぶべきところの少ない軍事大国であるといった西洋中心的な古くさい歴史観の中になお閉じ込められている懸念もあった。人類最古の帝国の歴史と文化は、古代の人々が残した多くの遺物によってかなりの詳細が知られているというのに……。誰が悪いのかと言われれば、もちろん情報発信を怠って、本を書いてこなかった研究者に多くの責任がある。大学での教員・研究者生活も終わりが見えてきて、アッシリアの歴史と文化を広く人々に紹介したいと考えるようになっていたところに「ちくま新書」でアッシリアの本を書かないかというお誘いを受け、二つ返事で引き受けて本書を執筆した。

近年、アッシリアについての研究が成熟期を迎えていることは大いに執筆を助けてくれた。古アッシリア時代のアッシュル商人の活動については、その実態が広く知られるようになってきたし、中アッシリア時代のアッシリアの国家形成と行政についての研究も、一九七〇年代から各地で文書庫が発掘され新たな史資料が研究されたことで格段に進んだ。そして、多くの史料に恵まれ早くから注目されてきた前一千年紀の帝国期アッシリアの研究は、大量の王碑文と実務文書（行政文書、条約・誓約文書、契約文書、勅令、書簡など）の編集事業が進展した。こうした状況を受けて、アッシリアの歴史と文化を扱ったモノグラフが欧米で書かれはじめた。本書の執筆にあたり、近年次々と出版されたE. Frahm (ed.), *A Companion to Assyria*（二〇一七年刊）、E. Frahm, *Assyria: The Rise and Fall of the World's First Empire*（二〇二三年刊）、K. Radner/N. Moeller/D. T. Potts (eds.), *The Oxford History of the Ancient Near East, IV: The Age of Assyria*（二〇二三年刊）を参照することができたのは大いに助けになった。

本書では、新書という体裁上、軽快な読書を楽しもうとする皆さんの妨げにならないように、細かく注を付けて叙述の根拠をことごとく示すことは避けた。根拠を突き止めたいという学究肌の読者は、上述の欧文の書物に当たればおおむね答えが得られるはずである。また、特に各章の内容に反映されている文献は論文も含めて「主要参考文献」に記した。

本書は、商業都市アッシュルから領域国家アッシリアに、そしてついには絶対君主を頂点とする複合民族国家（帝国）へと変貌するアッシュル／アッシリアの興隆から滅亡までの軌跡を王、王宮、宮廷文化に焦点をあてて描いたものである。領域国家としてのアッシリアに関する史料には、軍事行動と建設事業を記す王碑文、事件史再構成のバックボーンとなる編年史料、政治行政の内情を伝える王室書簡と行政文書が特に多く含まれている。これに加え、古アッシリア時代については、膨大なアッシリア商人の残した文書群が残っている。このような状況は、古代西アジアの他の国家の研究に備わっていないものであり、アッシリアは詳細にその歴史を描くことができる数少ない国の一つである。

本書は、これらの史資料を中心に据え、アッシリアの興亡史とその過程で観察される軍事遠征、建設事業、行政システム、商業活動、思想、文化について記したつもりである。アッシリアについては、その強大な軍事力への関心が高いのは承知しているが、浮彫芸術のような図像資料ならびに書簡や行政文書にあらわれる軍事関係用語に注目した軍事技術、軍隊制度の研究には踏み込まなかった。「アッシリア＝軍事大国」という「常識」を学術的に掘り下げるよりも、限られた紙幅でもっと他に描くべきことがあると考えたからである。

王とエリート中心の「上からの歴史」を描く本書の中で触れることができなかったのは、「アッシリア」各地で国の人口の大半を占める民衆が営む社会、慣習、庶民文化などである。多くの史料は国家のエリートによって書き残されているため、庶民社会の復元は容易ではないものの、書簡、行政文書、契約書、文学文書などから、当時の一般民衆の生活を垣間見ることはある程度可能である。それは、必ずしもアッシリア特有のものではなく、しばしば多くの点で古代西アジア世界に共通するものだが、基本的なことを簡単に記して補足したい。

各地に多くの土地（王領）を所有していた王のみならず、官僚や大商人もまた都市や村落に多くの私有地を持ち、そこで働く労働者を実質的に支配する裕福な人々だった。国全体から見ればほんの一握りのエリートである彼らは、帝国期には多くの土地を買い付けて大土地所有者になった。不動産売買契約、奴隷売買契約、大麦や銀の貸付契約、労働契約、結婚契約、養子縁組契約、遺言などを記した粘土板文書は、人々の財産管理と家族経営の実態を教えてくれる。契約は、その関係者、土地の有力者、行政官などが証人となって結ばれ、係争事件は神殿や王宮が管理する法廷で裁かれた。

戦争捕虜や債務不履行のため奴隷の地位に落ちた人々でなくても、多くの民衆は、各地に開拓された村落に住み、畑で大麦などの穀物を栽培し、菜園や果樹園で野菜や果物を育て、豚、牛、ヤギなどの家畜を飼って、つましい暮らしを営んでいた。為政者から封土として与えられた土地の所有者である役人に小作や労働者として雇われていた人々は、収穫や生産物の一部を主人に支払い、土地私有者は、収穫から大麦と藁などを税金として政府に支払った。人々は夫と妻と子どもたちからなる単婚家族で暮らすのが標準で、これに親や奴隷が同居する場合もあった。しかし、土地を持たない人々の暮らしは質素なもので、小作料や税金の支払いと軍事や公共事業での奉仕を義務付けられて日常を過ごす民衆にとって、帝国の行政経済システムは必ずしも優しい仕組みとは言えなかっただろう。

農業村落の外側の草原地域には羊とヤギを放牧して水場と牧草を求めて移動する牧羊者が暮らしていた。彼らは、家畜を交配させて群れを増やし、その乳、肉、毛、皮を商品として売って、定住者と交流（ときには対立）して暮らしていた。

都市部では王宮と神殿を中心に、様々な職業の人々によって構成される複雑な階層社会が営まれた。宮廷官吏、祭司、占い師、呪術師、医師、預言者、歌手、楽人、商人、パン屋、ビール醸造人、料理人、菓子職人、搾油者、猟師、庭師、大工、鍛冶屋、石工、皮革加工者、衣服の仕立屋、家庭教師、書記、外交官、軍人など様々な職業人が暮らしていた。人々は、季節ごとに神殿を中心に催される祭礼に参加し、豊作、健康、安全を祈願し、非日常的な祝祭を楽しんだ。飢饉や病気の脅威に脆弱な古代世界にあって、人々は、祈禱、呪術、護符をもって厄災に対峙し、少しでも安らかな生活を楽しもうと努力していた。

さて、欧米主導で進んできたアッシリア研究だが、近年は日本の研究者も種々の分野で足跡を残してきた。特に本文中（第2章第4節）で触れた国士舘大学による北東シリアのテル・タバンでの発掘調査（一九九七―二〇一〇年）は、大量の楔形文字文書を含む中アッシリア時代の建物遺構を発掘して国際的に注目を浴びている。二〇一六年からはイラク・クルディスタン、スレイマニア県のヤシン・テペ遺跡で中部大学の西山伸一氏が率いる発掘隊が新アッシリア時代の公共建物や未盗掘のレンガ墓を発見して、アッシリアの拠点遺跡を調査している。楔形文字文書研究や浮彫芸術・円筒印章などの図像研究においても実績があがっており、日本と欧米・中東の研究者が共同で進める研究プロジェクトも複数行われている。今後のさらなる進展に期待したい。

本書の企画当初から、筑摩書房の田所健太郎さんには、いつも迅速、正確、誠実に執筆をご支援いただいた。田所さんと筑摩書房編集部のバックアップなしには本書のこのように速やかな完成はなかった。筑波大学の二人の同僚、柴田大輔さんと佐野克司さんには、校正刷りに眼を通していただき、多数の有益な助言を得た。妻の恵子は私の原稿の最初の読者であり、いつもながら多くの賢明な修正を提案してくれた。皆さんに心から感謝申し上げる。

二〇二四年四月　つくば市の自宅にて

山田重郎

88 アシャレード・アピル・エクル Ašarēd-apil-Ekur（2）〔1075-74〕
89 アッシュル・ベール・カラ Aššur-bēl-kala（18）〔1073-56〕
90 エリバ・アダド Erība-Adad 2 世（2）〔1055-54〕
91 シャムシ・アダド Šamšī-Adad 4 世（4）〔1053-50〕
92 アッシュルナツィルパル Aššurnaṣirpal（Aššur-nāṣir-apli）1 世（19）〔1049-31〕
93 シャルマネセル Shalmaneser（Salmānu-ašarēd）2 世（12）〔1030-19〕
94 アッシュル・ネラリ Aššur-nērārī 4 世（6）〔1018-13〕
95 アッシュル・ラビ Aššur-rabi 2 世（41）〔1012-972〕

新アッシリア時代
96 アッシュル・レシャ・イシ Aššur-rēša-iši 2 世（5）〔971-67〕
97 ティグラト・ピレセル Tiglath-pileser（Tukultī-apil-Ešarra）2 世（32）〔966-35〕
98 アッシュル・ダン Aššur-dān 2 世（23）〔934-12〕
99 アダド・ネラリ Adad-nērārī 2 世（21）〔911-891〕
100 トゥクルティ・ニヌルタ Tukultī-Ninurta 2 世（7）〔890-84〕
101 アッシュルナツィルパル Aššurnaṣirpal（Aššur-nāṣir-apli）2 世（25）〔883-59〕
102 シャルマネセル Shalmaneser（Salmānu-ašarēd）3 世（35）〔858-24〕
103 シャムシ・アダド Šamši-Adad 5 世（13）〔823-11〕
104 アダド・ネラリ Adad-nērārī 3 世（28）〔810-783〕
105 シャルマネセル Shalmaneser（Salmānu-ašarēd）4 世（10）〔782-73〕
106 アッシュル・ダン Aššur-dān 3 世（18）〔772-55〕
107 アッシュル・ネラリ Aššur-nērārī 5 世（10）〔754-45〕
108 ティグラト・ピレセル Tiglath-pileser（Tikultī-apil-Ešarra）3 世（18）〔744-27〕
109 シャルマネセル Shalmaneser（Salmānu-ašarēd）5 世（5）〔726-22〕
110 サルゴン Sargon（Šarru-ukīn/kēn）2 世（17）〔721-05〕
111 センナケリブ Sennacherib（Sîn-aḫḫē-erība）（24）〔704-681〕
112 エサルハドン Esarhaddon（Aššur-aḫa-iddina）（12）〔680-69〕
113 アッシュルバニパル Ashurbanipal（Aššur-bāni-apli）（38?）〔668-31?〕
114 アッシュル・エテル・イラニ Aššur-etel-ilāni（4?）〔630?-27?〕
115 シン・シュム・リシル Sîn-šumu-līšir〔627?〕
116 シン・シャル・イシュクン Sîn-šar-iškun（15?）〔626?-12〕
117 アッシュル・ウバリト Aššur-uballiṭ 2 世（3）〔611-09〕

51　イプタル？・シン IB-TAR-Sîn（12）
52　バザヤ Bazāya（28）
53　ルラヤ Lullāya（6）
54　キディン・ニヌア Kidin-Ninua（14）
55　シャルマ・アダド Šarma-Adad 2 世（3）
56　エリシュム Erīšum 3 世（13）
57　シャムシ・アダド Šamšī-Adad 2 世（6）
58　イシュメ・ダガン Išme-Dagan 2 世（16）
59　シャムシ・アダド Šamšī-Adad 3 世（16）
60　アッシュル・ネラリ Aššur-nērārī 1 世（26）
61　プズル・アッシュル Puzur-Aššur 3 世（14/24）〔15世紀前半〕
62　エンリル・ナツィル Enlil-nāṣir 1 世（13）
63　ヌール・イリ Nūr-ili（12）
64　アッシュル・シャドゥニ Aššur-šadûni（1か月）

中アッシリア時代
65　アッシュル・ラビ Aššur-rabi 1 世（?）
66　アッシュル・ナディン・アヘ Aššur-nādin-aḫḫē 1 世（?）
67　エンリル・ナツィル Enlil-nāṣir 2 世（6）〔1420–15頃〕
68　アッシュル・ネラリ Aššur-nērārī 2 世（7）〔1414–08頃〕
69　アッシュル・ベール・ニシェシュ Aššur-bēl-nišēšu（9）〔1407–1399頃〕
70　アッシュル・レム・ニシェシュ Aššur-rêm-nišēšu（8）〔1398–91頃〕
71　アッシュル・ナディン・アヘ Aššur-nādin-aḫḫē 2 世（10）〔1390–81頃〕
72　エリバ・アダド Erība-Adad 1 世（27）〔1380–54頃〕
73　アッシュル・ウバリト Aššur-uballiṭ 1 世（36）〔1353–18頃〕
74　エンリル・ネラリ Enlil-nērārī 1 世（10）〔1317–08頃〕
75　アリク・デン・イリ Arik-dēn-ili（12）〔1307–1296頃〕
76　アダド・ネラリ Adad-nērārī 1 世（32）〔1295–64頃〕
77　シャルマネセル Shalmaneser（Salmānu-ašarēd）1 世（30）〔1263–34頃〕
78　トゥクルティ・ニヌルタ Tukultī-Ninurta 1 世（37）〔1233–1197頃〕
79　アッシュル・ナディン・アプリ Aššur-nādin-apli（4）〔c.1196–93頃〕
80　アッシュル・ネラリ Aššur-nērārī 3 世（6）〔1192–87頃〕
81　エンリル・クドゥリ・ウツル Enlil-kudurrī-uṣur〔1186–82頃〕
82　ニヌルタ・アピル・エクル Ninurta-apil-Ekur（13）〔1181–69頃〕
83　アッシュル・ダン Aššur-dān 1 世（36/46）〔1168–33頃〕
84　ニヌルタ・トゥクルティ・アッシュル Ninurta-tukulti-Aššur〔1133? 頃〕
85　ムタッキル・ヌスク Mutakkil-Nusku〔1133? 頃〕
86　アッシュル・レシャ・イシ Aššur-rēša-iši（18）〔1132–15〕
87　ティグラト・ピレセル Tiglath-pileser（Tukultī-apil-Ešarra）1 世（39）〔1114–1076〕

王名一覧

＊（　）内の数字は統治年数を、〔　〕は在位年（紀元前）を示す。

アムル系の部族長「父祖であった王たち」（第1章参照）とアッシュル／アッシリアの王たち

1-17　「17人のテントに住んだ王たち」：トゥディア Ṭudia，アダム Adamu，ヤンキ Yanqi，サフラム Sahlamu，ハルハル Harharu，マンダル Mandaru，イムツ Imṣu，ハルツ Harṣu，ディダヌ Didanu，ハヌ Hanû，ズアブ Zuabu，ヌアブ Nuabu，アバズ Abazu，ベル Bēlu，アザラハ Azarah，ウシュピヤ Ušpia，アピヤシャル Apiašal

18-26　「10人の父祖であった王たち」：ハレ Hale，サマヌ Samanu，ハヤヌ Hayānu，イル・メル Ilu-Mēr，ヤクメスィ Yakmesi，ヤクメニ Yakmeni，ヤズクル・イル Yazkur-ilu，イラ・カブカビ Ila-kabkabi，アミヌ Aminu

古アッシリア時代

27-32　「6人の彼らの（治世中の）リンムが知られていない王たち」：スリリ Sulili，キッキヤ Kikkia，アキヤ Akia，プズル・アッシュル Puzur-Aššur 1世，シャリム・アフム Šalim-aḫum，イル・シュマ Ilu-šuma

33　エリシュム Erīšum 1世（40）〔1974-1935頃〕

34　イクヌム Ikūnum（14）〔1934-1921頃〕

35　サルゴン Sargon（Šarru-kēn）1世（40）〔1920-1881頃〕

36　プズル・アッシュル Puzur-Aššur 2世（8）〔1880-73頃〕

37　ナラム・シン Narām-Sîn（44/54?）〔1872-29?頃〕

38　エリシュム Erīšum 2世（20?）〔1828?-09頃〕

39　シャムシ・アダド Šamšī-Adad 1世（33）〔1808-1776頃〕

40　イシュメ・ダガン Išme-Dagan 1世（40）〔1776-37頃〕

41　アッシュル・ドゥグル Aššur-dugul（6）

42　アッシュル・アプラ・イディ Aššur-apla-idi

43　ナツィル・シン Nāṣir-Sîn

44　シン・ナミル Sîn-nāmir

45　イプキ・イシュタル Ipqi-Ištar

46　アダド・ツァルル Adad-ṣalūlu

47　アダスィ Adasi

48　ベール・バニ Bēl-bāni（10）

49　リバヤ Libāya（17）

50　シャルマ・アダド Šarma-Adad 1世（12）

図8－7　J. E. Curtis / J. E. Reade, *Art and Empire*, p. 191, fig. 198.

図9－1　大英博物館蔵．Zunkir による．https://commons.wikimedia.org/wiki/File:Fall_of_Nineveh_Chronicle_BM_21901.jpg

図10－1　トルコ・アダナ博物館蔵．Klaus-Peter Simon による．https://commons.wikimedia.org/wiki/File:AdanaMuseumCinek%C3%B6y.jpg

図10－2　https://en.wikipedia.org/wiki/Assyrian_people#/media/File:Flag_of_the_Assyrians.svg

図10－3　https://commons.wikimedia.org/wiki/File:San_Francisco_Civic_Center_Historic_District_09.jpg

10A, 13A.

図5－7　イスタンブール考古学博物館蔵．J. D. Hawking, *Corpus of Hieroglyphic Luwian Inscriptions, vol. 1: Inscriptions of the Iron Age*, Part 3. Berlin/New York, 2000, pl. 268.

図6－1　大英博物館蔵．Osama Shukir Muhammed Amin FRCP（Glasg）による．https://commons. wikimedia.org/wiki/File:Assyrian_siege-engine_attacking_the_city_wall_of_Lachish,_part_of_the_ascending_assaulting_wave._Detail_of_a_wall_relief_dating_back_to_the_reign_of_Sennacherib,_700-692_BCE._From_Nineveh,_Iraq,_currently_housed_in_the_British_Museum.jpg

図6－2　Wilson44691 による．https://commons.wikimedia.org/wiki/File:LachishFrontGate.jpg

図6－3　D. Kertai, *The Architecture of Late Assyrian Royal Palaces*, pl. 16A, B.

図6－4　シカゴ古代文化研究所蔵，著者撮影．

図6－5　大英博物館蔵．Anthony Huan による．https://en.wikipedia.org/wiki/Nineveh#/media/File:2018_Ashurbanipal_-_Nineveh.jpg

図6－6　Omar Siddeeq Yousif による．https://upload.wikimedia.org/wikipedia/commons/2/27/Nineveh_-_Mashki_Gate.jpg

図6－7　https://commons.wikimedia.org/wiki/File:Jerwan_archaeological_site,_part_of_Neo-Assyrian_king_Sennacherib%27s_canal_system_15.jpg

図6－8　大英博物館蔵．https://www.britishmuseum.org/collection/object/W_1851-0902-9

図6－9　E. Frahm（ed.）, *A Companion to Assyria*, p. 3, Fig. 0.1をもとに作成．

図7－1　ベルリン古代西南アジア博物館蔵．Richard Mortel による．https://en.wikipedia.org/wiki/Victory_stele_of_Esarhaddon#/media/File:Victory_stele_of_Esarhaddon.jpg

図7－2　渡辺和子『エサルハドン王位継承誓約文書』11ページ，図版1.

図8－1　大英博物館蔵．https://cdli.mpiwg-berlin.mpg.de/dl/photo/P394610_d.jpg

図8－2　Novotny / Jeffers, RINAP 5/1, p. 230, fig. 12.

図8－3　大英博物館蔵．J. E. Curtis / J. E. Reade, *Art and Empire*, pp. 76上, 77.

図8－4　大英博物館蔵．J. Reade, *Assyrian Sculpture*, p. 88下．

図8－5　大英博物館蔵．J. Reade, *Assyrian Sculpture*, p. 88上．

図8－6　J. E. Reade, *Assyrian Sculpture*, pp. 75下, 76上, 79上．

object/W_K-1621-a
図3－1　J. Oates / D. Oates, *Nimrud*, 2001, London, p. 28.
図3－2　https://upload.wikimedia.org/wikipedia/commons/2/2d/Iraq%3B_Nimrud_-_Assyria%2C_Lamassu%27s_Guarding_Palace_Entrance.jpg
図3－3　J. Oates / D. Oates, *Nimrud*, p. 29.
図3－4　J. Oates / D. Oates, *Nimrud*, pp. 175, 176上.
図3－5　J. Reade, *Assyrian Sculpture*, p. 23.
図3－6　J. Reade, *Assyrian Sculpture*, p. 62.
図3－7　A. Millard, *The Eponyms of the Assyrian Empire 910–612 B.C.*, 1998, pl. 15, B4.
図3－8　トルコ・カフラマンマラシュ博物館蔵. Klaus-Peter Simon による. https://commons.wikimedia.org/wiki/File:Kahramanmaras_Museum_Keilschrift_G%C3%B6zl%C3%BCg%C3%B6l.jpg
図3－9　スロベニア国立美術館蔵. https://www.ng-slo.si/en/303/semiramis-fed-by-the-doves-franc-kavcic-caucig?workId=1597
図3－10　イスタンブル考古学博物館蔵. Osama Shukir Muhammed Amin FRCP (Glasg) による. https://en.m.wikipedia.org/wiki/File:Saba'a_Stele_of_Adad-nirari_III_at_the_Ancient_Orient_Museum,_Istanbul.jpg
図3－11　https://www.hittitemonuments.com/tellahmar/tellahmar20.jpg
図4－1　大英博物館蔵. https://upload.wikimedia.org/wikipedia/commons/8/88/Tilglath_pileser_iii.jpg
図4－2　M. van de Mieroop, *A History of the Ancient Near East*, p. 258をもとに作成.
図4－3　E. Frahm (ed.), *A Companion to Assyria*, p. 319.
図4－4　W. Röllig, *Die Aramäischen Texte aus Tall Šēḫ Ḥamad/Dūr-Katlimmu/Magdalu*, Wiesbaden, 2014, p. 33.
図4－5　大英博物館蔵. J. E. Reade, *Assyrian Sculpture*, p. 42.
図4－6　大英博物館蔵. J. E. Curtis / J. E. Reade, *Art and Empire*, p. 193.
図5－1　E. Frahm (ed.), *A Companion to Assyria*, p. 3, Fig. 0.1をもとに作成.
図5－2　G. Frame, RINAP 2, p. 276.
図5－3　大英博物館蔵. J. E. Curtis / J. E. Reade, *Art and Empire*, p. 188, fig. 194.
図5－4　G. Frame, RINAP 2, p. 221.
図5－5　シカゴ古代文化研究所蔵, 著者撮影.
図5－6　D. Kertai, *The Architecture of Late Assyrian Royal Palaces*, Pl.

図版出典

地図１　M. van de Mieroop, *A History of the Ancient Near East*, p. 108をもとに作成.

地図２　E. Frahm (ed.), *A Companion to Assyria*, p. 3, Fig. 0.1をもとに作成.

地図３　E. Frahm (ed.), *A Companion to Assyria*, p. 14, Fig. 1.1をもとに作成.

図０－１　大城道則編『図説　古代文字入門』18ページ.

図０－２　C. B. F. Walker, *Cuneiform*, Berkeley/Los Angels, 2004, p. 10 をもとに作成.

図０－３　J. Reade, *Assyrian Sculpture*, p. 14.

図１－１　『岩波講座　世界歴史 02　古代西アジアとギリシア　～前一世紀』219ページ.

図１－２　https://www.kayserigezi.net/kayseri-tarihi-yerler/kultepe-kanis-karum-137

図１－３　B・リオン&C・ミシェル『楔形文字をよむ』34ページ右下.

図１－４　E. Frahm (ed.), *A Companion to Assyria*, p. 61, fig. 3.1をもとに作成.

図１－５　前掲『楔形文字をよむ』32ページ下.

図１－６　https://cdli.ox.ac.uk/wiki/doku.php?id=old_assyrian_limmu_list

図１－７　https://www.winserion.org/SCIEM2000/Images/pr05fig01.gif

図２－１　M. van de Mieroop, *A History of the Ancient Near East*, p. 160, Map 8.1をもとに作成.

図２－２　大英博物館蔵. Zunkirによる. https://en.wikipedia.org/wiki/File:Synchronistic_History_K.4401.jpg

図２－３　ニューヨーク・メトロポリタン美術館蔵.

図２－４　ベルリン・古代西南アジア博物館蔵. https://omnika.org/artifacts/va-08146-stone-altar-of-tukulti-ninurta-i

図２－５　イスタンブル・古代オリエント博物館蔵. Osama Shukir Muhammed Amin FRCP (Glasg) による. https://en.wikipedia.org/wiki/Ninurta-tukulti-Ashur

図２－６　大英博物館蔵. https://www.britishmuseum.org/collection/

2018-2023.
Yamada, S., "The Šulgi Prophecy in the Kassite and Neo-Assyrian Periods: A Consideration of the Original Composition and its Later Reception," in: R. Mattila / R. Rollinger / S. Fink (eds.), *Deciphering Assyria: A Tribute to Simo Parpola on the Occasion of his 80th Birthday*, Münster, 2023, pp. 407-434.

【第9章】

山田重郎『ネブカドネザル2世──バビロンの再建者』山川出版社（世界史リブレット 人003），2017年.
山田重郎「「世界最古の帝国」を滅ぼした四つの要因──アッシリア帝国の崩壊」，鈴木董編『帝国の崩壊　上』山川出版社，2022年，113-151ページ.
Beaulieu, P.-A., "The Cult of AN.ŠAR / Aššur in Babylonia after the Fall of the Assyrian Empire," *State Archives of Assyria Bulletin* 11 (1997), pp. 55-73.
Butts, A. M., "Assyrian Christians," in: E. Frahm (ed.), *A Companion to Assyria* (2017), pp. 599-612.
Liverani, M., "The Fall of the Assyrian Empire: Ancient and Modern Interpretations," in: S. E. Alcock et al. (eds.), *Empires: Perspectives from Archaeology and History*, Cambridge, 2001, pp. 374-391.
Marcato, E., *Personal Names in the Aramaic Inscriptions of Hatra*, Venezia, 2018.
Miglus, P., "Das letzte Staatsarchiv der Assyrer," in: B. Hrouda / S. Kroll / P. Z. Spanos (eds.), *Von Uruk nach Tuttul: Eine Festschrift für Eva Strommenger*, Munich, 1992, pp. 135-142.
Parpola, S., "National and Ethnic Identity in the Neo-Assyrian Empire and Assyrian Identity in Post-Empire Times," *Journal of Assyrian Academic Studies* 18 (2004), pp. 5-49.
Parpola, S., "Cuneiform Texts from Ziyaret Tepe (Tušḫan), 2002-2003," *State Archives of Assyria Bulletin* 17 (2008), pp. 1-114.
Radner, K., *Die neuassyrischen Texte aus Tall Šēḫ Ḥamad*, Berlin, 2002.
Rollinger, R., "The Terms 'Assyria' and 'Syria' Again," *Journal of Near Eastern Studies* 65 (2006), pp. 283-287.
Toptaş, K. and F. Akyüz, "A Neo-Assyrian Sale Contract from the Province of the Chief Cupbearer (rab-šāqê) kept at the Hasankeyf Museum (Batman)," *Zeitschrift für Assyriologie* 111 (2021), pp. 77-87.

Leichty, E., *The Royal Inscriptions of Esarhaddon, King of Assyria (680–669 BC)*, RINAP 4, Winona Lake, IN, 2011.
Maul, S. M., *Die Wahrsagekunst im Alten Orient: Zeichen des Himmels und der Erde*, München, 2013.
Nissinen, M., *References to Prophecy in Neo-Assyrian Sources*, SAA 7, Helsinki, 1998.
Tadmor, H. / B. Landsberger / S. Parpola, "The Sin of Sargon and Sennacherib's Last Will," *State Archives of Assyria Bulletin 3* (1989), pp. 3–52.
Parpola, S., *Letters from Assyrian Scholars to the Kings Esarhaddon and Assurbanipal*, Parts 1–2, Kevelaer / Neukirchen-Vluyn, 1970–1983.
Yamada, S., "Neo-Assyrian Trading Posts on the East Mediterranean Coast and 'Ionians': An Aspect of Assyro-Greek Contact," in: I. Nakata et al. (eds.), *Prince of the Orient: Ancient Near Eastern Studies in Memory of H. I. H. Prince Takahito Mikasa*, Tokyo, 2019, pp. 221–235.

【第 8 章】

Brereton, G. (ed.), *The BP Exhibition: I am Ashurbanipal, King of the World, King of Assyria*, London, 2018.
Fincke, J., "Assyrian Scholarship and Scribal Culture in Kalḫu and Nineveh," in: E. Frahm (ed.), *A Companion to Assyria* (2017), pp. 378–397.
Finkel, I., "Assurbanipal's Library: An Overview," in: K. Ryholt et al. (eds.), *Libraries before Alexandria: Ancient Near Eastern Traditions*, Oxford, 2019, pp. 267–389.
Frame, G., *Babylonia 689–627 B.C.: A Political History*, Leiden / Istanbul, 1992.
Frame, G. / A. George, "The Royal Libraries of Nineveh: New Evidence for King Ashurbanipal's Tablet Collecting," *Iraq* 67 (2005), pp. 265–284.
Fuchs, A., "Die unglaubliche Geburt des neubabylonischen Reiches oder: Die Vernichtung einer Weltmacht durch den Sohn eines Niemand," in: M. Krebernik / H. Neumann (eds.), *Babylonien und seine Nachbarn in neu- und spätbabylonischer Zeit*, Münster, 2014, pp. 25–71.
Ito, S., *Royal Image and Political Thinking in the Letters of Assurbanipal*, Helsinki, 2015.
Novotny, J. / J. Jeffers / G. Frame, *The Royal Inscriptions of Ashurbanipal (668–631 BC), Aššur-etel-ilāni (630–627 BC), and Sîn-šarra-iškun (626–612 BC), Kings of Assyria, Parts 1–3*, RINAP 5/1–3, University Park, PA,

Radner, K. (ed.), *State Correspondence in the Ancient World: From New Kingdom Egypt to the Roman Empire*, Oxford, 2014.
Radner, K., "Royal Pen Pals," in: S. Procházka et al. (eds.), *Official Epistolography and the Language(s) of Power*, Wien, 2015, pp. 61–72.
Yamada, S., "Names of Walls, Gates, and Palatial Structures of Assyrian Royal Cities: Contents, Styles, and Ideology," *Orient* 55 (2020), pp. 87–104.
Yamada, S., "Creation of Renovative Imperial Cities: Kalḫu and Dūr-Šarrukīn," in: S. Yamada (ed.), *Cities in West Asia and North Africa through the Ages, II: The Shapes and Functions of Cities in Ancient Mesopotamia and Its Surroundings* (forthcoming).

【第 6 章】

Brinkman, J. A., *Prelude to Empire: Babylonian Society and Politics, 747–626 B.C.*, Philadelphia, 1984.
Frahm, E., *Einleitung in die Sanherib-Inschriften*, Vienna, 1997.
Frahm, E., "Sanherib (Sîn-aḫḫē-erība), König von Assyrien (705–681)," *RlA* 12, pp. 12–22.
Frahm, E., "Family Matters: Psychohistorical Reflections on Sennacherib and His Times, in: Kalimi, I. / S. Richardson (eds.), *Sennacherib at the Gates of Jerusalem: Story, History and Historiography*, Leiden, 2014, pp. 163–222.
Novotny, J. / J. Jeffers / G. Frame, *The Royal Inscriptions of Sennacherib, King of Assyria (704–681 BC)*, RINAP 3/1–3, Winona Lake, IN, 2012–2014.
Parpola, S., "The Murderer of Sennacherib," in: B. Alster (ed.), *Death in Mesopotamia*, Copenhagen, 1980, pp. 171–182.
Petit, L. P. / D. Morandi Bonacossi (eds.), *Nineveh, the Great City: Symbol of Beauty and Power*, Leiden, 2017.
Reade, J. E., "Ninive (Nineveh)," in: *RlA* 9, pp. 388–433.
Yamada, S., "The City of Togarma in Neo-Assyrian Sources," *Altorientalische Forschungen* 33 (2006), pp. 223–236.

【第 7 章】

渡辺和子『エサルハドン王位継承誓約文書』LITHON, 2017年.
Fales, F. M., "After Ta'yinat: The New Status of Esarhaddon's *adê* for Assyrian Political History," *Revue d'Assyriologie* 106 (2012), 133–158.
Frahm, E., "Hochverrat in Assur," in: S. M. Maul / N. P. Heeβel (eds.), *Assur-Forschungen*, Wiesbaden, 2010, pp. 89–137.

nabe (ed.), *Priests and Officials in the Ancient Near East*, Heidelberg, 1999, pp. 303-312.

Dezső, T., *The Assyrian Army*, 2 vols., Budapest, 2012.

Foster, B. R., *The Age of Agade. Inventing Empire in Ancient Mesopotamia*, London / New York, 2016.

Radner, K., "Provinz, C. Assyrien," *RlA* 11, pp. 42-68.

Sano, K., *Die Deportationspraxis in neuassyrischer Zeit*, Münster, 2020.

Tadmor, H., *The Inscriptions of Tiglath-pileser III, King of Assyria*, Jerusalem, 1994.

Tadmor, H / S. Yamada, *The Royal Inscriptions of Tiglath-pileser III (744-727 BC) and Shalmaneser V, Kings of Assyria (726-722 BC)*, RINAP 1, University Park, PA, 2011.

Yamada, S., "Qurdi-Assur-lamur: His Letters and Career," in: M. Cogan / D. Kahn (eds.), *Treasures on Camels' Humps: Historical and Literary Studies from the Ancient Near East Presented to Israel Eph'al*, Jerusalem, 2008, pp. 296-311.

Yamada, S., "Ulluba and its Surroundings: Tiglath-pileser III's Province Organization Facing the Urartian Border," in: S. Yamada (ed.), *Neo-Assyrian Sources in Context* (2018), pp. 11-40.

Yamada, K. / S. Yamada, "Shalmaneser V and his Era, Revisited," in: A. Baruchi-Unna et al. (eds.), "Now it Happened in Those Days" FS M. Cogan, Winona Lake, IN, 2017, pp. 387-442.

【第5章】

Baker, H., "The Assyrian Empire, A View from Within," in: K. Radner et al. (eds.), *The Oxford History of the Ancient Near East, IV* (2023), pp. 257-351.

Frahm E., "Nabû-zuqup-kēnu, das Gilgameš-Epos und der Tod Sargons II.," *Journal of Cuneiform Studies* 51 (1999), pp. 73-90.

Frame, G., *The Royal Inscriptions of Sargon II, King of Assyria (721-705 BC)*, RINAP 2, University Park, PA, 2021.

George, A. R., *Babylonian Topographical Texts*, Leuven, 1992.

Loud, G., *Khorsabad*, Parts 1-2, Chicago, IL, 1939-1940.

Neumann, J., "The Winds in the World of the Ancient Mesopotamian Civilizations," *Bulletin of the American Meteorological Society* 58 (1977), pp. 1050-1055.

Radner, K., "Money in the Neo-Assyrian Empire," in: J. G. Dercksen (ed.), *Trade and Finance in Ancient Mesopotamia*, Leiden, 1999, pp. 127-157.

Numoto, H. / D. Shibata / S. Yamada, "Excavations at Tell Taban: Continuity and Transition in Local Traditions at Ṭābatum / Ṭābetu during the second Millennium BC," in: D. Bonatz / L. Martin (eds.), *100 Jahre archäologische Feldforschungen in Nordost-Syrien – eine Bilanz*, Wiesbaden, 2013, pp. 167–179.
Postgate, J. N., *Bronze Age Bureaucracy: Writing and the Practice of Government in Assyria*, Cambridge, 2014.
Reculeau, H., "Assyria in the Late Bronze Age," in: K. Radner et al. (eds.), *The Oxford History of the Ancient Near East, III* (2022), pp. 707–800.
Shibata, D., "Assyria from Tiglath-pileser I to Ashurnasirpal II," in: K. Radner et al. (eds.), *The Oxford History of the Ancient Near East, IV* (2023), pp. 161–256.
von Dassow, E., "Mittani and Its Empire," in: K. Radner et al. (eds.), *The Oxford History of the Ancient Near East, III* (2022), pp. 455–528.

【第3章】

Frahm, E., "From Sammu-ramat to Semiramis and Beyond: Metamorphoses of an Assyrian Queen," in: A. W. Lassen / K. Wagensonner (eds.), *Women at the Dawn of History*, New Haven, CT, 2020, pp. 46–53.
Fuchs, A., "Der Turtān Šamšī-ilu und die groβe Zeit der assyrischen Groβen (830–746)", *Die Welt des Orients* 38 (2008), pp. 61–145.
Liverani, M., "Assyria in the Ninth Century: Continuity or Change?" in: G. Frame (ed.), *From the Upper Sea to the Lower Sea: Studies on the History of Assyria and Babylonian in Honour of A. K. Grayson*, Leiden, 2004, pp. 213–226.
Mallowan, M. E. L., *Nimrud and its Remains*, 2 vols., London, 1966.
Mattila, R., *The King's Magnates: A Study of the Highest Officials of the Neo-Assyrian Empire*, Helsinki, 2000.
Oates, J. / D. Oates, *Nimrud: An Assyrian Imperial City Revealed*, London, 2001.
Siddall, L. R., *The Reign of Adad-nirari III: An Historical and Ideological Analysis of an Assyrian King and His Times*, Leiden, 2013.
Yamada, S., *The Construction of the Assyrian Empire: A Historical Study of the Inscriptions of Shalmaneser III (859–824 BC) Relating to His Campaigns to the West*, Leiden, 2000.

【第4章】

Deller, K., "The Assyrian Eunuchs and Their Predecessors," in: K. Wata-

museum.upenn.edu/nimrud/
The Royal Inscriptions of Assyria Online (RIAo) https://oracc.museum.upenn.edu/riao/
The Royal Inscriptions of the Neo-Assyrian Period https://oracc.museum.upenn.edu/rinap/
State Archives of Assyria Online https://oracc.museum.upenn.edu/saao/

【第1章】

ホルスト＝クレンゲル（江上波夫／五味亨訳）『古代オリエント商人の世界』山川出版社，1983年．
セシル・ミッシェル（唐橋文訳）「カニシュ（アナトリア）における古アッシリア時代の商人と文書」，『中央大学文学部紀要 史学』第60号，2015年，17–46ページ．
Çeçen S. / K. Hecker, "*ina mātīka eblum*, Zu einem neuen Text zum Wegerecht in der Kültepe-Zeit," in: M. Dietrich / O. Loretz (eds.), *Festschrift für W. von Soden zum 85. Geburtstag am 19. Juni 1993*, Münster, 1995, pp. 31–41.
Larsen, M. T., *The Old Assyrian City-State and its Colonies*, Copenhagen, 1976.
Larsen, M. T., *Ancient Kanesh: A Merchant Colony in Bronze Age Anatolia*, Cambridge, 2015.
Michel, C., *Women of Assur and Kanesh: Texts from the Archives of Assyrian Merchants*, Baltimore, 2020.
Veenhof, K. R., *Aspects of Old Assyrian Trade and Its Terminology*, Leiden, 1972.
Veenhof, K. R. / J. Eidem, *Mesopotamia: The Old Assyrian Period*, Fribourg / Göttingen, 2008.
Yamada, S., "The Editorial History of the Assyrian King List," *Zeitschrift für Assyriologie* 84 (1994), pp. 11–37.
Yamada, S., "The Transition Period (17th to 15th Century BCE)," in: E. Frahm, *A Companion to Assyria* (2017), pp. 108–116.

【第2章】

Düring, B. S., *The Imperialisation of Assyria: An Archaeological Approach*, Cambridge, 2020.
Jakob, S., *Mittelassyrische Verwaltung und Sozialstruktur*, Leiden / Boston, 2003.
Moran, W. L., *The Amarna Letters*, Baltimore / London, 1992.

Pedersén, O., *Archives and Libraries in the Ancient Near East 1500–300 B.C.*, Bethesda, MD, 1998.
Pongratz-Leisten, B., *Religion and Ideology in Assyria*, Boston / Berlin, 2015.
Postgate, N., *The Land of Assur & the Yoke of Assur. Studies on Assyria: 1971–2005*, Oxford, 2007.
Radner, K., *Ancient Assyria: A Very Short Introduction*, Oxford, 2015.
Radner, K. / N. Moeller / D. T. Potts (eds.), *The Oxford History of the Ancient Near East, III: From the Hyksos to the Late Second Millennium BC*, Oxford, 2022.
Radner, K. / N. Moeller / D. T. Potts (eds.), *The Oxford History of the Ancient Near East, IV: The Age of Assyria*, Oxford, 2023.
Radner, K. / E. Robson (eds.), *The Oxford Handbook of Cuneiform Culture*, Oxford, 2011.
Renger, J. (ed.), *Assur – Gott, Stadt und Land*, Colloquium der Deutschen Orient-Gesellschaft 5, Wiesbaden, 2011.
Shibata, D. / S. Yamada (eds.), *Calendars and Festivals in Mesopotamia in the Third and Second Millennia BC*, Wiesbaden, 2021.
Yamada, S. (ed.), *Neo-Assyrian Sources in Context: Thematic Studies of Texts, History, and Culture*, Helsinki, 2018.

【事典】

日本オリエント学会編『古代オリエント事典』岩波書店，2004年.
ピョートル・ビエンコウスキ／アラン・ミラード編著（池田裕／山田重郎翻訳監修）『大英博物館版　図説 古代オリエント事典』東洋書林，2004年.
Ebeling, E. / B. Meissner / D. O. Edzard / M. P. Streck (eds.), *Reallexikon der Assyriologie und Vorderasiatischen Archäologie* (=RlA), 15 vols., Berlin / Boston, 1932–2018.
Radner, K. / H. Baker, *The Prosopography of the Neo-Assyrian Empire*, vols. 1–4, 1998–2017.

【ウェブサイト】

Assyrian Empire Builders　https://www.ucl.ac.uk/sargon/
Cuneiform Digital Library Initiative　https://cdli.mpiwg-berlin.mpg.de/
Livius: Assyria　https://www.livius.org/category/assyria/
The Munich Open-access Cuneiform Corpus Initiative　https://www.en.ag.geschichte.uni-muenchen.de/research/mocci/index.html
Nimrud: Materialities of Assyrian Knowledge Production　https://oracc.

月本昭男『古代メソポタミアの神話と儀礼』岩波書店，2010年.
中田一郎『メソポタミア文明入門』岩波書店（岩波ジュニア新書），2007年.
長谷川修一『聖書考古学——遺跡が語る史実』中央公論新社（中公新書），2013年.
ジャン・ボテロ（松島英子訳）『メソポタミア——文字・理性・神々』法政大学出版局，1998年.
前田徹ほか『歴史学の現在　古代オリエント』山川出版社，2000年.
ブリジット・リオン／セシル・ミシェル（中田一郎監修，渡井葉子訳）『楔形文字をよむ』山川出版社，2012年.
M. ローフ（松谷敏雄監訳）『図説世界文化地理大百科　古代のメソポタミア』朝倉書店，1994年.
山我哲雄『聖書時代史　旧約篇』岩波書店（岩波現代文庫），2003年.
山田重郎「楔形文字——古代メソポタミア」，大城道則編著『図説　古代文字入門』河出書房新社（ふくろうの本），2018年，18-26ページ.
山田重郎「アッシリア帝国——その形成と構造」，大黒俊二／林佳世子編『岩波講座 世界歴史 02　古代西アジアとギリシア ～前一世紀』2023年，217-234ページ.
渡辺和子「アッシリアの自己同一性と異文化理解」，前川和也ほか『岩波講座 世界歴史 2　オリエント世界　—7世紀』岩波書店，1998年，271-300ページ.
渡辺千香子「新アッシリア帝国の隆盛と滅亡」，前川和也編著『図説　メソポタミア文明』河出書房新社（ふくろうの本），2011年，102-126ページ.
Cancik-Kirschbaum, E., *Die Assyrer. Geschichte, Gesellschaft, Kultur*, München, 2003.
Beaulieu, P.-A., *A History of Babylon, 2200 BC–AD 75*, Hoboken, NJ, 2011.
Curtis, J. E. / J. E. Reade, *Art and Empire: Treasures from Assyria in the British Museum*, London, 1995.
Frahm, E., *Assyria: The Rise and Fall of the World's First Empire*, New York, 2023.
Frahm E. (ed.), *A Companion to Assyria*, Hoboken, NJ., 2017.
Holloway, S. W., *Aššur is King! Aššur is King!: Religion in the Exercise of Power in the Neo-Assyrian Empire*, Leiden / Boston / Köln, 2002.
Lanfranchi, G. B. / R. Mattila / R. Rollinger (eds.), *Writing Neo-Assyrian History: Sources, Problems, and Approaches*, Helsinki, 2019.
Liverani, M., *Assyria: The Imperial Mission*, Winona Lake, IN, 2017.
Parpola, S. (ed.), *Assyria 1995: Proceedings of the 10th Anniversary Symposium of the Neo-Assyrian Text Corpus Project, Helsinki, September 7-11, 1995*, Helsinki, 1997.

主要参考文献

【主な史料・史料集】

月本昭男『ギルガメシュ叙事詩』岩波書店，1996年.

月本昭男『バビロニア創世叙事詩 エヌマ・エリシュ』ぷねうま舎，2022年.

歴史学研究会編『世界史史料1——古代のオリエントと地中海世界』岩波書店，2012年.

Foster, B. R., *Before the Muses: An Anthology of Akkadian Literature*, 3rd ed., Bethesda, MD, 2005.

Frame, G. et al., *Royal Inscriptions of Neo-Assyrian Periods*, 8 vols., Winona Lake, IN / University Park, PA, 2010-2023（=RINAP).

Frame, G., *Royal Inscriptions of Mesopotamia, Babylonian Peirods*, vol. 2: *From the Second Dynasry of Isin to the End of Assyrian Domination (1157-612BC)*, Toronto / Buffalo / London, 1995（=RIMB 2).

Glassner, J.-J., *Mesopotamian Chronicles*, Atlanta, GA, 2004（=MC).

Grayson, A. K., *Assyrian and Babylonian Chronicles*, Locust Valley NY, 1975（=ABC).

Grayson, A. K., *Babylonian Historical-Literary Texts*, Toronto, 1975（=BHLT).

Grayson, A. K., *The Royal Inscriptions of Mesopotamia: Assyrian Periods*, 3 vols., Toronto, 1987-96（=RIMA).

Kinnier Wilson, J. V. / J. N. Postgate et al., Cuneiform Texts from Nimrud, 6 vols., London, 1972-2019（=CTN).

Millard, A. R., *The Eponyms of the Assyrian Empire 910-612 BC*, Helsinki, 1998（=EAE).

Parpola, S. et al., State Archives of Assyria, 21 vols., Helsinki, 1987-2023（=SAA).

【全体にかかわるもの】

大貫良夫／前川和也／渡辺和子／屋形禎亮『世界の歴史1　人類の起原と古代オリエント』中央公論新社（中公文庫），2009年.

小林登志子『古代メソポタミア全史——シュメル、バビロニアからサーサーン朝ペルシアまで』中央公論新社（中公新書），2020年.

柴田大輔編『楔形文字文化の世界——月本昭男先生退職記念献呈論文集 第3巻』聖公会出版，2014年.

ちくま新書
1800

アッシリア　人類最古《じんるいさいこ》の帝国《ていこく》

二〇二四年六月一〇日　第一刷発行
二〇二四年九月一五日　第三刷発行

著　者　山田重郎（やまだ・しげお）

発行者　増田健史

発行所　株式会社　筑摩書房
東京都台東区蔵前二-五-三　郵便番号一一一-八七五五
電話番号〇三-五六八七-二六〇一（代表）

装幀者　間村俊一

印刷・製本　三松堂印刷　株式会社

ISBN978-4-480-07620-5 C0222

ちくま新書

1653 **海の東南アジア史**
——港市・女性・外来者
弘末雅士

ヨーロッパ、中国、日本などから人々が来訪し、交易や植民地支配を行った東南アジア海域。女性や華人などを通して東西世界がつながった、その近現代史を紹介。

1377 **ヨーロッパ近代史**
君塚直隆

なぜヨーロッパは世界を席巻することができたのか。「宗教と科学の相剋」という視点から、ルネサンスに始まり第一次世界大戦に終わる激動の五〇〇年を一望する。

1543 **駒形丸事件**
——インド太平洋世界とイギリス帝国
秋田茂
細川道久

一九一四年にアジア太平洋で起きた悲劇「駒形丸事件」。あまり知られていないこの事件を通して、ミクロな地域史からグローバルな世界史までを総合的に展望する。

1019 **近代中国史**
岡本隆司

中国とは何か？　その原理を解く鍵は、近代史に隠されている。グローバル経済の奔流が渦巻きはじめた時代から、激動の歴史を構造的にとらえなおす。

1539 **アメリカ黒人史**
——奴隷制からＢＬＭまで
ジェームス・Ｍ・バーダマン
森本豊富訳

奴隷制の始まりからブラック・ライヴズ・マターが再燃する今日まで、人種差別はなくなっていない。アメリカ黒人の歴史をまとめた名著を改題・大改訂して刊行。

935 **ソ連史**
松戸清裕

二〇世紀に巨大な存在感を持ったソ連。「冷戦の敗者」「全体主義国家」の印象で語られがちなこの国の内実を丁寧にたどり、歴史の中での冷静な位置づけを試みる。

1082 **第一次世界大戦**
木村靖二

第一次世界大戦こそは、国際体制の変化、女性の社会進出、福祉国家化などをもたらした現代史の画期である。戦史的経過と社会的変遷の両面からたどる入門書。